GÉNÉALOGIE

DE LA MAISON

DE SAISY DE KERAMPUIL

SUIVIE

DE PIÈCES JUSTIFICATIVES ET COMPLÉMENTAIRES.

QUI SAISY EST FORT

VANNES

IMPRIMERIE GALLES, RUE DE L'HOTEL-DE-VILLE.

1896

GÉNÉALOGIE

DE LA MAISON

DE SAISY DE KERAMPUIL.

GÉNÉALOGIE

DE LA MAISON

DE SAISY DE KERAMPUIL

SUIVIE

DE PIÈCES JUSTIFICATIVES ET COMPLÉMENTAIRES.

QUI EST SAISY EST FORT.

VANNES

IMPRIMERIE GALLES, RUE DE L'HOTEL-DE-VILLE.

1896

INTRODUCTION

Après avoir rassemblé pendant de longues années tout ce qu'il était possible de souvenirs de famille, et de notes généalogiques, je me suis décidée, dans la dernière phase de ma vie, à en former ce livre pour les générations à venir, plus encore que pour celles de ce temps, espérant qu'il offrira aussi quelque intérêt aux généalogistes.

Ce sont eux qui comprendront l'étendue de mes recherches et les difficultés de mon travail, bien qu'il s'agisse d'une famille qui a formé peu de branches, toujours éteintes promptement, différente de tant d'autres où les rameaux sans nombre sont un labyrinthe où l'on se perd.

Encore ce livre sera-t-il rempli de défectuosités, je ne me le dissimule pas ; mais attendant indéfiniment le perfectionnement de mon œuvre, elle n'eût probablement jamais été mise au jour.

Malgré toutes les recherches, que de faits dans le lointain passé demeureront dans la nuit profonde ? Les descendants immédiats de l'ancêtre qui ouvre brillamment la filiation ont à peine pour leurs articles quelques dates, leur alliance indiquée, et l'on ne sait rien de plus, alors qu'ils ont pris part inévitablement à tous les événements du Duché.

On ne possède, à vrai dire, que des fragments de ces *montres,* qui signalent la noblesse bretonne aux époques belliqueuses : nous n'y rencontrons même pas cet Alain de Saisy qui reçoit du roi Charles V, sur la demande de du Guesclin, toute une contrée pour la récompense de ses prouesses.

Il ne figure pourtant pas, ainsi que Jean de Kerlouët (le fameux Carlonnet), au nombre des chevaliers, mais de ces écuyers de renom, tant vantés par les chroniques. Nous avons cru devoir placer ces lettres royales retrouvées seulement en 1886, non dans les pièces complémentaires, mais dans le chapitre : *Origines,* mal intitulé, car un nom se perdant dans la nuit des temps ne peut établir ses commencements, et le point de jonction n'est même pas encore fait entre les Saisy du Nivernais et ceux de Bretagne ; d'autres, il faut l'espérer, y arriveront un jour.

Au sujet du silence gardé sur la participation des Saisy aux croisades, comment mettre en doute qu'une famille de chevalerie, guerroyant et dans le xiiie et dans le xive siècle, n'y ait pas figuré ? Toute l'antique noblesse a mille fois le droit de croire à ses croisés, et sans crainte de se tromper.

En présentant ces annales de famille, j'ai voulu donner un exemple à tout ce qui reste encore de cette illustre noblesse de Bretagne, dont le passé est si beau ; et qui laisse se perdre la mémoire de ses aïeux...; insouciance triste à considérer ! Si nous sommes tenus de connaître l'histoire de notre pays, à plus forte raison devons-nous ne pas ignorer celle des ancêtres, dont le sang coule dans nos veines : c'est la plus intéressante pour nous. Il est insensé de perdre le souvenir de ceux qui nous ont précédés dans la vie, et triste de penser que nous serons nous-mêmes voués à l'oubli complet de nos descendants.

La plus simple comme la plus illustre maison devrait écrire sa généalogie : comme l'a si bien dit le comte de Cornulier, lorsqu'il a fait si excellemment la sienne : « Il n'y a pas d'esprit de famille là où l'on ignore sa généalogie. » Ce n'est pas une question de vanité et d'ostentation, c'est un devoir à remplir sans lequel les générations actuelles demeureront inconnues plus tard.

En me décidant à joindre à mon livre, en troisième partie, les *Notices généalogiques*, seulement sur les alliances des fils de la maison de Saisy de Kerampuil, j'ai pensé faire un travail utile aux érudits, et intéressant pour les descendants de ces familles.

Encore ces notices ne comprennent-elles pas plusieurs noms de ces alliances, pour lesquels les documents étaient insuffisants, familles éteintes et très anciennes, telles que de Renquier, de Kervennec, de Kerprigent, de Kergrist de Treuscoët, de Penguern de Caméan. Si la notice de Parcevaux est plus étendue que les autres c'est que, frappée du remarquable passé de cette noble et vaillante race, j'ai voulu le mettre au jour, me demandant pourquoi de telles familles ne font pas imprimer leur curieuse et belle histoire ? Le grand motif aussi qui m'a fait ajouter ces notices, c'est de réparer les omissions faites dans la partie concernant la filiation des Saisy. Beaucoup d'actes très importants, actes de mariage, d'aînés surtout, ont été retrouvés depuis, et sont rétablis de cette manière pour chaque alliance. Sans ces notices ils n'eussent plus trouvé place. Il ne faut pas s'attendre à trouver une histoire complète de la plupart de ces noms : mais seulement les branches où chaque alliance trouve son ascendance.

Sans le précieux concours de nos premiers érudits de Bretagne, et de bien des parents et alliés, auxquels je dois tant de remerciements, sans celui, avant tout, de M. Saulnier, conseiller à la Cour d'appel de Rennes, le passionné généalogiste sans rival, auquel nous devons le Testament de Gilles de Kerampuil, et tant d'autres choses, et de M. l'abbé Le Mené, doyen du chapitre de Vannes, et auteur de savants ouvrages, ce livre n'eût pas été fait. Chacun des très aimables collaborateurs qui m'ont aidée trouvera son nom mentionné en regard des renseignements qui lui seront dus.

Essayer d'élever comme un humble monument à ses aïeux, telle était aussi la pensée de l'auteur de ce livre. Il lui importait de remettre au grand jour Alain de Saisy, et de publier les lettres royales à son sujet données par Charles V à du Guesclin comme le plus incontestable certificat de vaillance de cet ancêtre ; mais aussi de ne pas laisser dans l'oubli ceux de ses descendants qui firent le plus d'honneur à leur nom, et faire apparaître, tour à tour, à travers les siècles, les ombres d'Hervé de Kerampuil, abbé de Saint-Morice de Quimperlé ; de Gilles de Kerampuil, savante et belle figure de prêtre, que la mort vient enlever au moment où l'épiscopat l'attend ; — de Jean II de Kerampuil, et de Michel, sᵍʳ de Brunolo, proclamés, au milieu des guerres de pillage de la Ligue, hommes de bien et gentilshommes d'honneur ; de montrer les saintes figures de Charles et de Sébastien de Kerampuil ; — de présenter comme un enseignement sur les dangers d'une caution

donnée imprudemment, la vie si traversée de Henri II de
Kerampuil, prêtre après son veuvage ; de rappeler la noble
attitude de son petit-fils, Henry-Albert de Saisy de Kerampuil, au Parlement de Bretagne, encourant l'exil et la
disgrâce pour la défense de nos libertés bretonnes ; et aussi
les mêmes sentiments dans Charles–Robert, conseiller,
comme son père, au Parlement ; mais nous avons déploré
d'ignorer les particularités curieuses de la vie de cinq des
fils de ce dernier, pages des rois Louis XV et Louis XVI :
rien de transmis sur leur séjour à la Cour, et trop peu sur
leur émigration : il ne nous a même pas été donné de
joindre aux gravures de ce livre celle d'aucun d'eux sous
le brillant costume de page.

Pour ce xixᵉ siècle, nous avions à signaler parmi les
nôtres trois défenseurs de la Papauté, également ardents
défenseurs de la France, Charles-Marie-Jules, futur chef
de sa famille, tombé sur un champ de bataille, en 1870 ;
Xavier, victime encore de cette funeste guerre dans laquelle
s'éteignent toutes les branches aînées ; et Paul de Saisy,
Commandant aux zouaves pontificaux.

Combien aussi il importait de se souvenir de nos religieux
et religieuses du temps passé, et, avec plus d'intérêt encore,
d'inscrire ceux du temps présent. A vingt ans, ils ont foulé
aux pieds les biens de ce monde pour se vouer à toutes
les austérités. Qu'ils implorent la bénédiction de Dieu sur
les leurs !

Les familles ressemblent souvent à des vaisseaux battus
des vents sur des mers très orageuses, et sont de même
exposées à tous les périls... ce sont leurs membres voués
à Dieu qui, par leurs exemples et leurs prières, les sou-

tiennent et les empêchent de sombrer... Que la famille,
dont j'ai écrit l'histoire avec un profond amour de la vérité,
continue sa marche dans les siècles futurs, en maintenant
les traditions, jusqu'ici fidèlement gardées, de foi chrétienne, d'honneur et de loyauté. Qu'elle ne laisse pas
échapper de ses mains la terre sacrée des aïeux qu'elle
possède de temps immémorial. Qu'elle produise encore
des hommes tels que celui qui a été ma principale pensée
en écrivant ce livre : Emmanuel-Joseph, comte de Saisy
de Kerampuil, assurément l'un des grands types de sa race.
On me rendra justice en m'accordant qu'il n'y a rien eu
d'exagéré dans mon hommage filial, et que ma plume a été
trop inhabile à dépeindre dans ces annales de famille le
noble et chevaleresque caractère de celui dont je voudrais
immortaliser la mémoire.

DE SAISY, Ctesse DU LAZ.

Kerloguennic, le 20 juillet 1896.

ORIGINES — FILIATION

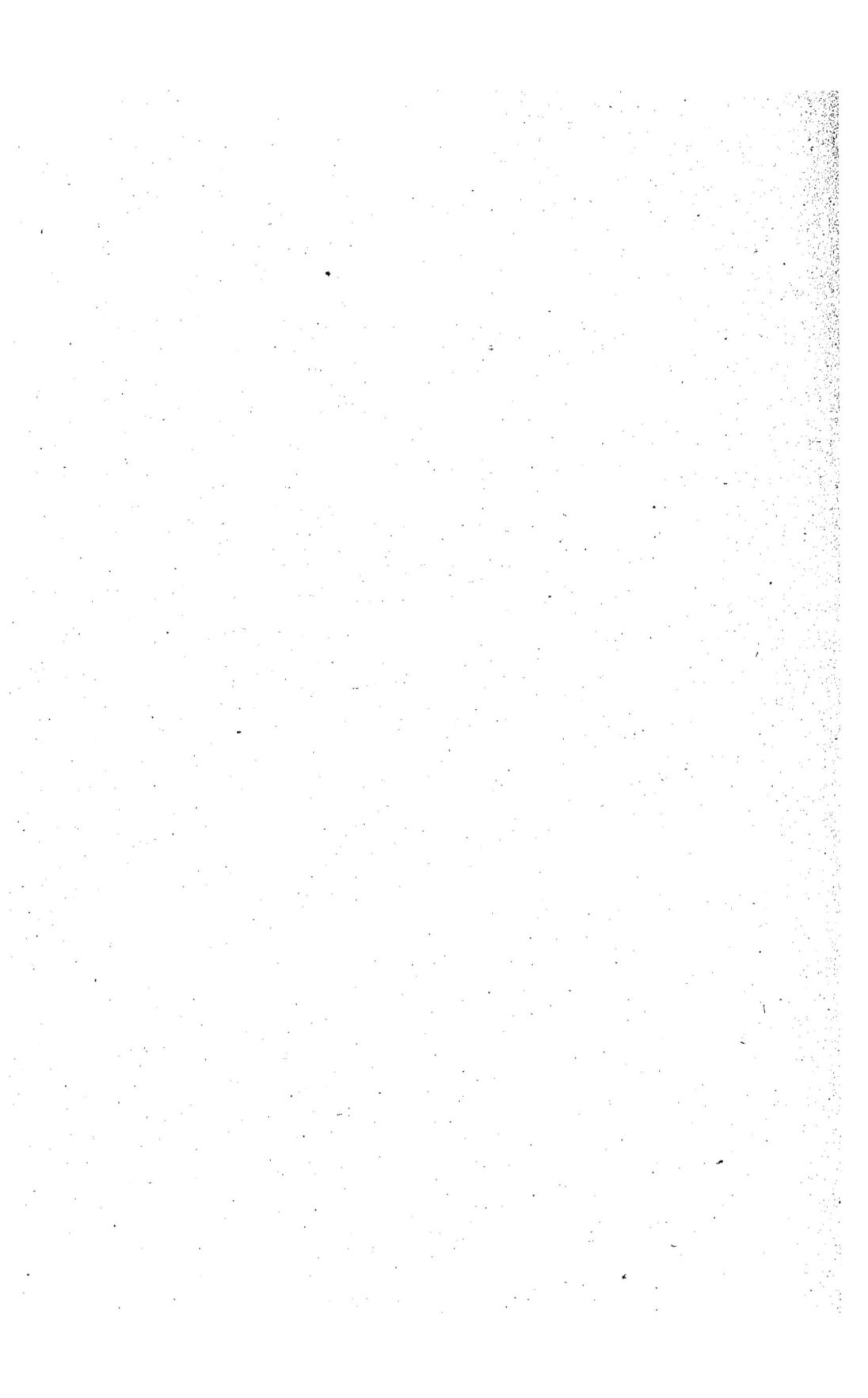

GÉNÉALOGIE

DE LA

MAISON DE SAISY DE KERAMPUIL.

Écartelé au premier et quatrième : de gueules à l'épée d'argent, accompagnée d'une hache d'armes et pointée sur une guêpe, le tout d'argent, qui est Saisy ; — et au second et troisième : de gueules à trois pigeons d'argent posés deux et un, qui est Kerampuil.

Devise, ou cri de guerre des Saisy : Qui est Saisy est fort ; — *des Kerampuil :* Mitis ut columba.

(Admis aux honneurs de la cour, en 1789, après toutes les preuves exigées.)

ORIGINES.

Cette famille, sortie du Nivernais, n'apparaît en Bretagne que vers le milieu du xive siècle. Elle y était sans doute venue pour guerroyer, et elle s'y implanta, vers ce temps, par suite de son alliance avec l'héritière de Kerampuil. Cette terre est restée depuis entre les mains de leurs descendants qui en ont porté le seul nom, de la fin du quinzième à la fin du dix-septième siècle, époque où ils reprirent leur premier nom, celui de Saisy.

« Il y avait en Nivernais trois fiefs du nom de Saisy : le plus important (actuellement commune du canton de Tannay) dépendait de la châtellenie de Monceaux-le-Comte (près de Corbigny) ; un autre dépendait de la châtellenie de Decize ; le troisième relevait de Cercy-la-Tour (1). »

---

(1) Renseignements donnés par le comte du Soultrait, président de la Société historique et archéologique du Nivernais, à M. le sénateur H. de Saisy, le 14 janvier 1887.

Pierre DE SAISY, chevalier, combattait avec Simon de Montfort dans la guerre des Albigeois.

Dans le recueil des historiens des Gaules (T. XIX, p. 150), on le trouve dans les termes suivants :

« Et adonc, quand lodit Moysac estat ainsin près, lodit comte de Montfort y a mesa bona garniso per la gardar et défendre ; et quand le pays a saubut à l'obédiensa d'el comte de Montfort et quand a agut presa possession de toutas las plassas que à el se sont randudas et donadas, a donc a donnat à Verles d'Encontre, Castel-Sarrasy, et al comte Baudoy a donat Montault, et à Payre DE SAISY a donat Verdu sus Garonna, et en aquesta sorta a devisit et récompensat sos homes, lorsque l'avian ben servit. »

L'auteur anonyme de l'histoire de la guerre des Albigeois, écrite au plus tard vers le milieu du XIVᵉ siècle, dit que pendant que Simon de Montfort assiégeait Toulouse..... « Il ne faut point passer sous silence que lorsque les nôtres chevauchaient devant Toulouse, et que les Toulousains et leurs alliés qui étaient à Toulouse, deux fois plus nombreux que les nôtres, sortaient souvent, et harcelaient les nôtres de loin ; mais toutes les fois que les nôtres voulaient les attaquer, ils prenaient la fuite.

« Parmi les forts que les nôtres avaient détruits, il y avait auprès de Toulouse une place assez faible et dégarnie. Quelques chevaliers, preux et braves, savoir Pierre DE SAISY, Simon de Senes, Roger de Sartis, qui avaient supporté dès le commencement le poids de la guerre, dans la compagnie du comte, prièrent le dit comte de leur abandonner le dit fortin, afin de s'y établir, de chevaucher devant Toulouse, et de harceler ses habitants. Le comte, malgré lui et vaincu par leurs prières, y consentit.

« Aux environs de la fête de la Nativité de saint Jean-Baptiste, le comte se proposa et résolut de créer chevalier son fils aîné

Amaury. Il décida, d'après le conseil des siens, de célébrer cette solennité militaire au Châteauneuf, qui est entre Toulouse et Carcassonne, le jour même de saint Jean-Baptiste. Or, les Toulousains et les autres ennemis de la foi, voyant que notre comte se dirigeait avec son fils vers la Gascogne, et que les évêques et les étrangers qui les accompagnaient retournaient chez eux, crurent trouver l'occasion propice, et sortant de la ville avec une grande armée, ils assiégèrent nos chevaliers, savoir Pierre DE SAISY, Simon de Senes, Roger de Sartis, et quelques autres qui, comme nous l'avons dit plus haut, tenaient auprès de Toulouse un fortin assez faible et dégarni.

« Les ennemis arrivant devant cette place, commencèrent à l'attaquer vigoureusement, et les assiégés se défendirent de leur mieux. Au bout de quelques jours, ceux-ci voyant qu'ils ne pourraient pas tenir longtemps et pensant qu'ils ne pourraient pas avoir un secours à temps, parce que le comte était parti pour la Gascogne, et parce que les évêques et les étrangers étaient partis pour leur pays, se rendirent à leurs ennemis, après de dures privations, à la condition formelle qu'on épargnerait leur vie et leurs membres. Il ne faut pas omettre que les susdits évêques, qui étaient déjà à Carcassonne, ayant appris que les nôtres étaient assiégés auprès de Toulouse, prièrent, engagèrent et supplièrent les étrangers qui les accompagnaient de revenir avec eux au secours des assiégés. O hommes recommandables en tout ! O hommes de courage ! Ils acceptèrent tous, sortirent de Carcassonne et coururent au secours des assiégés ; mais en arrivant près de Castelnaudary, ils apprirent que les nôtres avaient été pris par les Toulousains : ce qui était vrai. Ayant appris cette fâcheuse nouvelle, ils revinrent tout tristes à Carcassonne. Les ennemis conduisirent les chevaliers prisonniers à Toulouse, et alors, pires que tous les infidèles, oubliant leurs promesses et leurs serments, relativement à la vie et aux membres des captifs, ils les attachèrent à la queue des chevaux et les firent

écarteler sur les places de la ville, puis suspendre au gibet. »
(Années 1206 à 1210.) (1)

Après ce récit, on retrouve, en 1296, « Simon DE SAISY,
chevalier, qui fait hommage au comte DE NEVERS, pour des
biens dans les châtellenies de Montreuillon et de Donzy », et
dont le prénom de Simon semble prouver qu'il s'agit du
petit-fils de Pierre, compagnon d'armes du comte Simon
DE MONTFORT (2).

Dans les « noms féodaux de ceux qui ont tenu fiefs en
France, depuis le XIIe siècle jusque vers le milieu du XVIIIe
siècle », on lit :

SAIZI (Gautier de) écuyer, fils de feu Guyot DE SAIZI,
écuyer, maison forte ; terre seigneuriale, haute justice ; de
Saizi, par. du même nom : Château-Chinon, 1351.

« En 1353, Marguerite DE SAISY, dame de Monduin, veuve
de Étienne de Chanteloup, chevalier, remariée à Perrin du
Four, fait hommage au Comte pour les seigneuries de Monduin
et de Chanteloup (près de Corbigny). A la même date, une
autre Marguerite DE SAISY, femme de Guillaume des Prés,
écuyer, qui fait hommage pour divers biens à Aspiry (Epiry,
près de Corbigny).

En 1367, Jeanne DE SAISY, veuve de Hugues de Beaumont,
chevalier, remariée à Huguenen de Coyen, damoiseau, fait
hommage au comte DE NEVERS pour la seigneurie de Valigny
(Châtellenie de St-Saulge).

Marguerite et Jeanne étaient sans doute les filles de Guyot
DE SAISY, chevalier, mentionné en 1351 dans les noms féodaux
de BÉTHANCOURT, et fils lui-même de Gaultier.

(1) *Historiæ Albigensium Petri, vallium Sarnaii monachi*, pages 80, 81, 82.
Recueil des historiens des Gaules, tome XIX. M. l'abbé Le Mené, doyen du Chapitre
à Vannes, a bien voulu me faire cette traduction du texte latin.

(2) La guêpe qui figure dans le blason des Saisy est le symbole de l'hérésie, et
semble avoir été prise par les descendants de Pierre de Saisy comme souvenir du
rôle qu'il joua dans la guerre des Albigeois.

La famille de Saisy ne possédait plus le fief de ce nom dès le milieu du XIVe siècle :

En 1343, 1351 et en 1371, Marguerite de Foncy, femme puis veuve de Jean de Veance, chevalier, dame de Noiron et de Saisy, fait hommage au comte de Nevers pour ce dernier fief qui, en 1406, appartenait à Odinet de Châtelneuf, écuyer, par suite de son mariage avec Jeanne de Besne. En 1466, Jean, sire de Chastellux, fait hommage pour Saisy, et en 1481, c'est Gilbert de Grassey, écuyer, Sgr de Chassepéroux, qui s'acquitte du même devoir pour Saisy (1). »

A l'époque où vivait Guyot de Saisy, apparaissent en Bretagne Ollivier et Rolland de Saisy. Il est de tradition que ce fut à la suite d'une princesse, femme d'un des ducs de Bretagne, vraisemblablement Jeanne de Flandres, comtesse de Montfort, fille du comte de Flandres et de Nevers, comme vinrent tant d'autres chevaliers et écuyers étrangers se mêler à nos guerres de succession.

Ollivier et Rolland de Saisy figurent dans les montres de MCCCLI.

MONSTRE DE PIERRE ANGIER

(D. Morice, Pr.)

« Ce sont les noms des gens d'armes et d'archers que nous, Pierre Angier, chevalier, affirmons par notre serment avoir eus avec nous du commandement de Monsieur de Melun Lieutenant du Roy nostre Sire es parties de Bretagne depuis le XXV jour de septembre MCCCLI jusqu'au VIII jour d'octobre ensuivant. Premier nostre personne, Monsieur Guillaume de Landivy, monsieur Jehan de la Reue, M. Alain de Sozoy, Perrot Quatrebarbes, Gieffroy de la Bruchardière, Macé Quatrebarbes, Guillaume de la Pommeraye, Robert Cerbin, Jehan Beuzelin, Vairon de Rougié, Robert Le Batart,

---

(1) Notes du comte du Soultrait, président de la Soc. archéologique du Nivernais.

Guillaume Guierchais, Robert de Moire, Olivier DE SAISY, Guillaume de la Barillière, Thiébaut de la Rivière, Thiébaut de Bretin, Alain Le Cocq, Olivier Hervé, Macé Doubael, Prévostière, Jehan de la Roche, Regnaut Angier, Thierri Angier, Rolland DE SAISIE, archiers — Jehannet Gillet, Jehanet Le Bastart, Hamon Huet, Perrot Vincent, Perrot du Chesne, Gieffroy Jubaut, Olivier Le Louc, Olivier Le Petit, Jehan Herrant, Jehan Violette, Guillaume Le Moine, Guillaume de la Roche, Perroteaux, Jehan Le Prévost.

En tesmoing de ce nous avons cest rolle scellé de notre sel à Angiers, le XVIII octobre MCCCLI. »

Alain de Saisy qui va maintenant nous occuper fut certainement fils, soit d'Ollivier soit de Rolland, mais lequel des trois épousa l'héritière DE KERAMPUIL? Ce point important n'a jamais été résolu jusqu'ici. Il n'est même mention, nulle part, d'aucun membre de cette famille DE KERAMPUIL éteinte en la personne de l'héritière qui joignit son nom à celui de Saisy. On n'en a de souvenir que son blason : de gueules à trois pigeons d'argent.

Alain de Saisy fut un de ces preux qui, formés à l'école de du Guesclin, étonnèrent le monde par leur vaillance. Compagnon d'armes, et peut-être beau-frère de Jean de Kerlouët (le fameux Carlonnet), l'histoire de l'un est mêlée avec celle de l'autre, et pour la suivre d'un bout à l'autre, il faut prendre en mains la Chronique de Bertrand du Guesclin, à partir surtout de la bataille d'Auray (1364), lire tout le récit des deux guerres d'Espagne, puis de celles du Poitou et du Maine. Plusieurs fois on y verra cité Alain de Saisy, d'abord au siège de Briviesca (1re guerre d'Espagne) :

Si fu Alain Saisy à la brace quarrée
N'ot meillour couréour en toute l'assemblée.

A Navarette, à Montiel, partout où figure si brillamment Carlonnet, se trouve à ses côtés son frère d'armes.

La Chronique dit encore en parlant de lui :

« Alain de Saisy à la chière hardie »
« Alain de Saisy où tout honnour s'incline. »

« Carlonnet le Breton prit par eschellement la Rocheposay, sur la rivière de Creuse, dit Froissart. Si en fut fort tout le pays de Poitou effrayé. Car les Français en firent une grande garnison, et la réparèrent et rafraîchirent de vivres et d'artillerie bien et grossement. » Il dit aussi aux chapitres CCLXXI, CCLXXII et suivants, que les principaux seigneurs français mis en garnison dans cette forteresse furent : « Robert DE SANCERRE, cousin de Louis DE SANCERRE, Maréchal de France, Jean DE VIENNE, Jean DE BUEIL, Guillaume DES BORDES, Louis DE SAINT-JEHAN, et CARLONNET le Breton, avec sept cents hommes d'armes. »

C'est parmi ces derniers, en l'année 1369, qu'il nous faut voir Alain de Saisy, dans cette forteresse, marche du Poitou, et pendant ce séjour le voir au combat du pont de Lussac, tout près de là, et à jamais célèbre, car Chandos, le grand, le chevaleresque capitaine anglais, y fut tué (31 décembre 1369), Kerlouët et Alain de Saisy faits prisonniers (1).

« Après la mort de Chandos, dit la Chronique, Kerlouët
» fut mis à rançon de trois mille francs, que les bourgeois
» de Tours, qui l'aimaient fort, payèrent pour lui ; les autres
» furent délivrés par rançon, car qui a de l'argent toujours
» échappe ; Kerlouët retourna dans la Rocheposay ; il eut ses
» gens avant trois mois par bonne rançon. Alain DE SAISY
» revint, et Pierre BOUCHER ; Geoffroy PAIEN, Hugues DE
» SCALINZE, Henri BASTEREL (Botherel), Yvon DE L'ESPINE,
» et maints autres dont je ne dirai point le nom (2). »

---

(1) Voir le récit du combat dans mon histoire du château de Kerlouët.

(2) Comme la Rocheposay rappelle de grands souvenirs aux descendants d'Alain de Saisy, nous voulons joindre pour eux quelques détails qui nous ont fait défaut en écrivant l'historique du château de Kerlouët.
« Une portion seulement de l'ancienne enceinte féodale du château subsiste encore, vers l'ouest ; mais elle est en partie détruite et enclavée dans des bâtisses beaucoup

Alain DE SAISY fut un des seigneurs dont le Duc s'assura et prit le serment en 1371 et 1372, lorsque les plus puissants d'entre les barons eurent protesté à ce Prince qu'ils l'abandonneraient et le chasseraient du pays, dès qu'ils le verraient disposé à aider le roi d'Angleterre.

Ceux qui firent le même serment en cette occasion étaient, entre autres, Jean DE ROHAN, premier vicomte du nom, Brient DE LANNION, Rolland DE KERGORLAY, Charles DE DINAN, Rolland, vicomte DE COETMEN, Thomas DE MELBURNE, que le Duc envoya peu de temps après en Angleterre pour traiter avec le roi Édouard III.

---

plus modernes. Tout le reste a disparu pour faire place à des rues étroites et tortueuses circulant sur l'emplacement jadis occupé par les tours, courtines et lieux d'habitation de l'importante forteresse. Le donjon seul s'élevant aujourd'hui jusqu'au centre d'un petit jardin, est complètement conservé. Il a été construit sur un plan carré de 14 mètres environ sur chaque face, y compris la saillie des contreforts, avec une hauteur moyenne de 17 mètres d'élévation au corps principal, qui seul appartient à la construction primitive.

La couronne de mâchicoulis est en partie détruite par la gelée et le salpêtre.

Il existe encore sur cette même façade, au deuxième étage, une ouverture plein cintre à archivolte, composée de claveaux cunéiformes; plus bas, chaque travée placée entre les contreforts présente un arceau plein cintre sans relief, inscrivant chacun une meurtrière barlongue. L'ouverture carrée existant au-dessus n'a aucun caractère précis; elle a dû être ouverte récemment, ainsi que la baie cintrée donnant accès, au rez-de-chaussée, dans une vaste salle voûtée en berceau, avec grand appareil. Dans le principe, on ne devait pénétrer dans cette salle que par l'intérieur du donjon. La véritable porte s'ouvre à l'est, au rez-de-chaussée de la tour; sur la droite, se trouve un escalier étroit, montant par une pente droite et raide, dans l'épaisseur de la muraille qui est de 2 mètres 70 centimètres, et une autre pièce de huit mètres sur dix de côté, également voûtée en berceau, mais de moyen appareil. Au sommet de la voûte, on voit encore une forte dalle carrée qui s'enlevait à l'aide d'un anneau de fer, afin de livrer passage, par l'orifice qu'elle recouvrait, aux munitions de guerre que les assiégés faisaient ainsi parvenir rapidement à la plate-forme supérieure du donjon. Deux étages existaient encore au-dessus de la salle voûtée du premier.

De la terrasse supérieure on jouit d'une vue très étendue et très pittoresque sur l'immense vallée où coulent la Creuse et la Gartempe qui vient y mêler ses eaux un peu avant le pont suspendu.

On suit de l'œil avec plaisir leurs capricieux méandres ombragés de hauts peupliers, jusqu'à ce qu'ils se perdent dans les collines bleuâtres qui masquent la Touraine.

....

La Rocheposay appartenait depuis 1410 à la maison de Chasteigner qui la tenait par alliance de celle de Preuilly, et elle lui resta jusqu'en 1662 qu'elle passa par alliance aux marquis de Pleumartin. Aujourd'hui elle a été rachetée par la famille de Chasteigner. — (Ces notes, extraites d'une notice de M. O. de Rochebrune, sont dues à l'obligeance du Vᵗᵉ H. de Chasteigner.)

DONJON.DE.LA.ROCHE_POSAY.

DESSIN DE M. O. DE ROCHEBRUNE

Extrait de la « Revue du Bas-Poitou ».

Et dans l'acte même par lequel ils engagèrent leur foi au Duc, sont nommés : Alain Saisiz, Bizian de Monteville, Éon de Kervenon, Hervé de Kersaliou (art. Le Sénéchal de Carcado. Arm. de France, d'Hozier, registre second, 8ᵉ livraison, page 11.) Mais pour avoir un témoignage éclatant de la vaillance d'Alain de Saisy, il faut présenter ici les lettres du roi Charles V à du Guesclin, son connétable, pour accorder sur sa demande les récompenses les plus considérables à son écuyer de renon. Ces lettres ont été découvertes seulement en 1886, sur les indications du grand érudit, M. Siméon Luce, au Trésor des Chartes des Archives nationales, par le sénateur Hervé de Saisy, descendant direct d'Alain.

※

DIRECTION GÉNÉRALE DES ARCHIVES NATIONALES

SECTION HISTORIQUE.

PRO ALANO SAISY.

Charles, par la grâce de Dieu roy de France, savoir faisons à tous présens et avenir nous avoir veu les lettres de nostre amé et féal connestable Bertran de Guesclin, duc de Mouline, contenans la fourme qui s'ensuit :

Bertran de Guesclin, duc de Mouline, connestable de France, à tous ceulx qui ces présentes lettres verront salut. Savoir faisons que en remunéracion de partie des bons et agréables services que nostre bien amé Alain Saisi, escuier, seigneur de Mortmar, a fais au Roy monseigneur et à nous, tant ou fait de la guerre comme autrement, et fait encores chascun jour en ces présentes guerres en nostre compaignie et ailleurs, et espérons qu'il face ou temps avenir, nous

2

audit Alain Saisy avons donné et ottroyé, donnons et océtroions par ces présentes à toujours mais perpétuelment, et à héritaige pour lui et pour ses hoirs et ayans cause de lui, la forteresce, chastel ou fort de Saint-Veutrignen estant ou pais de Lymosiu, avecques les terres, prez, vignes, bois, estans, garennes, lauves, pescheries, cens, rente en blés, deniers, poillailles, moulins, dismes, terraiges, hommes, hommages, toute justice et seigneurie quelconques et tous autres drois prouffis, emolumens et revenues quelconques, appartenans et appendans au dit chastel ou forteresce de Saint-Veutrignen, quelconques choses que se soient ou puissent estre, le chastel Cerceigné, la ville forteresce et appartenances de Vivone en Poitou, Saint-Germain, Vorat, et toutes les terres, possessions et appartenances que souloit tenir messire Aymery de Rochechouart, chevalier, tant en Poitou, Lymosin, comme en la duchié de Guienne, non obstant que en ces présentes ne soient toutes particulièrement nommez et exprimez, confisquées et acquises les dictes choses au Roy mon dit seigneur par la rébellion et déso-béissance du dit messire Aymery de Rochechouart, nagaires seigneur des diz lieux, pour ce que lonctemps il a esté et est rebelle ennemi et désobéissant du Roy monseigneur et tenant le parti du prince de Gales, à avoir, tenir, user et possider et exploitier les dictes choses du dit Alain Saisy, de ses hoirs et de ceulx qui auront cause de lui doresnavant à tous jours mais, ainsi et en la manière que le dit messire Aymery de Rochechouart les souloit tenir, avoir, posséder et exploitier par avant le dit rebellion, et en avons mis et mettons le dit Alain en possession et saisine, aux charges, devoirs acous-tumés. Si donnons en mandement par ces présentes aux séneschaux de Lymosin, Poitou, Xantonge pour le Roy mon dit seigneur qui à présent sont et pour le temps avenir seront, et à tous nos autres justiciers, ou à leur lieuxtenans et à chascun d'eulx, que des diz chasteaulx et forteresses, et des drois, proufis, emolumens et revenues qui y appartiennent

et peuent appartenir comme dessus est dit, facent, souffrent
et laissent le dit Alain Saisy, ses hoirs ou ceulx qui de lui
auront cause, joir, possider et user paisiblement et sans
aucun contredit ou empeschement, en déboutant tout autres
detenteur ou empescheur d'icelles choses, qui ne les auroit
du don du Roy mon dit seigneur ou de nous par lettres
précédentes en date de cestes ; mandons aussi et commandons,
de par le Roy mon seigneur et de par nous, aus capitaines
des lieux et fors dessus diz, que sur paine de désobeissance
et de rebellion envers mon dit seigneur et envers nous, que
au dit Alain ou à son certain commandement pour lui ils
baillent et délivrent la possession et saisine des dis fors,
chasteaulx, lieux et appartenances pour en ordener à sa
pleine volenté comme de sa propre chose, nous avons fait
mettre nostre seel à ces présentes lettres. Sauf le droit du
Roy monseigneur en autres choses et l'autrui en toutes.
Donné à Poitiers, le neufviesme jour du moys d'aoust, l'an
de grace mil trois cens soixante et douze.

Nous, considérans les bons et agréables services que le
dit escuier nous a fais en nos dictes guerres en plusieurs
manières, si comme il nous a esté tesmoigné par notre dit
connestable, en rémunéracion des diz services et pour
centemplacion de nostre dit connestable qui sur ce nous a
supplié et requis, les lettres dessus transcriptes et le contenu
en ycelles avons agréables et ycelles loons, gréons, ratiffions,
approvons et de nostre auctorité et pleine puissance royal,
certaine science et grace espécial, les confermons par la
teneur de ces présentes, et toutes les choses et chascune
d'icelles contenues es dictes lettres, qui souloient bien valoir
pour le temps passé de rente annuele huit cens livres ou
environ, si comme l'en dit, donnons de nouveau au dit Alain
perpétuelment pour lui et pour ses hoirs et pour ceulx qui
auront cause de lui et par la maniere dessus dicte. Si
donnons en mandement par ces présentes aux séneschaux
de Lymosin, de Poitou et de Xantonge et à tous nos autres

justiciers et officiers qui à présent sont et pour le temps à venir seront, ou à leurs lieuxtenans, et à chascun d'eulx, que des choses dessus dictes et de chascune d'icelles laissent et facent posséder, joir et user paisiblement le dit Alain, ses hoirs et successeurs et ceulx qui de lui auront cause perpétuelment senz contredit ou empeschement aucun et par la fourme et manière contenues es lettres dessus transcriptes. Car ainsi le voulons nous, nonobstant quelcunques autres dons faiz par nous ou nos prédecesseurs roys de France au dit Alain et qu'il ne soient en ces présentes exprimez ou déclarez, ordenances, mandemens ou deffenses faites ou à faire au contraire. Et que ce soit ferme chose et estable à tous jours mes, nous avons fait mettre nostre seel à ces présentes. Sauf en autres choses nostre droit et l'autrui en toutes. Donné ou mois de janvier, l'an de grâce mil trois cens soixante et douze, et le neufviesme de notre règne.

Par le Roy,

N. DE VEIZES.

La présente expédition, collationnée et visée par les deux chefs de section dont les signatures sont ci-contre, et par eux trouvée conforme au texte du registre conservé aux Archives nationales (section historique, série JJ, 104, numéro 38, folio 16 recto), a été délivrée par nous, Directeur général desdites archives, pour servir et valoir ce que de raison.

En foi de quoi, nous avons signé ladite expédition et y avons fait apposer le sceau des archives.

Fait à Paris, le huit février mil huit cent quatre-vingt-six.

Le Directeur général des Archives nationales, membre de l'Institut,

Alfred MAURY.

PRO ALANO DE SAISY [1].

KAROLUS, Dei gracia Francorum rex. Notum facimus universis presentibus et futuris nos infrascriptas dilecti et fidelis nostri Bertrandi Vadochin, ducis de Moulinis, constabulariique Francie vidisse litteras formam que sequitur continentes :

Bertran du GUESCLIN, duc de Mouline, connestable de France, à tous ceulx qui ces présentes lettres verront salut. Savoir faisons que en remuneracion de partie des bons et agréables services que Alain SAISY, escuier, a fais au Roy monseigneur et à nous, tant ou fait de la guerre que autrement, et fait encores chascun jour en ces présentes guerres en notre compagnie, nous audit Alain avons donné et octroyé, donnons et octroyons à toujours mais perpétuelment à héritage le chastel, ville et chastellenie de

Alain de Saisy.

[1] CHARLES (V), par la grâce de Dieu, roi des Francs, faisons savoir à tous présents et à venir que nous avons vu les lettres de notre aimé et féal Bertrand Vadochin (Guesclin), duc de Mouline et connétable de France, dont la teneur suit : « Bertran du Guesclin, etc... »
Ayant égard au don fait, par lesdites lettres, à notre aimé Alain DE SAISY, écuyer, y dénommé, à cause de ses mérites, par ledit connétable, des château, ville et châtellenie de Mortemar, avec toutes leurs appartenances, nous acceptons, agréons, louons, ratifions et approuvons, et de notre autorité royale, de la plénitude de notre pouvoir, par grâce spéciale et de notre science certaine, par la teneur des présentes, nous confirmons ladite donation, avec toutes et chacune des choses contenues dans les susdites lettres.
De plus, en considération de la foi constante et de la fidélité éprouvée que ledit Alain a souvent témoignée à notre égard et à l'égard de notre royaume, tenant compte des louables et agréables services que ledit Alain a vivement et légitimement rendus pendant la guerre par sa courageuse constance et sa louable fidélité, en exposant intrépidement et vaillamment sa personne et ses biens dans la mesure du

Mortemar, estans ou pais de Lymosin, avecques les terres, vignes, prés, bois, estangs, garainnes, ayves, pescheries, cens, rentes en blez, deniers, poulailles, moulins, dièsmes, terrages, hommes, homenages, toute justice et seigneurie quelconques et tous autres drois, proffis, émolemens et revenues quelconques appartenans et appandans au dit chastel de Mortemar, quelconques choses que ce soient ou puissent estre, confisquées et acquises les dictes choses au Roy mon dit seignour par la rébellion de messire Aymeri de ROCHE-CHOUART, chevalier, naguaires seigneur dudit lieu, tant par ce que par longtemps il s'est porté comme ennemi du Roy mon seigneur et tenant le parti d'ÉDOUARD d'ANGLETERRE comme par ce que de fait nous recouvrasmes pour le Roy mon dit seigneur saisine du fort, et que depuis il a esté et est négligent et en demeure de tourner à l'obéissance du Roy mon dit seigneur, avoir, tenir, possider, user et exploittier les dictes choses du dit Alain, de ses hoirs et de ceulx qui auront cause de lui doresnavant à tousjours, mais, ainsi et en la manière que le dit messire Aymeri de Rochechouart les souloit tenir, possidier et exploittier. Et par ces présentes d'icellui chastel, ville et chastellenie de Mortemar, et des dis drois, proffis, emolumèns et revenues qui y appartiennent et peuent appartenir, comme dessus est dit,

possible pour combattre les ennemis dudit royaume, en prouvant ainsi par l'évidence des faits la sincérité de sa fidélité ; considérant qu'en vertu du pouvoir royal qui nous a été confié, il nous est agréable de combler de faveurs ceux qui se distinguent par leurs mérites, afin qu'ils se réjouissent eux-mêmes de leurs vertus et de leurs prouesses ainsi que de leur fidélité à la volonté royale, et que d'autres à leur exemple soient de plus en plus excités à marcher sur les traces des preux ; ayant égard à ces considérations, et trouvant digne et convenable d'aider ledit ALAIN, de lui montrer notre propension à augmenter ses biens, et de lui témoigner notre générosité dans les circonstances propices et nécessaires, nous concédons et donnons à perpétuité, par les présentes, d'abondant, par l'autorité, le pouvoir, la science et la grâce ci-dessus, audit ALAIN, comme digne et bien méritant, et à ses héritiers, le susdit château de Mortemar, qui nous appartient de plein droit par confiscation, à cause de la désobéissance d'Aimery DE ROCHECHOUART, chevalier, et de la rébellion obstinée dans laquelle il s'est engagé par légèreté et étourderie, s'efforçant de briser ses liens de vassalité à notre égard, et tenant à tort le parti de notre ennemi le roi d'Angleterre, ensemble la ville et la châtellenie susdites avec toutes leurs appartenances et dépendances, comme il est plus amplement déclaré dans les susdites lettres.

nous avons mis et mettons verbalement le dit Alain en saisine et possession, aux charges et devoirs que doivent et sont tenus faire les dictes choses et dont elles sont chargées. Si donnons en mandement par ces présentes au Séneschal de Poitou et de Lymosin pour le Roy mon dit seigneur, qui à présent est et qui pour le temps avenir sera, que du dit chastel, ville et chastellenie de Mortemar, des drois, proffis, emolumens et revenues qui y peuent et pourront appartenir, comme dessus est dit, facent, seuffrent et laissent de fait joir et user paisiblement sanz aucun contredit ou empeschement le dit Alain, ses hoirs et ceulx qui auront cause de lui, comme de sa propre chose. En tesmoing de la quelle chose, nous avons scellé ces présentes lettres de nostre scel. Sauve le droit du Roy mon dit seigneur en autres choses et l'autrui en toutes. Donné à Chynon, le dixiesme jour du mois de juillet, l'an de grace mil trois cens soixante et douze.

Quas siquidem litteras suprascriptas nos, attendentes causam doni per easdem litteras dilecto nostro ALANO SAISY armigero in dictis litteris nominato, suis suffragantibus meritis, per prefatum constabularium de castro, villa et castellania de Mortuomari unacum ejusdem castri pertinentiis universis, ut prefertur, facti, dictamque donationem, ac omnia alia et singula in predictis suprascriptis contenta litteris, pro ut superius sunt expressa, rata habentes et

---

Il est entendu cependant que si, par traité de paix ou autrement, nous voulions rendre audit Aimery ou à ses ayants cause le château et la châtellenie dont il s'agit, avec lesdites appartenances, ledit Alain, ou un autre en son nom, ne pourrait les réclamer ou les revendiquer, et que nous ne serions pas tenus, ainsi que nos successeurs, de donner une compensation.

Nous mandons et enjoignons rigoureusement à tous nos lieutenants et capitaines, au sénéchal de Limoges ou à son lieutenant, et à leurs successeurs, suivant le cas, de mettre ledit Alain en possession corporelle et réelle desdits château, ville et châtellenie, et de l'en faire jouir pacifiquement et entièrement comme de son bien propre, suivant la teneur des susdites lettres, et sans nouvel ordre. Nous déclarons dès maintenant nul et de nulle valeur tout ce qui se ferait à l'encontre. Et afin de donner fermeté et stabilité perpétuelle, nous avons fait mettre notre sceau aux présentes lettres ; sauf en tout notre droit et celui d'autrui. Donné au bois de Vincennes, le 22 juillet, l'an du Seigneur 1372, et de notre règne la 9e année.

grata, ea volumus, laudamus, ratificamus, approbamus ac
de nostra auctoritate regia, plenitudine protestatis, gracia
speciali et ex certa sciencia, tenore presentium confirmamus.
Et preterea nos, consideracione constantis fidei probateque
fidelitatis quibus ipse Alanus apud nos et regnum nostrum
multipliciter commendatur, attendentes eciam grata et
laudabilia serviem que dictus Alanus Virtuosa et com-
mandabili fidelitatis constancia, guerris invalescentibus,
prompte et legitime, noscitur impendisse, se et sua contra
hostes dicti regni jugiter ac quantum potuit viriliter et
fideliter exponendo et exponere non omittit, per que dicte
ejus fidelitatis sinceritas per facti evidentiam comprobatur, et
quod ex tradito nobis regie protestatis officio libenter illos
prosequimur favoribus graciosis, quos ad id juvare nos-
cuntur merita probitatis ut et ipsi gaudeant virt [ut] ibus et
probitatis operibus vacavisse, seque regiis beneplacitis
adhessisse, et alii eorum exemplo ad immittanda proborum
vestigia fervencius animentur, premissa recensentes, ac
dignum et congruum reputantes ut ipsi Alano subveniamus,
ipseque in hiis que in ipsius cedunt prosperitatis augmentum
nos propicios inveniat et in suis necessitatibus et oportuni-
tatibus liberales, predictum castrum de Mortuomari, gallice
de Mortemar, tanquam nostrum et ad nos tempore dicti doni
pleno jure nostro regio pertinens, causa fisci propter
inobedientiam Aymerici de Ruppe Chouart militis nuper,
ac obstinariam rebellionem quam ipse miles, animi levitate
ductus et motibus inconsultis, per inobedienciam incedens,
demum, jura subjectionis, ad que nobis tenebatur astrictus,
imprudenter nitens subvertere, assumpsit et jugiter assumit,
partem adversarii nostri Anglie contra nos tenendo nequiter
et fovendo, unacum villa et chastellania predictis, ceterisque
pertinenciis et appendenciis universis et singulis dicti castri,
prout in dictis suprascriptis litteris plenius declarantur,
sepedicto Alano, tanquam benemerito et condigno, pro se et
suis heredibus, concedimus et donamus perpetuo per pre-

sentes, ex habundanti, de auctoritate, protestate, scientia et
gratia nostris predictis ; proviso tamem quod, si via tractatus
pacis vel alio vellemus dictum Aymericum, vel illos ad quos
pertinuerit, castrum et castellaniam hujusmodi cum suis
predictis pertinenciis recuperare debere, dictus Alanus vel
alii suo nomine recompensacionem aliquam petere seu
vendicare non possit, nosque vel successores nostri ad
eamdem minime teneamur. Mandantes et districtuis injun-
gentes omnibus locatenentibus capitaneisque nostris, ac
senescallo Lemovicensi, vel ejus locumtenenti, modernis et
futuris, et cuilibet eorumdem, prout ad eum pertinuerit,
quatinus prefatum Alanum in possessionem corporalem dicti
castri inducant realiter et de facto, ipsum que Alanum castro,
villa, castellania et pertinenciis antedictis, tanquam suis
propriis, juxta dictarum suprascriptarum ac presentium
litterarum tenores, uti et gaudere plenarie et pacifice faciant
et permittant, absque contradictione quacunque et alterius
expectatione mandati. Et si quid in contrarium fieret vel
attemptaretur, illud ex nunc tenore presentium revocamus ac
penitus anullamus, et volumus esse nullius efficacie roboris
vel momenti, ac pro nullo et irrito haberi totaliter et censeri.
Quod ut firmum et stabile perpetuo perseveret, nostrum
presentibus litteris fecimus apponi sigillum, nostro in aliis
et alieno in omnibus jure salvo. Datum apud nemus Vin-
cennarum, die vicesima secunda mensis julii, anno domini
millesimo trecentesimo septuagesimo secundo, et regni
nostri nono.

(Visu)   Per Regem.

Yvo.

La présente expédition, collationnée et visée par les deux
chefs de section dont les signatures sont ci-contre, et par eux
trouvée conforme au texte du registre conservé aux Archives

3

nationales (section historique, série JJ, 103, numéro 141, folio 77 recto), a été délivrée par nous, Directeur général desdites archives, pour servir et valoir ce que de raison.

En foi de quoi, nous avons signé ladite expédition et y avons fait apposer le sceau des archives.

Fait à Paris, le huit février mil huit cent quatre-vingt-six.

Le Directeur général des Archives nationales,
membre de l'Institut,

Alfred MAURY.

Alain de Saisy mourut-il les armes à la main, comme était mort, en 1371, son frère d'armes, le célèbre Carlonnet dont la perte consterna du Guesclin et tous les guerriers bretons ? Nous savons seulement qu'il mourut en 1379, d'après le rachat payé à cause de lui cette même année. « Ce qu'il y a de probable, c'est que d'après la chronique anonyme et celle de Cuvellier, après la mort de Kerlouët, Alain de Saisy était devenu le principal instrument de la conquête du Poitou, et c'est pour cela sans doute que le Roi voulut lui créer une situation considérable (1) ».

Il est le premier de la filiation non interrompue des Saisy de Kerampuil, faite par un généalogiste breton du XVIIe siècle, des mieux informés, puisqu'il eut entre les mains tous les titres de cette famille alliée à la sienne deux fois ; nous nous en rapportons donc à Guy Autret de Missirien, pour cette filiation qu'il donne dans l'histoire du maréchal de Guébriant, page 15 des généalogies (Le Laboureur).

---

(1) Note du comte Paul de Saisy, son descendant. (15 mai 1886.)

FILIATION.

I.

ALAIN, premier du nom, seigneur de KERAMPUIL (1), devint, par ses exploits, ainsi que les lettres du roi CHARLES V viennent de nous l'apprendre, seigneur de Mortemart, de Vivonne, de Saint-Victurnien et de toutes les possessions d'Aimery de ROCHECHOUART ; mais on a lieu de croire qu'à la mort d'Alain elles furent restituées à ce grand feudataire, moyennant compensation.

M. de Courcy, dans son Armorial, mentionne seulement les récompenses données par Charles V, roi de France, à Jean de Kerlouët et à Alain de Saisy ; M. de Missirien également : dix-huit cents livres d'or à l'un, et mille livres d'or à l'autre. Épousa-t-il l'héritière de Kerampuil, ou bien une sœur peut-être de Jean de Kerlouët, son voisin et frère d'armes? mais M. de Missirien lui donne pour fils :

II.

ALAIN DE SAISY, deuxième du nom, seigneur de KERAMPUIL, qui vivait, dit-il, en 1400.

Son alliance n'est pas indiquée (2), on lui donne pour fils Guillaume qui suit :

III.

GUILLAUME DE SAISY, seigneur de KERAMPUIL, épousa Méance de TRÉMÉDERN, fille de Jean de Trémédern, *chevalier Banneret* de Bretagne, et de Jeanne du Plessix.

DE TRÉMÉDERN :
Bandé d'or et de sable de six pièces.
(Sceau 1415.)

---

(1) En Plouguer-Carhaix, trève de Saint-Quigeau, très près de la ville de Carhaix.

(2) Un ancien mémoire de famille dit que par les armoiries des alliances, précédant les premières connues, avaient dù avoir lieu entre les Saisy et les Rostrenen, les du Chastel, maisons des plus illustres en Bretagne.

Ce mariage a une date tout à fait erronée dans l'Armorial de Courcy. Nous pensons qu'il faut lire 1413 au lieu de 1433.

De Guillaume et de Méance de Trémédern naquirent, d'après M. de Missirien, comme d'après l'arrêt du Parlement de 1778 : Guillaume, Pierre qui continue la filiation, Catherine et Blesven.

IV.

GUILLAUME DE SAISY, seigneur de KERAMPUIL, épousa Fleurine LE SCANFF, fille de messire Charles le Scanff (1), d'abord écuyer du Duc, puis chevalier, capitaine de Vannes, en 1430 (v. D. Morice, Pr. II, p. 1231), seigneur du Dréortz en Priziac et de Paule, et de Jeanne Boutier, fille de Jean Boutier, seigneur de Chateaudacy, et d'Aliénor de la Jumellière, petite-fille de noble écuyer Jean Boutier, seigneur de Chateaudacy, et de Jeanne de Saint-Gilles. M. de Missirien, dit Guillaume de Saisy et Fleurine le Scanff, père et mère de Pierre de Saisy, que l'acte du Parlement nous donne comme, au contraire, frère dudit Guillaume : on pourra s'en convaincre en lisant attentivement ce second arrêt du Parlement, du 28 février 1778.

A ce degré de plus dans la filiation, il nous est, après long examen, impossible d'adhérer, et nous sommes forcés d'admettre que Pierre qui va suivre était frère juveigneur de Guillaume et devint seigneur de Kerampuil après sa mort sans hoirs, et que leurs sœurs à Pierre et Guillaume furent :

CATHERINE DE SAISY, partagée le 24 juin 1436, par Pierre, son aîné dans la succession paternelle. Cet acte prouve qu'elle fut mariée cette même année, à Geoffroy LE GRAND, sieur de Kervéguen-Kerlison.

LE SCANFF :
D'argent à la croix engreslée de sable.
(Ramage de Beaumez.)

LE GRAND, Sr de Kerguéguen, par. de Kergrist-Moëllou :
(Montres de 1481 à 1536.)
D'argent au croissant de gueules, acc. de trois macles de même.
(G. le B.)

(1) J'ai donné ailleurs l'histoire de cette famille considérable des Le Scanff, éteinte à la fin du XVIe siècle dans les Talhoët de Kerservant. (Voir pièces justificatives de la généalogie Jégou du Laz.) — Historique de la seigneurie de Paule.

BLESVEN DE SAISY fut mariée à Guillaume DE LOCHRIST, seigneur dudit lieu, en Trébrivan ; un acte du dernier jour de février 1446 prouve que le partage de Blesven de Saisy, qui avait épousé Guillaume de Lochrist, fut retardé par un accident, et qu'on lui donna pour curateur et coadjuteur Bernard de Canaber, seigneur de Kerlouët (en Plévin) (1).

DE LOCRIST Sᵍʳ dudit lieu en Trébrivan : De gueules au croissant de vair, accomp. en chef d'une quintefeuille, et en pointe d'une étoile, le tout d'or. (Sceau 1306.)

Celui-ci, en cette qualité, se prétendit fondé à demander le partage de Blesven de Saisy, épouse dudit seigneur de Lochrist, à Pierre de Saisy son aîné ; celle-ci, au contraire, intervint dans l'instance et prétendit que le curateur de son mari n'avait aucune qualité pour agir pour elle. Elle désapprouva l'instance intentée par ledit Bernard de Canaber et allégua qu'elle était notable demoiselle de bonne semence et notablement se gouvernant bien selon son état ; on voit, en conséquence, que l'affaire ne fut point jugée. Mais plus tard, en 1478, son petit-fils, Morice de Lochrist, renouvela l'instance contre Pierre second de Saisy. (22 octobre 1478.)

IV

PIERRE, premier DE SAISY, seigneur de KERAMPUIL, épousa Marguerite de RENQUIER, fille aînée d'Yvon de Renquier (2) et de Catherine du Fou ; ce qui est justifié par le contrat qui en fut passé le 25 février 1446. On remarque dans ce contrat de mariage, qu'Yvon de Renquier et Catherine du Fou déclarèrent que dans le cas ou leurs autres hoirs prétendraient que la dot par eux donnée à Marguerite de Renquier fut excessive, ils lui en faisaient don et avantage comme le peuvent faire gens nobles en faveur de leur fille.

---

(1) De même que Blesven de Saisy était arrière-petite-fille d'Alain de Saisy, Bernard de Canaber était arrière-petit-fils du célèbre Carlonnet, Jean de Kerlouët.

(2) Sur ce nom de Renquier, non mentionné dans l'Armorial de Courcy, nous trouvons les choses suivantes : — Macé et Olivier de Renquier figurent parmi les écuyers dans la montre du 8 décembre 1371, à Clisson, de Monsieur Olivier, seigneur de Clisson et de Belleville, chevalier Banneret ; — Alain de Renquier, escuier, lequel Monseigneur le Dauphin, par lettres données au chastel de Loches, le 6 novembre 1418, a retenu au nombre de CC hommes d'armes, luy et 19 autres reçus à Chinon, le 3 nov. 1418. (D. Morice, Preuves II, page 985.)

Cette même année, Pierre de Saisy paie le rachat pour sa mère, Méance de Trémédern. Il mourut en 1461. Un acte du 12 juillet 1462 a été produit, contenant le rapport et estimation des héritages de feu Pierre de Saisy (premier du nom), consistant dans l'hostel de Kerampuil et autres échus à la cour de Carhaix, pour cause de rachat pour ladite année, ladite estimation faite en présence de Marguerite de Renquier, veuve dudit feu Pierre de Saisy, comme tutrice et garde de Pierre (second du nom), son fils aîné, ledit acte donné par Pierre de Tuovenel, lieutenant de Carhaix, au pied duquel est la quittance dudit rachat, en date du 25 septembre 1462. Signé A. Pinard et du Dresnay, passe (1).

Pierre Ier de Saisy et Marguerite de Renquier laissèrent pour héritier principal et noble Pierre second dont l'article suit, et deux filles :

JEANNE, première puisnée, qui épousa Guillaume de KERGORVO, fils aîné d'Yvon de Kergorvo et de Thomine de Corret. Contrat de mariage du 3 mars 1471, signé de Quenechquivilly, de Kergorvo et du Ponthou.

DE TOULBODOU :
D'or semé de feuilles de houx de sinople.

CATHERINE qui fut mariée à Guillaume de TOULBODOU, seigneur dudit lieu et de Guiffos et de Kerglazen (par. de Locmalo, de Plouray et de Langonnet), fils aîné d'Olivier, seigneur de Toulbodou, et de Catherine le Trancher. Pour preuve une transaction du 30 mars 1494, entre Guillaume de Toulbodou et son beau-frère Pierre (second du nom) de Kerampuil, par laquelle celui-ci donne audit Toulbodou pour le droit et avenant de Catherine de Kerampuil, sa sœur aînée et femme du dit Toulbodou, le manoir de Castel-Gouvello pour toute prétention ès successions du dit Pierre (premier) et de Marguerite de Renquier, père et mère desdits Pierre et Catherine.

Guillaume de Toulbodou ne laissa pas d'enfants de Catherine de Saisy. Ce furent lui et son frère, Jean de Toulbodou, qui

(1) Les témoins de très nobles familles qui signent tous ces anciens actes, et ajoutent le mot passe, n'ont aucun rapport avec les notaires.

pour l'accomplissement d'un vœu fait pendant un épouvantable orage, en juillet 1489, firent construire sur le flanc d'une montagne, au bord de l'Ellé, à 1,500 mètres au nord-est du Faouët, la très curieuse chapelle de Sainte-Barbe.

V.

PIERRE II DE SAISY, seigneur de KERAMPUIL, porta d'abord le seul nom de Saisy, et figure sous ce nom, le 3 mars 1461, au contrat de mariage de sa sœur Jeanne; également sous ce nom, en 1462 et en 1466, il satisfait au rachat dû par la mort de ses père et mère.

Il fut le premier de sa famille qui prit le nom de KERAMPUIL que ses descendants s'habituèrent à porter jusqu'à la fin du xviie siècle, et sous lequel même ils ont obtenu leur arrêt de la réformation du 31 janvier 1669.

Sous le nom de Kerampuil, Pierre comparaît en archer à la montre de l'évêché de Cornouaille de l'an 1479.

Son mariage avec Germaine de KERVENNEC est prouvé par contrat du 20 novembre 1476, qui fut passé au manoir de Kerampuil. Elle était fille unique de Morice de Kervennec, seigneur du Bigodo (par. de St-Martin des Champs, Morlaix) et de Marguerite Derrien (1).

DE KERVEN-NEC OU DE KERGUENNEC, Sgrs de Lesquiflou (Pleybert-Christ), fondu dans le Borgne: *De sable au lion d'argent, l'écu semé de billettes de même.* (Armorial de l'évêché de Saint-Pol-de-Léon, du Mis de Refuge.)

Pierre II de Saisy, seigneur de Kerampuil, mourut au mois de mai 1517.

De ce mariage naquirent:

1. JEAN Ier du nom, qui suit.

2. HERVÉ DE KERAMPUIL, abbé et restaurateur de l'abbaye

---

(1) Dans l'extrait des registres de la chancellerie de Bretagne (D. Morice, 1714) on lit: « relèvement d'appel au prochain parlement pour Morice de Kerguennec contre Jean de Vay, auditeur à la chambre des comptes en 1458. »
14 décembre 1457.

de St-Maurice (près Quimperlé) (1). Il est désigné par erreur sous le nom de Bizien dans le catalogue des abbés que donnent D. Morice et D. Lobineau ; Bizien de Kerampuil, disent-ils, fit faire, en 1505, une croix de vermeil qui se conservait dans son église.

3. JEANNE, leur sœur, fut mariée à écuyer Yves de KERGOET, fils aîné et principal héritier de Pierre de Kergoët qui fut fait prisonnier à la bataille de Saint-Aubin-du-Cormier (1488), et de Marguerite de Coëthual, seigneur et dame du Rest.

VI.

JEAN Ier seigneur de KERAMPUIL, connu seulement sous ce dernier nom, fils aîné héritier principal et noble de Pierre et de Germàine de Kervennec, paya le rachat de son père le 22 septembre 1517. Il figure avec sa maison noble de Kerampuil dans la réformation de 1535, suivant extrait de la Chambre des Comptes.

DE KERPRI-GENT :
D'azur à 6 molettes d'argent. 3, 2, 1.
(Réformations et montres de 1841 à 1562 par. de Duault.)

Il épousa, suivant acte du 25 septembre 1526, Marie de KERPRIGENT, fille et héritière principale et noble d'Yvon de Kerprigent, seigneur de Goazanvot (près Locarn), et de damoiselle Jehanne de Beaucours (2). Ils laissèrent cinq enfants, et tous deux n'existaient plus en 1546.

---

(1) Cette abbaye, de l'ordre de Citeaux, devait son origine au saint dont elle porta le nom. Le duc Conan IV lui donna, dans la forêt de Carnoët, l'emplacement d'un monastère où saint Maurice s'établit avec douze religieux de l'abbaye de Langonnet, en 1170.

(2) Nous donnerons aux pièces complémentaires le curieux article de M. de la Borderie, intitulé : Chronique du mardi-gras 1505. (Revue de Bretagne et de Vendée, février, 1857, p. 140.) On y verra comment fut tué le premier mari de Jeanne de Beaucours, dame de Rochecleus (en Peumerit-Quintin), le sieur Garric, et bien involontairement, par Guillaume de Beaucours, oncle de sa femme, dans une querelle survenue en chevauchant tous deux dans la forêt de Kergrist, Guillaume de Beaucours reprochant à Garric l'alliance de sa nièce, trop peu brillante pour elle, et les dagues en jeu aussitôt...

A cette époque le manoir de Beaucours, en Bothoa, berceau des Beaucours, était passé, sans doute par alliance, aux Malestroit.

1. Jean IIe du nom, leur fils aîné, dont l'article suit.

2. Pierre, puîné, appelé Monsieur de Goazanvot (ou Goazanbot), qui épousa Anne de Bothon, dame et héritière de Brunolo (en Motreff), fille de Louis de Bothon, écuyer, seigneur de Brunolo, et d'Isabeau de Coëtgoureden, sa première femme, morte en 1554, et sœur de Françoise de Bothon, mariée à Henri de Canaber, de la maison de Kerlouët, en Plévin. Il fut procureur à la cour de Kerahès (Carhaix), et mourut en juillet 1595 (arch. de Brunolo), après avoir vu le manoir de Brunolo pillé et ravagé pendant les guerres de la Ligue, tant en ses meubles, que joyaux, lettres et titres ; son beau-père Louis de Bothon, seigneur de Brunolo, fait prisonnier et rançonné de douze cents écus, et mort au milieu de ces désastres (1591) (1).

de Bothon : D'argent à l'arbre de fresne de sinople.

Il laissait un fils, Michel de Kerampuil qui suit, et Marie de Kerampuil appelée dame de Goazanvot, qui vivait encore en 1607, d'après des actes de partage des archives de Brunolo, où elle comparaît, et dut mourir sans alliance.

Michel de Kerampuil, à la suite des événements dont il vient d'être parlé, lorsque la paix fut survenue, fit informer et décréter en la juridiction de Carhaix au sujet du ravage de son manoir de Brunolo (2). Il avait lui-même grandement figuré les armes à la main, pendant ces temps de troubles : il se trouvait, dit une très curieuse enquête (reportée aux pièces justificatives), à la prise et au saccage de la ville de Carhaix, mais pour y empêcher tout le mal qu'il put.

---

(1) Louis du Bothon avait fait de Brunolo (paroisse de Motreff) une seigneurie très considérable par son acquisition de nombreuses possessions de la châtellenie de Kergorlay, en Plévin et en Motreff, qui lui furent vendues par Georges de la Trémoille, baron de Royan, et mari plus tard de Madeleine de Luxembourg.

(2) Voir les pièces qui le concernent, entre autres celle écrite et signée par le chanoine Moreau, dont l'original appartient à la Ctesse de Réals, propriétaire actuelle de Brunolo.

Le sieur de la Tremblaye, l'un des chefs des Royaux, fut courroucé contre lui, à cause de l'humanité et de la courtoisie dont il usait à l'endroit des habitants (1).

Michel de Kerampuil fit un acte de partage que nous avons sous les yeux, le 22 avril 1598, avec Plésou Loas, troisième femme et veuve de Loys du Bothon.

Il mourut en mars ou avril 1604.

DE BOTHEREL:
(Ramage de Quintin.)
De gueules à une croix pattée, vidée, cléchée, pommetée d'or.

Il avait épousé Françoise de BOTHEREL, de la maison de la Villegeffroy, fille de Jean de Botherel, seigneur de la Villegeffroy, et de Jeanne Ferron de la Villeaudon (2). Françoise de Botherel fut établie tutrice des deux filles de son mariage avec Michel de Kerampuil, en mai 1604 :

Blaise qui suit, et Moricette, cette dernière nommée dans des actes, dame de la Ville-Chevalier.

LE BIHAN :
D'or au chevron de gueules, issant d'une mer d'azur.

BLAISE DE KERAMPUIL, dame et héritière de Brunolo épousa vers 1607, écuyer Bernard le Bihan, seigneur de Keroulas, qui continua le procès de sa belle-mère Françoise de Botherel contre Mauricette de Goulaine, dame de Plœuc, à cause de la seigneurie de Kergorlay et des droits honorifiques et prééminences que les seigneurs du Tymeur disputaient à ceux de Brunolo.

Il mourut en 1639. Blaise de Kerampuil était morte en 1634, laissant une fille unique, Jeanne, qui épousa messire Maurice de la Rivière, seigneur de Saint-Germain, fils de messire René de la Rivière, seigneur de Saint-Quiouay, gentilhomme ordinaire du Roi, et de Marie de Coëtrieux.

3. GILLES DE KERAMPUIL, troisième fils de Jean Ier et de Marie de Kerprigent, naquit vers 1530 (3), et fut un personnage

---

(1) Arch. de Brunolo.

(2) Sa sœur, Anne de Botherel, épousa messire François Conen II du nom, chevalier de l'Ordre du Roi, gentilhomme ordinaire de sa Chambre, seigneur de Précréant.

(3) Plutôt entre 1530 et 1535.

CALVAIRE DE GILLES DE KERAMPUIL
à Cléden-Poher (Finistère)

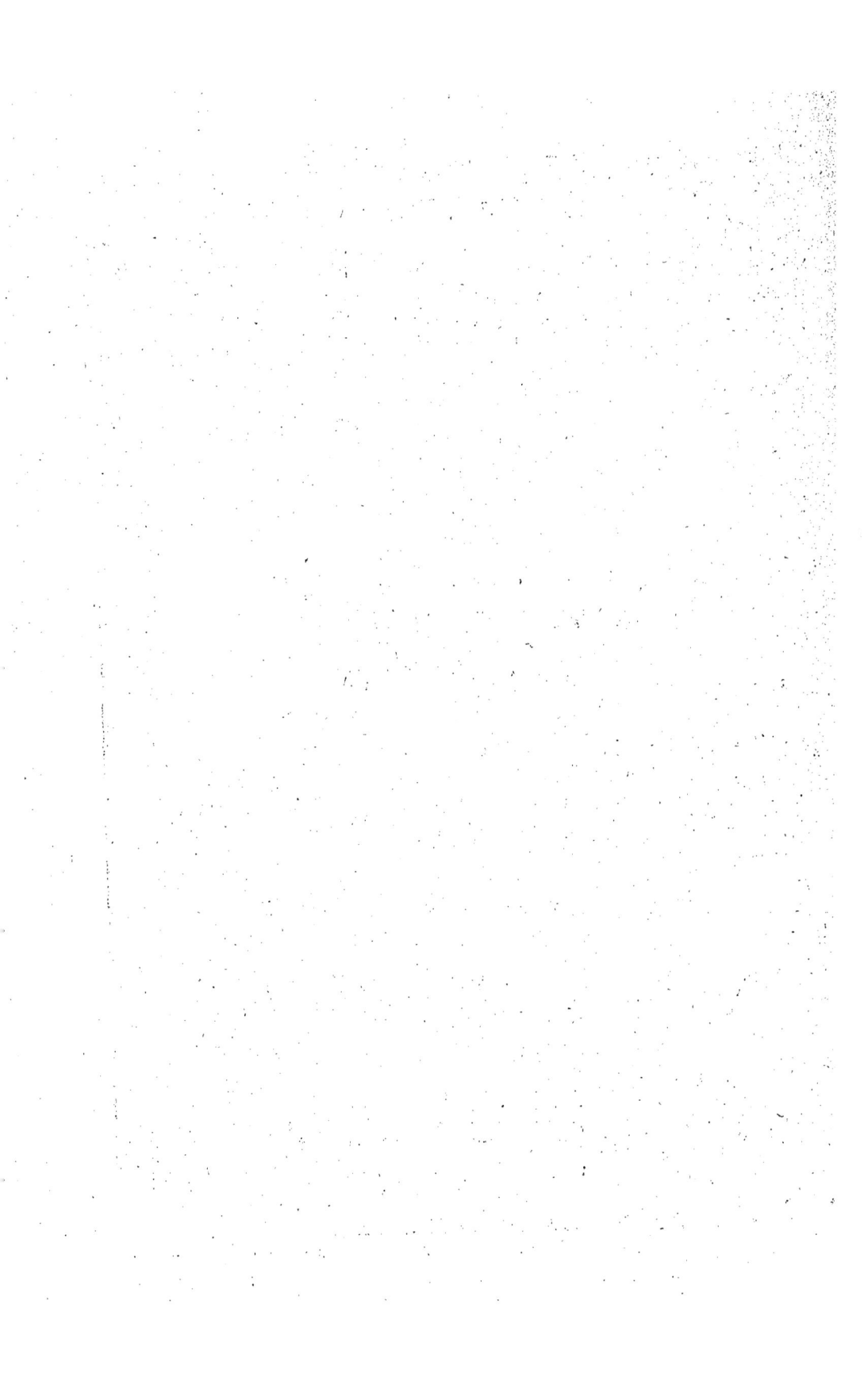

considérable et remarquable. Élevé probablement à Paris comme son frère aîné, Jean de Kerampuil, il entra dans les ordres et fut chanoine de la collégiale de Carhaix, et recteur des paroisses de Cléden-Poher, de Motreff et de Tréaugan. Celle de Cléden lui doit le beau calvaire à personnages de la date de 1575, qui porte ses armes, aujourd'hui frustes, avec un calice soutenu par deux anges, et lui doit sans doute ses remarquables hauts et bas-reliefs du grand autel, et peut-être l'élégant clocher de son église. Il avait acquis le manoir et terre noble de la Haye, auprès de Cléden, « d'avec noble escuyer Jean le Forestier, et damoiselle Louise le Grand, sa compaigne, le 15e jour de novembre 1572 »; d'autres terres en Cléden avaient été par lui acquises en avril de cette même année.

L'archéologie remet aujourd'hui au jour Gilles de Kerampuil pour ses livres qui témoignent de sa science comme de sa grande piété.

Monsieur Léopold Delisle, membre de l'Institut, a fait entrer à la Bibliothèque nationale dont il est administrateur en chef, un rarissime exemplaire des *Heures Bretonnes* de Gilles et a bien voulu nous honorer de l'étude sur ce livre qu'il a publiée récemment pour l'École des Chartes, et pour la Société archéologique du Finistère, intitulé : « *Les Heures Bretonnes du XVIe siècle*. » L'éminent érudit y cite encore et y décrit le « Petit Cathéchisme de Pierre Canisius, traduit par Gilles de Keranpuil, Paris, 1576. »

« Il m'a semblé utile, dit Monsieur Léopold Delisle, d'extraire de la dédicace et de la préface en français quelques lignes relatives à la personne du traducteur et aux circonstances dans lesquelles il a publié son livret :

A Révérend Père en Dieu, messire Françoys de la Tour, Évesque
de Cornouaille et seigneur de Penanstang, Gilles de Keranpuil,
son humble serviteur, donne salut :

MONSEIGNEUR,

Désirant suppléer mon absence par quelque moyen et bien-
faict, afin d'avoir quelque excuse, premièrement devant Dieu,
devant vous et tous ceux que j'ai en charge, j'ay pensé n'estre
moins expédiant que nécessaire de prévenir et obvyer à la
rudesse du peuple vulgaire en la jurisprudence divine... Je
me suis advisé de traduire en nostre langue brette un petit
catéchisme, premièrement composé par M. Pierre Canisius,
docteur en théologie, lequel catéchisme, par estre plain de
théologie et divine leçon, pourra beaucoup profiter à ceux de
vostre diocèse... Seulement lui reste vostre faveur et authorité,
Monseigneur, si tant est que vueillez me consentir de vous
estre dédié, comme je désire, et vous supplie affectueusement
et humblement, l'ayant traduict expressément pour l'usage du
peuple de vostre diocèse, lequel, s'il est si humainement
receu de vous, et après d'iceluy votre peuple, comme je le
vous offre en forme des premières prémices et estreines
de mon pauvre labeur, m'avanceré de vous présenter et dédyer
un autre et plus grand suject que j'ay entre mains, si Dieu
me favorit de sa grâce, pour le réduire à telle perfection que
je désire, pour l'accomoder à sa gloire et à l'édification du
peuple catholique, spécialement de vostre diocèse...

De Paris, le huictiesme jour d'octobre mil cinq cens
septante six. De votre plus attenu et obéissant serviteur à jamais.

GILLES DE KERANPUIL.

Aux lecteurs catholiques, Gilles de Kanpuil désire salut et
félicité.

« Depuis que Dieu m'a appellé à ceste charge et mienne
profession (encores que j'en sois indigne), je me suis estudié

de sçavoir quel pouvoit estre mon plus nécessaire et principal devoir pour d'un bon zèle m'y employer... Ce considéré, me suis laissé persuader de mon devoir et estat, et aussi de quelques miens amis, de vous traduire, lecteurs chrestiens, ce petit catéchisme, autresfois composé par M. P. Canisius, docteur en théologie... Je l'ay translaté et traduict en idiome brette, languaige vulgaire de ma patrie, pour ne laisser au peuple aucune occasion d'excuse de n'apprendre ce que luy est nécessaire pour son salut...

« N'ayant estudié à orner le langage breton, ne l'estant quasi que par force, ayant esté, la grâce à Dieu et ceux qu'il m'a laissé pour pères (puisque, par sa volonté, j'ay perdu mes naturelz avant l'aage de discrétion), nourri entre les François et autres nations jusques à présent ; aymant mieux, par la rudesse et simplicité de mon langage, exprimer le vray sens de mon subject qu'user de belles paroles avecques peu de fruict et d'édification ; joinct que la première modelle n'est jamais pollie, mais s'approprie pour la veue et maniement des bons espritz, qui astjoustent ou diminuent ce qu'ilz voyent d'excez et peu à propos. Suppliant tous lecteurs de corriger ce qu'ilz voirront nécessaire en ce petit catéchisme, ou bien excuser les fautes qu'ilz y pourront noter et avoir esgard que ceste langue n'a jamais esté imprimée et hantée comme les autres, dont n'ay peu me prévaloir des traictz d'autruy et naturelz d'icelle, espérant estre excusé de mes propres fautes.

« Si vous demandez la cause pour laquelle j'ay voulu traduire en langue vulgaire ce petit catéchisme, c'est que l'usage en a esté célèbre en l'Eglise ancienne, comme sainct Augustin, sainct Cyrille et plusieurs autres sainctz et grands personnages nous l'appreignent par leurs escrits...

« Autre raison, pour ce que estant adverty par un libraire de Paris, auquel on avoit faict des grandes instances pour imprimer le Nouveau Testament, traduict en langue brette par un Breton fugitif en Angleterre, et d'autant que je cognois, tant par la relation de plusieurs doctes personnages anglois que par le travail que je prins à la conférence de la langue angleche à la nostre, avecques laquelle elle a proche affinité, que la traduction qu'on a jà faicte en langue angleche estre en infinis lieux falsifiée et corrompue, et que telles traductions et traducteurs, estans hors l'Eglise, n'ont et ne peuvent avoir aucune vérité, et que cependant cet apostat voudroit introduire son Nouveau Testament, autant ou plus suspect que celuy d'Angleterre, au grand désavantage des simples et aussi des autres, pour ce que ceste nouveauté, qui est en nostre temps fort prisée, leur feroit recevoir cette translation, laquelle, pour l'imperfection de la langue, ne se peult bonnement faire sans erreur ou corruption, j'ay dressé ce petit bastillon, pour, si le malheur advient que ceste suspecte translation (pour le lieu d'où elle vient et celuy qu'on dict l'avoir faicte) est mise en lumière, que le peuple, estant auparavant tellement quellement adextré et prévu par ce petit catéchisme, puisse de premier front cognoistre le pernicieux désir de ce nouveau monstre, le débeller et vaincre. Il sera aussy bon et propre pour prélatz, pasteurs, recteurs, maistres d'escole et pères de famille, pour eux instruire leurs enfans et domestiques... »

Les autres œuvres, dont celles-ci n'étaient que le prélude et qu'annonce Gilles de Kerampuil, ne parurent sans doute pas, bien qu'il ait fait encore le voyage de Paris en 1578.

Ce fut en la ville de Rennes, à son retour, chez un marchand libraire de la rue Saint-Georges, nommé Harrant, qu'il tomba tout à coup malade, au moment où il venait d'être nommé à l'évêché de Vannes, dit le fameux jurisconsulte Pierre Hévin, dans un factum des archives de Kerampuil, où, au sujet de la dilapidation par les tuteurs des biens de Henri II de Kerampuil, arrière-neveu de Gilles, il est dit dans un article spécial concernant les livres disparus : « Et cet article n'est

» pas d'une légère conséquence, le nombre et la qualité des
» livres se montant à une très grande valleur comme on verra
» par l'inventaire que les intimés sont obligés de représenter.
» Car pour en fournir une conjecture convaincante oultre que
» le père de l'ayeul, et les prédécesseurs de l'appelant (Henri
» II⁰ de Kerampuil), estoient hommes de lettres et advenus
» dans la judicature, ils avoient nouvellement recueilly les
» successions collatérales de Hervé de Kampuil, abbé de
» Saint-Morice de Kemperlé, et de Gilles de Kampuil, nommé
» à l'évesché de Vennes lors de son descedz, lesquels estoient
» parvenuz à ces dignités autant par leur érudition que par
» leur naissance (1). »

Se voyant à toute extrémité, Gilles de Kerampuil fit, le
24 septembre 1578, le Testament que l'on trouvera aux pièces
complémentaires (2). On y verra avec quelle présence d'esprit,
quel souci et amour de sa famille, quelle dignité et même
quelle grandeur il dicte ses nombreuses et dernières volontés,
sans oublier aucun détail, très soucieux d'acquitter la
moindre dette, et de faire à chaque ami ou chaque protégé
un legs proportionnel. Ce n'est pas le simple prêtre, c'est
bien le futur évêque qui ordonne d'assembler pour ses funérailles tous les religieux des couvents de Rennes, et qui choisit
sa sépulture en l'église du célèbre couvent de Notre-Dame
de Bonne-Nouvelle (appelé les Jacobins), « devant le grand
autel de Notre-Dame, et entre plusieurs autres œuvres
de piété fonde une messe haulte chacun an à perpétuité,
à mesme jour qu'il décéda qui fut le jour de saint Michel,
29 septembre 1578 ; à être dite et chantée par douze religieux
prêtres, à l'autel de Notre-Dame, avec les vigilles des morts

(1) Ce factum d'Hévin, extrêmement remarquable, est du 5 janvier 1657.
(2) Ce Testament vient d'être retrouvé aux archives départementales d'Ille-et-
Vilaine, I. H. 5, N⁰ 8, par M. Frédéric Saulnier, conseiller à la cour d'appel, sur nos
indications, et il nous a été doux de nous transporter immédiatement à Rennes, et
sous les yeux et avec l'aide du savant et aimable archiviste, M. Parfouru, de copier
minutieusement cette curieuse pièce retrouvée juste au moment où les archéologues
s'occupaient de Gilles de Kerampuil.

et recommandation sur le lieu de sa sépulture ; pour dotation de laquelle il donne la somme de 10 liv. tournois de rente sur l'hypothèque générale de tous ses biens. »

4. BIZIEN DE KERAMPUIL est mentionné dans l'arrêt du 31 janvier 1669, comme dernier fils de Jean de Kerampuil et de Marie de Kerprigent.

5. JEANNE (nommée Anne dans l'arrêt), seule fille des précédents, fut la femme de noble écuyer Henry de Kernéguès, fils d'autre Alain de Kernéguès et de Catherine de Canaber, de la maison de Kerlouët, et petit-fils de Jéhan de Kernéguès et d'Isabeau de Kergoët.

DE KERNÉ-GUÈS : *D'argent à deux fasces de gueules, au chef de sable,* (fondu dans Olymant).

VII.

JEAN II, seigneur de KERAMPUIL (et connu encore sous ce seul nom), avait perdu son père, lorsque, d'après un acte du 31 juillet [1546,] « l'apposition des scellés fut mise après le décès de damoiselle Marie de Kerprigent, veuve de Jehan de Kerampuil, sieur et dame en leur temps de Kerampuil, à la réquisition? et [en présence de noble écuyer Henry de Kernéguès, seigneur du dit lieu, mari de damoiselle Jehanne de Kerampuil, pour la conservation des droits d'autre Jehan de Kerampuil, écuyer, leur fils aîné principal héritier et noble, mineur sous âge de curatelle, de présent étudiant à Paris » — Un autre acte des derniers jours d'août 1546, relatif à la pourvoyance dudit mineur, nous montre « Damoiselle Jehanne de Beaucours, son aieule maternelle, refferrée dans l'acte de partage du 25 septembre 1526, veuve d'Yvon de Kerprigent, mort en 1522, père et mère de Marie de Kerprigent, femme de Jehan de Kerampuil, nommée curatrice; lesdits actes signés Postel. Au nombre des parents qui donnent voix, Me Yves de Kergoët oncle dudit seigneur de Kerampuil, ayant été marié à la sœur dudit défunt Jehan Ier de Kerampuil, Henry de Kernéguès, beau-frère du mineur, Pierre de Kergoët sieur de Kerdano, cousin germain dudit seigneur de Kerampuil, etc. »

Jean II DE KERAMPUIL épousa par contrat du 24 septembre 1547, Susanne DU RUFFLAY, qui fit en l'épousant, dit l'auteur de l'histoire du Maréchal de Guébriant, une alliance digne de la noblesse de sa maison. Dans ce contrat, Me Jehan de Kerpérennès (1), docteur en droit, s'oblige de faire assiette audit de Kerampuil, écuyer mineur, sous l'âge de 20 ans. Les parents qui signent, tant le dernier jour du dit mois que le premier jour d'octobre suivant, sont : du Plessix — C. Caric — de la Boëssière — G. Euzenou — le Bigot — Bahezre — François du Plesseis — de Coatanlem. — Autre acte « où le dimanche, second jour d'octobre 1547, assiette de 60 l. de rente, faite au profit de la dite damoiselle Susanne du Rufflay, en faveur de son mariage proposé avec noble Jehan de Kerampuil, seigneur de Kerampuil et de Goazanvot, dans laquelle stipule par noble Henry de Kernéguès, son procureur, damoiselle Jehanne de Beaucours, dame de Rochecleus, ayeule maternelle curatrice dudit de Kerampuil. »

DU RUFFLAY : D'argent au chevron de gueules, accompagné de trois quintefeuilles de même.

Susanne du Rufflay, dame du Boisriou (en Cavan), était fille de Pierre du Rufflay et de Perrine de Languenvez, sieur et dame du Rufflay de Villeauroux, décédés lors du mariage.

Elle descendait, par les mères, de Guillaume Budes, chevalier, seigneur d'Uzel, et de Jeanne du Guesclin, propre tante de Bertrand du Guesclin, connétable de France. (V. Le Laboureur, Hist. du Maréchal de Guébriant, généalogies.)

Susanne du Rufflay mourut en 1568.

Un extrait des registres de la cour royale de Kahès porte la « réception de escuyer Jean de Kerampuil en l'office de procureur du Roi au dict Kahès, le cinquiesme jour d'avril l'an mil cinq cents soixante et sept. » — Il avait alors quarante ans.

Il en avait soixante-trois lorsque, après un siècle environ de tranquillité, la Basse-Bretagne entra dans toutes les horreurs

---

(1) De Kerpérennès, seigneur du Boisgarin (en Spézet). Sa fille unique épousa messire Arthur de Perrien.

et vicissitudes de la guerre civile. Le journal de messire Jérôme d'Aradon, seigneur de Quinipili, gouverneur de Hennebont, va d'abord nous donner les faits où figure Jean de Kerampuil :

« Le mardi XX dudit mois (février 1590), mon dit frère de Camor retourna de Kerahez là où y avoit esté pour prandre les séneschal et procureur de Kerahèz, qui étoient du parti des Huguenots, nonobstant qu'ils avoient signé l'union ; et arriva en ceste ville de Hennebont environ sept heures du matin.

« Le jeudi XXII dudit mois mon dit frère de Camor s'en alla à Vennes, et partit après disner, et mena avec lui ledit sénéchal de Kerahèz à Vennes.

« Le lundy XXVI dudit mois, le seigneur de Kermatheana (1) et son frère Luznen arrivèrent en ceste ville parler à M. de Kerampuil qui estoit prisonnier de guerre de mon frère de Camor, lesquels s'en allèrent le lendemain.

« Le mardi VI dudit mois le sieur de Kerampuil accordit de sa ranson pour le prix de deux mille deux cent cinquante escus sol à paier à mon frère de Camor, auquel Jean le Babris, beau-frère du sieur de Kerprat, s'obligea à mon dit frère, le dit sieur de Kerampuil s'en partit le lendemain, *(D. Morice, Pr. II. p. CCLXIII.)*

Cette année-là, la ville de Carhaix fut prise le mercredi 5 septembre 1590, à 5 heures du matin, par les troupes des sieurs de la Tremblaye, du Liscoët, de Villejaffrez et autres chefs du party (ou plutôt de pillards), qui entrèrent dans la ville par le jardin des Pères Augustins ; du Liscoët fit mettre le feu aux quatre coins de la ville. Guillaume Olymant, sieur de Launay, qui avait coupé la main droite de du Liscoët, et qui livra bataille à la tête de 400 cavaliers devant

(1) Il s'agit d'écuyer Louis de Penlan, sieur de Kermadehoaz, gendre de Jean de Kerampuil, et dont le nom est ainsi dénaturé par l'imprimeur sans doute.

le Moustoir y fut fait prisonnier, et conduit au château de Quintin et mis à rançon.

Ce furent MM. de Plœuc du Tymeur, Euzenou, de Kerampuil, Lohou et de Cabornais qui se coalisèrent et firent les emprunts pour lever ladite rançon.

L'année suivante se trouve un document de plus sur Jean de Kerampuil, intitulé :

Assiette de 3,000 écus pour le payement de la garnison de Quintin.

(*D. Morice. Pr. III, page 1525.*)

« A nous Loys de la Boessière, escuyer, sieur de Rosvéguen, Conseiller du Roy au siège Présidial de Quimper-Corentin estant en la ville de Rostrenen, a esté ce jour 9 de mars 1591 présenté par Jean de Kerampuil, escuyer, sieur dudit lieu, Procureur du Roy en la Juridiction de Kerahès certaines lettres de commission à lui rendues de par Monseigneur le Prince de Dombes, Lieutenant-général pour le Roy en son armée et ce pays, et gouverneur de Dauphiné, à nous entr'autres adressantes, dattées du 8 jour d'octobre 1590 signées de mon dit Seigneur et de Brasset et scellés de son sceau, portants commandement et commission de départir et imposer la somme de trois mille escus sol sur les paroisses rebelles de sa dite Majesté en la dite Juridiction de Kerahèz, pour estre employée à la paye et solde des gens de guerre par lui establis en la garnison de Quintin, comme plus à plein est contenu esdites lettres, nous requérant le dit Procureur du Roy vouloir lesdites lettres exécuter, et pour ce faire, lui donner jour et assignation. Mais d'autant que pour la sureté de sa personne il auroit esté contraint de se retirer de sa maison et exercice de son estat (1), il n'auroit en main les rolles des feux de la dite Juridiction, pour iceûx les dépar-

---

(1) Il s'était retiré au château du Tymeur, plus en défense que le manoir de Kerampuil qui fut alors, sans nul doute, ravagé comme tous ceux du pays.
(Archives de Brunolo. — Enquêtes.

temens estre plus aisément et équitablement par nous faits ; nous a requis d'escrire et commandement faire au greffier criminel dudit Kerahès ou ses commis de se rendre devers nous garni desdits rolles et mémoires, en ce lieu, pour assister avec nous au dit département suivant le deu de sa charge..... et que icelui (département) sera fait sur celles que le dit Procureur du Roy vérifiera s'estre de la dite Juridiction de Kerahèz adhérés aux ennemis de sa dite Majesté et émancipées de son obéissance, du nombre desquelles il a présentement nommez estre la dite ville de Kerahèz avec ses faubourgs, la paroisse de Ploker, Moustouer, Trébrivan, Plévin, Motreff, Quelen, Duaut et Landugen, le Louch, Tréaugan, Spézet, Maël-Pestivien, Botmel et Callac, Plusquellec, Callanel, Plorach, Carnoët, Scrignac et Botglasec, Poulaven, Plonévézel et Kergloff... En tesmoin de quoi avons signé cestes, ensemble le dit sieur Procureur du Roy et nostre dit adjoint, et fait sceller du sceau de la Juridiction de Kerahez esdits jour et an que dessus.

Signé, Kerampuil — de la Boëssière — Rolland et scellé.

Les mémoires du temps, et de très curieuses enquêtes qui sont aux archives de Brunolo, et nous ont été communiquées par la comtesse de Réals, citent pendant ces guerres Jan de Kerampuil « gentilhomme d'honneur et sy homme de bien qu'il eust bien empesché que aulcun désordre eust esté commis par raison des registres concernant la juridiction de Kerahès... »

Jean de Kerampuil figure en 1600, au mariage de son fils, et encore dans des actes de 1603. Il dut mourir cette même année. Un intitulé de titres de cette époque d'un inventaire de l'année 1635 (arch. de Kerampuil), dit qu'il a pour compagne, Jeanne du Dresnay : aucun généalogiste, ni autre mémoire de famille n'a parlé de cette seconde alliance. Cependant, elle n'aurait rien d'invraisemblable, car le manoir de Kercourtois, tout proche de celui de Kerampuil, était habité par les du Dresnay.

Il laissa de Susanne du Rufflay trois enfants :

1. HENRY dont l'article suivra.

2. JEANNE DE KERAMPUIL qui épousa Louis de PENLAN, écuyer, seigneur de Kermadehoaz, et lui apporta la seigneurie du Bigodou-St-Germain (près Morlaix) advenue à sa famille par l'alliance avec Germaine de Kervennec.

DE PENLAN
D'azur à trois roses d'or.
(G. le B.)

L'inventaire des titres de 1635 enregistre le « Contraict de mariage d'entre sieur Louis de Penlan, sieur de Kermadhoaz et demoiselle Jeanne de Kerampuil, fille aisnée de nobles homs Jan de Kerampuil et feue damoiselle Susanne du Rufflay dabté du unziesme jour de juign, l'an mil cinq centz quatre vingt et deux. »

3. ANNE, qui épousa écuyer Hervé LOAS, sieur de Kervidam, en Glomel, fils d'écuyer Henry Loas, sieur de Kervidam, de Coetmeur (en Plévin) etc. mort en 1662, et petit-fils d'Hervé Loas, écuyer sieur de Kervidam, Évêché de Cornouaille, et de Louise de Quélen, sa femme.

LOAS
ou LOUAYS :
De gueules à trois ganteletes d'hermines en pal,
(montres de 1481 à 1536.)

Le même inventaire de titres, cité plus haut, relate le « contraict de mariage entre nobles homs Hervé Loas, sieur de Kervidam, Kerléon, etc. et demoiselle Anne de Kerampuil, seconde fille de nobles homs Jan de Kerampuil dapté le septième jour de mars mil cincq centz soixante et quinze, signé du Bothon — Hervé Loas — Arthur de Perrien — J. de Kerampuil — Anne de Kerampuil — Gilles de Kerampuil — Y. de la Haye — G. du Leslay — P. de Kerampuil — Corret — du Rochcaizre — Canaber — J. de Kergorvo — de Mordelles — A. Canaber. »

Anne de Kerampuil mourut sans enfants, le 27 mars 1622, et Hervé Loas lui survécut jusqu'en 1626, et fit son testament le 17 novembre 1626. (1).

---

(1) Dans ce testament qui est entre nos mains, il supplie Dieu tout puissant, créateur du ciel et de la terre, de mettre son âme en son sainct Paradis, par l'entremise de la Vierge sacrée, et de tous les sainctz de Paradis. Il déclare vouloir être inhumé en l'une des tombes de ses ancêtres « estant jouxte le grand autel de l'Église paroissiale de Glomel, dédié à Monsieur Sainct Germain » et pour les prières

VIII.

HENRY Ier du nom, seigneur de KERAMPUIL, d'abord appelé seigneur du Boisriou, fils aîné, héritier principal et noble des précédents, épousa le 11 avril 1600, damoiselle Jehanne EUZENOU, dame du Lézert, fille aisnée de feu noble escuier Louis Euzenou et damoiselle Jehanne de Kersandy, sieur et dame de Kersalaün; cette dernière était alors remariée à écuyer Charles de Kerguen, s^r de la Tour. (Voir ce contrat de mariage aux pièces complémentaires.)

EUZENOU : S^{gr} et Mis de Kersalaün : *Ecartelé aux 1 et 4 d'azur plein, aux 2 et 3 d'argent à la feuille de houx de sinople en pal.*

Henry de Kerampuil fut comme son père conseiller du Roi et son procureur à la cour de Carhaix. — Nous le voyons figurer, le 13 janvier 1625, au mariage de son fils aîné. Il mourut en août 1631.

Ses enfants ont été :

1. PIERRE IIIe ci-après.

2. CHARLES, juveigneur, qui épousa damoiselle Louise de KERGRIST, seconde fille de noble écuyer Jacques de Kergrist, et de Jehanne de Larmor, vivant seigneur et dame de Treuscoat (en Pleybert-Christ), et sœur cadette de Jeanne de Kergrist, femme de Pierre III de Kerampuil.

Ce Charles de Kerampuil, sieur de la Haye, en Cléden, terre noble qui provenait de la succession de Gilles de Kerampuil, y habita et mourut en 1653, laissant de son mariage avec Louise de Kergrist deux enfants, Charles et Françoise.

---

il lègue diverses fondations à l'Église paroissiale en rentes de blés et argent, fonde aussi un obit en l'Église tréviale de Trégornan, pour que chaque an, au jour et fête de Saint Hervé, il soit célébré. Il fait aussi divers dons aux chapelles de N. D. du Folgoët, à la chapelle de St-Yves de Tréguier, à l'Église de St-Corentin, à Quimper, à la chapelle de Guérand, à celle de N. D. du Pénity, à la chapelle de Notre-Dame, vulgairement appelée Ty-Mam-Doué, près dudit Kerampuil. Il nomme pour exécuteur testamentaire, escuyer Jean de Canaber, s^{gr} de Keranlouët, son principal héritier présomptif. (Arch. de la baronnie de Rostrenen et signé par les fonctionnaires de sa Juridiction.)

Charles, sieur de la Haye, terre noble en Cléden-Poher, où il habita, ne paraît pas s'être marié. Il figure avec l'aîné de la maison de Kerampuil dans l'arrêt de la réformation du 31 janvier 1669, où il est dit : « Induction dudit Charles de Querampuil, sieur de la Haye, sur le seing de maistre Thomas Harel, son procureur, fourny et signiffiée au procureur du Roy, le 26e jour de uovembre 1668, par laquelle il soustient estre issu d'autre Charles de Querampuil et de dame Louise de Quergrist ses père et mère ; ledit Charles était issu de Henry de Querampuil et de Jeanne Euzenou, ayeulx dudit sieur de Querampuil deffendeur et qu'ainsi il doit estre luy et sa postérité née et à naistre aussi en loyal et légitime mariage, maintenu dans la qualité d'escuier et dans tous les droits, privillèges et prééminances quy seront attribués audit sieur de Querampuil son aisné et autres nobles de la province, et qu'à cet effet il sera inscrit et employé au rolle et catalogue d'iceux de la sénéchaussée et Juridiction Royalle de Chateauneuf-du-Faou. »

Il mourut le 17 avril 1675, au monastère de Notre-Dame des Vertus. Une lettre d'un des religieux de ce monastère (près Paris), datée du 20 avril et reportée aux pièces supplémentaires, annonce la mort de Charles de Kerampuil à sa sœur Françoise, religieuse hospitalière à Carhaix, et lui donne les détails les plus édifiants sur la sainte vie et la mort de son frère ; d'après cette lettre, il semblerait qu'il était retiré dans ce monastère, plutôt comme pensionnaire que comme religieux.

Il fut le dernier de cette branche.

Françoise de KERAMPUIL, sa sœur, appelée dame de la Haye, figure sous ce titre dans les registres de Carhaix, le 14 janvier 1652, et encore en 1655. Les Hospitalières ayant été fondées dans cette ville en 1663, par Anne du Chastel de Kerlech, supérieure de celles de Vannes, ce dut être vers cette époque que Françoise vint se joindre aux premières religieuses de la fondation. Dite en religion mère Marie de

Saint-Joseph, elle fut supérieure du monastère de Carhaix, de 1676 à 1679, et le fut encore de 1697 à 1700, époque très probable de sa mort (1).

DU PLESSIS : Sr de Penfao par. de Saint-Thégonnec, de Coëtserho, par. de Ploujean, etc. De sable au cygne d'argent, becqué et membré de gueules.

3. ANNE DE KERAMPUIL qui épousa écuyer Jean du PLESSIX, sgr de Penfaut (Penfao), fils d'autre Jean du Plessix, sgr de Penfao, et d'Anne le Bihan, fut la seule fille d'Henry Ier de Kerampuil et de Jeanne Euzenou. Les preuves sont : « Ratification du contrat de mariage passé entre escuier Jan du PLESSIX, sr de Keralsy, et damoiselle Anne de KERAMPUIL, dabté du 21 février 1622. — Acte de bannis concédé par Monsieur de Cornouaille pour célébrer les nopces entre ladite de Kerampuil et le dit du Plessix, dabté du 3e jour du mois de fébvrier, mil six centz vingt et deux. »

Anne de Kerampuil vivait encore en 1654. Elle signe, ainsi que son fils, Guillaume du Plessix, sgr de Penfao, dans un acte du 15 décembre 1654 (arch. de Kerampuil).

IX.

PIERRE IIIe du nom, seigneur de KERAMPUIL, fils aîné, héritier principal et noble d'Henri Ier du nom de Kerampuil,

---

(1) Je dois, pour la mémoire de Françoise de Kerampuil, reproduire ici un fragment des annales du monastère dont elle fut une des premières supérieures :

« Enfin nos mères eurent la consolation de voir leur maison achevée vers 1678. C'est donc sous le gouvernement de la Révérende Mère Françoise de Kerampuil, de Marie de Saint-Joseph, que ce travail fut fait. Pendant ces constructions il y eut une circonstance qui fit admirer la bonté de Dieu à qui les miracles ne coûtent pas lorsqu'il les juge nécessaires au bien de ses enfants. Sans autres fonds que leur confiance en la Providence, nos bonnes mères entreprirent la bâtisse de leur maison, et la virent s'élever sans jamais être obligées de retarder les travaux, et pouvant à temps payer les ouvriers. Une note retrouvée a confirmé ce que nos anciennes mères avaient souvent assuré : elle porte que les religieuses qui entreprirent la bâtisse n'avaient pour tout bien que trente francs, et que jamais elles ne manquèrent d'argent...

Le ciel les protégeait d'une façon admirable ; il présidait à tout et semblait tout conduire. La très sainte Vierge, surtout, avait soin de sa maison et encore plus de celles qui devaient l'habiter. Il est de tradition que tous les soirs, pendant qu'on bâtissait, on la voyait se promener sur les murs ; elle voulut prouver sa protection d'une manière visible, ainsi que l'intérêt qu'elle portait à cette communauté à peine naissante. »

(Communiqué par les Religieuses hospitalières, aujourd'hui transplantées de Carhaix à Pont-l'Abbé.)

et de Jeanne Euzenou, épousa damoiselle Jeanne DE KERGRIST, héritière principale et noble de Treuscoët (en Pleybert-Christ), fille aînée de défunts nobles homs Jacques de Kergrist, sieur de Treuscoët, et de damoiselle Jehanne de Larmor, vivants sieur et dame de Treuscoët, Kerambastard, Penanlan, etc. par contrat de mariage du 13 janvier 1625, où la future est dite assistée de nobles homs Vincent de Kergrist, sieur de la Villeneuve, dont elle est autorisée à raison de sa minorité, par lequel contrat il est convenu, entr'autres choses, que ledit Pierre de Kerampuil, contractant, assisté et autorisé de nobles homs Henry de Kerampuil, seigneur dudit lieu, sera mis en possession et jouissance des biens échus de la succession de défunte damoiselle Jeanne Euzenou, sa mère, dont il est aussi héritier principal et noble. Jeanne de Kergrist mourut à Kerampuil, le 25 juin 1627 (1), laissant deux fils dont les articles suivront, Henry et Jean, l'un âgé d'environ 14 mois, et l'autre de deux mois.

DE KERGRIST : *D'or à quatre tourteaux de sable, 3, 1, au croissant de même en abîme* (montres de 1426 à 1543).

PIERRE DE KERAMPUIL se remaria (contrat du 30 juin 1628) à damoiselle Françoise LE BORGNE, fille de messire Alexandre le Borgne, seigneur de Lesquiffiou, et de Jeanne de Lannuzouarn, et sœur de messire Jean le Borgne, sgr de Lesquiffiou, chevalier de l'ordre du Roi, qui épousa Marie de Plœuc, fille de Vincent et de Moricette de Goulaine.

LE BORGNE DE LESQUIFFIOU : *D'azur à 3 huchets d'or liés et virolés de même* (montres de 1427 à 1443).

Il devint sénéchal de Carhaix en 1630 (2). Il mourut le

---

(1) Elle était un parti considérable, dit le jurisconsulte Hévin. Orpheline de père et de mère, elle avait pour belle-mère, damoiselle Marie Pinart, dite dans les actes, douairière de Treuscoët.

Jeanne mourut, comme on le voit, à la fleur de l'âge, et légua à sa sœur, Louise de Kergrist, femme de Charles de Kerampuil, sr de la Haye, ses plus beaux atours, en récompense de ses tendres soins.

Un inventaire de titres du 19 juin 1635, porte : « Extraict des fraictz funéraux de lad. feu de Kgrist, du 28 juign aud. temps (1627). — Mémoires des estoffes et habictz de deuil fournis lors dud. debceix du 25e may. — Quittance de 27 livres pour la peinture des armoiries et cierges fournis à l'enterrement de lad. défuncte (Janne de Kgrist), du 30 dud. mois. » — (Archives de Kerampuil.)

(2) Pierre Meslou, écuyer, sgr du Louch et de Ksaint-Éloy, sénéchal de Carhaix, lui vendit son office de sénéchal, le 11 septembre 1630. — (Archives de Kerampuil.)

1er juillet 1633, laissant, outre les deux enfants de son premier mariage, une fille du second.

Françoise le Borgne, sa veuve, fut présente à la vente du 27 septembre 1633 « des meubles appartenans aux enfants mineurs de feu escuier Pierre de Kerampuil, sgr dudit lieu, après avoir fait partage ou distraction d'une moitié d'iceux, ycelle délivrée à dame Françoise le Borgne, à présent sa veuffve, à quoy a esté vacqué suivant l'assignation mise ce jour en l'audiance de samedy dernier, par Jean Veller, greffier de Kerahès, en présence de messire Allain Euzenou, sgr de Kersalaün, tuteur desdits mineurs et de ladite dame veuffve, d'escuier François de Clisson, sr de Largentaye, conseiller du Roy et son procureur en la cour, et d'escuier Charles de Kerampuil, sieur du Boisriou, parantz desdits mineurs et nommés par les aultres pour assister sur l'inventaire et vante desdits meubles, au manoir de Kerampuil, lieu du décedz dudit deffunct (1). »

L'inventaire des titres anciens de la maison de Kerampuil eut lieu seulement en 1635 : Françoise le Borgne y comparaît encore avec les mêmes cités plus haut.

Mais, depuis le 25 novembre 1634, la veuve de Pierre III de Kerampuil s'était remariée avec messire Olivier de Lamprat, sgr de Lézaudy, conseiller du Roi, et ensuite sénéchal à Carhaix, « duquel et d'autres personnes de condition elle escouta les propositions si ouvertement et si prématurément que dans le 7me mois de son veuvage, les habitants de Carhaix furent spectateurs et interressez dans une bataille qui se livra

---

(1) Tous ces inventaires sont aux archives de Kerampuil. Dans la vente de cette moitié du mobilier du manoir de Kerampuil, se voit une grande quantité de linge, et entre autres choses, un plat bassin d'argent, vendu à la dicte dame veuve, pour 150 liv. ; — une aiguière d'argent, vendue au sieur de Boisriou, 48 liv. ; — une salière d'argent, carrée, vendue à la dicte dame veuve, pour 27 liv. ; — des pistolets, espée avec son baudrier ; une arquebuse. — Parmi les habits, « une robe de nuict, couleur de vert de mer ; — une garniture de lict couleur d'orange ; — deux autres couleur de verd ; — une autre garniture de lict de taffetas couleur d'Isabelle. » — Réclamation fut faite longtemps après (mémoire judiciaire du célèbre Hévin) d'une rose en diamants qui appartenait de droit aux mineurs, et autres bijoux, et des livres enlevés qui étaient d'une très grande valeur.

dans la dite ville entre les partisans du dit sieur de Lamprat et ses autres rivaux (1). »

Devenue veuve peu après, Françoise le Borgne épousa, en troisièmes noces, messire Guy Autret, seigneur de Missirien, chevalier de l'Ordre du Roi, fils de Claude Autret, sgr de Lesoualch et de Lézergué, et de Gillette du Plessix, veuf sans enfants de Blanche de Lohéac, le plus savant généalogiste breton de ce temps (2).

La seule fille qui était née du mariage de Françoise le Borgne avec Pierre de Kerampuil fut MARIE-JOSÈPHE DE KERAMPUIL qui épousa (contrat du 27 février 1647), 1o messire Guy AUTRET, sgr de Lesoualch, de Lésergué, de Kergaradec, de la Villeneuve, chevalier, fils aîné d'Yves, sgr de Lesoualch, et de dame Marie du Menez, propre neveu et pupille de Guy Autret, sgr de Missirien, et 2o, (contrat de mariage du 25e juin 1653) (arch. de Kerampuil) se remaria avec messire Pierre DU DISQUAY (3), chevalier, fils aîné de Claude du Disquay, seigneur de Botilio, et de dame Françoise de Lésodevez.

AUTRET : Sr de Lesoualch, de Lézergué et de Missirien : *D'or à cinq triangles ondés d'azur* (montres de 1426 à 1534).

DU DISQUAY : *Ecartelé de gueules et de sable, à la croix d'argent, chargée en chef d'une hermine de sable, brochant sur les quatre quartiers* (montres de 1427 à 1535).

Pierre de Kerampuil laissa de son premier mariage avec Jeanne de Kergrist, deux fils :

1. HENRY, ci-après, et

2. JEAN, sr de TREUSCOËT, juveigneur, qui épousa Marie-Renée MOCAM, fille de René Mocam, sieur du Pérennou, près Quimper, et sénéchal de cette ville, et d'Urbaine de la Boëxière. Leur contrat de mariage est daté des 9e et 10e janvier 1648. Il mourut l'an 1652, laissant ses deux fils, Sébastien et Henry, sous la tutelle de leur mère qui se remaria à écuyer Jacques

---

(1) Factum signé : Hévin, fait pour Henry de Kerampuil appelant contre sa belle-mère, et les héritiers de son tuteur, messire Alain Euzenou, sgr de Kersalaün. (5 janvier 1637.) — Archives de Kerampuil.

(2) M. de la Borderie, dans la *Revue de Bretagne et de Vendée*, 8 octobre 1857, a publié une lettre de M. de Missirien, datée du 17 novembre 1658, de son manoir de Lézergué, près Quimper, où il parle de sa femme, et du sgr de Lesquiffiou, neveu de sa femme.

(3) Ils eurent trois filles dont l'aînée seule resta héritière, Françoise-Claude du Disquay, mariée à Monsieur de Kerméno, et morte en 1714, sans enfants. Pierre du Disquay mourut en 1689.

Huon, sʳ du Plessix (1). Le second des enfants mourut jeune, et l'aîné, Sébastien de KERAMPUIL, nommé ainsi à cause de son parrain, Sébastien de Rosmadec, marquis de Molac, embrassa l'état ecclésiastique, et fut un saint prêtre. Il dit lui-même, dans une lettre à son oncle, que ce n'est pas une étincelle passagère d'amour de Dieu qui le conduit là, mais une réelle vocation. (Archives de Kerampuil.) Il habitait Kerampuil en 1684, chez son cousin Guillaume de Kerampuil, sᵍʳ dudit lieu. Il mourut le 30 mars 1690, après s'être démis de tous ses biens en faveur de ce dernier, dès 1682. Le jour précis et le lieu de sa mort se trouvent dans l'acte suivant des archives de Kerampuil :

« 4 décembre 1690. Requête des Dames hospitalières de Carhaix, disant que noble et discret missire Sébastien de KERAMPUIL, prêtre, sʳ abbé dudit lieu, s'estant trouvé malade, se fist rendre chez les dames hospitalières, le 4ᵉ janvier 1690, où il a resté jusques à son décez qui fuct le jeudy de Pasques ensuivant, trantiesme mars, pendant lequel temps lesdites dames l'ont soigné et fourny sa pension et entretenus sa chambre pendant ce temps de feu et de chandelle allumé nuict et jour, et qu'il leur est dû par les enfants de feu Guillaume de Kerampuil, héritiers dudit abbé, cent livres pour

---

(1) Acte du 23 novembre 1656, « où Marie-Renée Mocam, douairière du feu sʳ du Treuscoët (Jean de Kerampuil) à présent convolée en second mariage avec Mʳ du Plessix Huon, et habitant le manoir de Goazanvot (près Locarn), se défend contre Henry de Kerampuil, seigneur dudit lieu, tuteur et garde de messieurs ses enfants mineurs, qui demande le fils aîné pour le faire baptiser et instruire, à quoi ladite dame répond qu'elle l'a fait baptiser à l'église de Saint-Mathieu (Quimper), environ l'esté dernier, le parrain fut monsieur le marquis de Molac (Sébastien de Rosmadec), et la marraine madame du Parcoz, et on lui imposa le nom de Sébastien, lequel pour l'âge qu'il porte est assez bien appris, et offre la dite dame de le faire instruire de mieux en mieux pour l'advenir, selon sa condition, à ses propres frais, au moins pour les trois années suivantes pour l'amour qu'elle luy porte et pour lui espargner d'autant son bien. Comme aussy fait même offre pour son autre filz puisné nommé Henry que le dit sieur demande lui oster contre son gré, à son grand regret. »
Signé Marie-Renée MOCAM.
Le 12 janvier 1657, escuyer Jacques Huon, son mari, résidant à présent avec elle au manoir de Goazanvot (dont il a la jouissance provisoire), en la trefve de Quélen, fait pour sa femme et compaigne, l'offre devant la cour royale de Carhaix de nourrir et entretenir ses mineurs, pour trois ans, sans diminution de leurs biens. — (Arch. de Kerampuil.)
Signé Jacques HUON.

les trois mois de sa maladie, et tous les frais funéraires, en outre, dont elles donnent le détail. »

Il fut inhumé dans les enfeux de sa famille, à St-Quigeau, trève de Plouguer.

X.

HENRY second, seigneur de KERAMPUIL, fils aîné, héritier principal et noble de Pierre IIIᵉ du nom et de Jeanne de Kergrist, épousa, à l'âge de vingt ans (contrat de mariage du 3 février 1646), damoiselle Catherine LE VEYER, fille aînée de défunts messire Claude le Veyer, sᵍʳ du Ster (en Cléden-Poher), de Kerandantec, etc., et de dame Susanne de Pénancoët. Le décret de mariage, par l'avis entre autres parents de messire Alain Euzenou, seigneur de Kersalaün, oncle paternel et curateur dudit seigneur, de messire Jean du Plessix, sᵍʳ de Penfao, mari de dame Anne de Kerampuil, tante paternelle, d'écuyers Guillaume et Claude de Kergrist, parents maternels au tiers degré. Par Suzanne de Pénancoët (1), sa mère, Catherine le Veyer était cousine-germaine de Guillaume de Pénancoët, sᵍʳ de Keroualle, père de la duchesse de Portzmouth.

LE VEYER : *D'or à trois merlettes de sable* (montres de 1427 à 1534).

Ce fut Henry second qui produisit à la réformation de la noblesse, et obtint l'arrêt du 31 janvier 1669, qui le déclara, ainsi que Charles de Kerampuil, sᵍʳ de la Haye, son cousin-germain, nobles et issus d'ancienne extraction noble ; mais comme on a cy-dessus observé, Pierre second ayant oublié le nom de Saisy, pour s'attacher uniquement à celui de

---

(1) Suzanne de Pénancoët était fille de Guillaume de Pénancoët, seigneur de Keroualle (près Brest), et de Gillette Barbier de Kerjean (mariage de 1609), lequel Guillaume de Pénancoët était fils de René, sᵍʳ de Kerouazle et de Françoise de Kerhoënt, laquelle était fille d'Alain de Kerhoënt, baron de Kergournadech, et de Jeanne de Kergournadech, héritière de sa maison. Cette Suzanne de Pénancoët était propre tante de Guillaume de Pénancoët, sᵍʳ de Keroualle, qui épousa Marie de Plœuc, fille de Sébastien, marquis de Plœuc, et de Marie de Rieux, sᵍʳˢ du Tymeur (en Poullaouën), d'où : Louise de Pénancoët, duch. de Portzmouth, d'abord fille d'honneur d'Henriette d'Angleterre, et dont on sait l'histoire.

Kerampuil, Henry second s'embarrassa peu de relever cette erreur, quoique dans l'arrêt du 31 janvier il remonte sa généalogie à Pierre premier, qui avait épousé Marguerite de Renquier, en 1446, et qui, à son contrat de mariage, signait du nom de Saisy. « Mais quelle qu'ait été sa négligence en signant plus tard du nom seul de Kerampuil, dit un mémoire de famille du siècle dernier, il est certain qu'elle n'a pu nuire à ses descendants, et comme personne ne peut de sa propre autorité changer son nom, il faut toujours en revenir à la vérité lorsqu'elle est démontrée. » On verra bientôt les descendants d'Henri reprendre leur vrai nom.

Un acte du 6 août 1675 (arch. de Kerampuil) nous montre qu'à cette date Henry, second du nom, et Catherine le Veyer, sa femme, firent démission de leurs biens en faveur de leur fils aîné, Guillaume de Kerampuil, sʳ de Léonville. Catherine le Veyer mourut peu après, laissant son mari engagé dans des affaires très embarrassantes, et sa fortune compromise par suite d'une caution donnée au frère de sa femme, Jean le Veyer, sʳ du Ster (en Cléden), lequel dissipa ses biens (1). Il s'en suivit pour Henry de Kerampuil des procès sans fin, des pertes énormes (2), et des chagrins incessants qui amenèrent cette démission et le déterminèrent, de suite après la mort de sa femme, à embrasser l'état ecclésiastique. Dans

---

(1) Donner une caution c'est toujours signer sa ruine.

(2) L'extrait d'un titre « du 20ᵉ may 1882 » (arch. de Kerampuil) en donnera une juste idée :

« Pendant les années 1649, 1650 et autres, lesdits sieur de Kerampuil père, le sieur de Keroualle (Guillaume de Pénancoët) et autres entrèrent en plusieurs empruncts de somme considérable faits par messire Jan le Vayer, sieur du Ster, de quoy il donna indemnité tant audict sʳ de Kerampuil que autres ses cauptions faute de payement desquelles sommes les biens dudict sieur du Ster estant épuisés, ses créantiers se sont vengéz vers led. sieur de Kerampuil père, dont ils ont faict vendre plusieurs terres considérables. Et enfin a payé tant par contraincte que autrement plus de 30,000 liv. outre les dommages et interrest qu'il a souferts qui ne sont encore liquidez et mesme lesd. créanciers poursuivent la vente du surplus de ses héritages audict présidial de Quimpertin. »

Au commencement de 1664, la terre du Ster avait été vendue sur écuyer Jean le Veyer, par René Mocam, sʳ du Pérennou (son beau-frère), et adjugée à messire Jacques de Lantivy, sʳ de Treuillac, pour la somme de 55,200 livres.

Ces terres appartiennent aujourd'hui par héritage à la famille de Carné.

l'acte de ratification qu'il fit de la démission de son neveu, Sébastien de Kerampuil, prêtre, en faveur de Guillaume de Kerampuil, son fils aîné, on trouve la signature de Henry de Kerampuil, prêtre (1) (8 août 1682). Il y est dit qu'il habitait alors le manoir de Goazanvot (en Locarn), dont il s'était réservé l'usufruit. D'après les lettres de lui, que contiennent les archives de Kerampuil, à son fils, puis à sa belle-fille devenue veuve, et datées soit du séminaire de Plouguernével, soit du manoir presbytéral de Cléden-Poher, du manoir de Kerampuil, ou de Carhaix, on voit que c'est ce dernier endroit où il séjourna le plus ; mais il le quitta, vers 1699, pour aller demeurer à Saint-Pol-de-Léon, où il mourut très peu de temps après, le 28ᵉ février 1700, et fut inhumé en l'église des Carmes (2).

Sa vie remplie d'épreuves appelle l'attention et peut se résumer ainsi : orphelin de père et de mère dès le berceau, n'ayant plus de grand-père, ni de grand'mère d'aucun côté, pour s'occuper de lui, il reste à la merci d'une toute jeune belle-mère ambitieuse et coquette, et d'un tuteur de connivence avec elle pour causer au jeune héritier tous les préjudices possibles. — Plus tard, à l'âge d'homme, procès, et réclamations faites par les plus célèbres jurisconsultes de Bretagne, au sujet de tant de biens disparus. — Autres procès plus accablants encore à la suite d'une imprudente caution donnée à son beau-frère. — Pertes énormes, et la terre de Kerampuil à la veille de lui être ravie. — Démission de ses

_____

(1) A cette époque où toutes les veuves se remariaient, les gentilshommes veufs entraient fréquemment dans l'état ecclésiastique : on en citerait un grand nombre : nommons seulement Alain de Guer, marquis de Pontcallec, qui, veuf de Françoise-Renée de Lannion, devint un des saints prêtres auxiliaires du vénérable Père Maunoir, dans les missions de la Basse-Bretagne.

(2) Acte de décès de Henry de Kerampuil pris dans les registres de Saint-Pol-de-Léon (Mairie): « Noble et discret Henry de Kerampuil pᵇʳᵉ, âgé de soixante quinze ans, mourut le vingt huictième feuvrier en la paroisse du Crucifix, de la ville de Saint-Paul-de-Léon devant le Trésor, après avoir été muni des sacrements par le ministère du soussignant pᵇʳᵉ curé d'office du dit vicariat, et a été enterré en l'église des Carmes, le premier jour du mois de mars en l'an mil sept cents, en foy de quoy j'ay inséré le présent article ainsi signé,

GALLIOU pᵇʳᵉ curé d'office. »

biens en faveur de son fils, dont la femme sauve Kerampuil en s'en rendant adjudicataire.

A peine veuf, Henry rassasié de troubles et d'épreuves, et sans doute conseillé par le V. Père Maunoir, se jette dans les bras de Dieu et trouve dans l'état sacerdotal, pendant environ vingt ans, le refuge à ses douleurs.

Ses enfants furent :

1. GUILLAUME qui suivra et continue la filiation.

2. MARIE-RENÉE, née à Kerampuil et baptisée à Saint-Trémeur le 17 décembre 1651, fut mariée le 27e d'octobre 1693, à Saint-Pol-de-Léon, à messire Hamon LE JACOBIN, sgr du Dourdu, l'Estang, Kernastoué et autres lieux (1), lequel mourut à Saint-Pol, le 16 février 1697, et dont elle n'eut pas d'enfants. Il avait épousé, en 1res noces, Marie-Anne du Bois, dame du Dourdu (2), et en avait une fille unique, Louise le Jacobin, mariée le 19 octobre 1688, à Avessac, à messire Jean-Louis de Derval, sgr d'Espinefort et autres lieux, conseiller du Roi au Parlement de Bretagne.

LE JACOBIN : *D'argent à l'écu d'azur en abyme, accomp. de six annelets de gueules mis en orle (montres de 1443 à 1534).*

Messire Hamon le Jacobin était sénéchal des régaires de l'évêché de Léon. Il était fils d'autre Hamon le Jacobin, sgr de Keremprat, et de Marguerite Tournemouche, et frère de Jean-Claude le Jacobin, sgr de Keramprat, conseiller en la cour, décédé à Vannes, le 19 décembre 1680, qui avait épousé, le 19 mars 1649, Julienne de Bragelonne.

Marie-Renée mourut le 1er juin 1728. (Arch. de Kerampuil.)

3. ALAIN, né le 24 septembre 1654, fut baptisé en l'église de Saint-Trémeur, de Carhaix, le 18 mai 1655, et eut pour

---

(1) Le contrat de mariage du 26 octobre 1693 est signé entre autres par Louise-Gabrielle de Plœuc, fille de messire Sébastien de Plœuc, marquis du Tymeur, et de Marie de Rieux. (Arch. de Kerampuil.) L'acte de mariage (registres de Saint-Pol-de-Léon) est signé par la même, et par Louise de Maillé et Charlotte d'Appelvoisin.

(2) Marie-Anne du Bois, dame du Dourdu, était fille de Gabriel du Bois, écuyer, sr du Dourdu, et d'Isabelle de Chefdubois. (Note fournie par le Bon R. de Saint-Pern.)

parrain messire Alain Barbier, chevalier, s^{gr} de Kernaou, Lescoët (1), etc., et pour marraine, dame Catherine Mocam, épouse de messire Jean le Veyer, s^r du Ster. Il dut mourir prématurément. On trouve sa signature, en 1663, sur les registres de Carhaix.

4. JEAN-EUSTACHE, baptisé en l'église de Saint-Trémeur, le 22 octobre 1656 (2). Nous avons tout lieu de croire qu'il fut religieux bénédictin, d'après une lettre d'un Père de cet ordre, à la veuve du frère aîné de Jean-Eustache, Jacquette le Lart du Roz, dame de Kerampuil, laquelle datée du 15 mai 1688 lui annonce que Monsieur le Chevalier son frère est allé prendre l'habit de bénédictin, et lui dit qu'il voit que tout contribue à la rendre héritière (3). Ce chevalier que nous supposons être Jean-Eustache porta le nom de Frère Constantin de Sainte-Catherine.

5. FRANÇOISE, qui fut religieuse hospitalière à Carhaix, où elle est mentionnée dans les annales de ce couvent sous le nom de mère de Notre-Dame des Anges, de 1684 à 1711. Son contrat de dotation est du 4 novembre 1678. (Arch. de Kerampuil.)

6. CHARLES-TOUSSAINT, né le 1er novembre 1663, à Kerampuil, baptisé à Saint-Trémeur le 26 novembre 1663, mourut jeune.

---

(1) Haut et Puissant Alain Barbier, s^{gr} de Kernaou, de Lescoët, etc., avait épousé Renée d'Altoviti, petite-fille de Philippe d'Altoviti, vicomte de Beaumont et baron de Castellane, et de Renée de Rieux, dite la belle Châteauneuf.

(2) Il eut pour parrain messire Charles de Kerampuil, s^{gr} de la Haye, et pour marraine dame Jeanne le Bihan, épouse de messire Maurice de la Rivière, s^{gr} de Saint-Germain, Brunolo, etc. (Registres de Carhaix.)

(3) Il ne peut guère s'agir d'un des nombreux frères de Madame de Kerampuil, tandis qu'en effet les enfants de Guillaume son mari furent les seuls à hériter de tous les biens. Cependant nous n'avons pas d'autres preuves pour appuyer ceci.
D'ailleurs, par un acte du 10 juin 1681, on voit qu'alors il n'existait plus de tous les enfants d'Henry, que Guillaume, son fils aîné, Marie-Renée de Kerampuil, Jean-Eustache de Kerampuil, et Françoise de Kerampuil, ses cadets, subrogés qu'ils sont aux droits de noble et discret messire Sébastien de Kampuil, s^r de la Ville-blanche.

XI.

GUILLAUME, second du nom, seigneur DE KERAMPUIL, appelé sʳ de Léonville, est le dernier connu sous le seul nom de Kerampuil. Son contrat de mariage fut passé le dernier jour de novembre 1678 au rapport de Fraval et Dusy, notaires à Pontivy, entre lui « Messire Guillaume DE QUÉREMPUIL, chevalier, sᵍʳ de Léonville, majeur, fils aîné et présomptif héritier principal et noble, et démissionnaire de messire Henry, chevalier, chef de nom et d'armes de Kerempuil, et de dame Catherine le Veyer, et damoiselle Jacquette LE LART fille aînée de messire Hervé le Lart, chevalier, sᵍʳ du Roz, etc., et de dame Catherine le Clerc, celle-ci stipulante pour elle et pour messire Charles le Lart, son fils aîné (1), de présent en la ville de Paris, duquel s'oblige de faire ratifier le présent contrat, dans lequel stipule également le père du contractant, ainsi que Sébastien de Kerempuil, prêtre, son cousin, la dite grosse referant les seings des parties, et ceux de Catherine le Clerc, Sébastien de Kerempuil, prêtre, Henry de Kerempuil, Yves le Lart, Denis-Joseph le Lart, et desdits notaires. »

LE LART :
Sᵍʳ du Roz, etc.

De gueules semé de billettes d'argent, sans nombre (montres de 1444 à 1562).

Le mariage eut lieu, le 23 janvier 1679, dans la chapelle de Saint-Nicodème (2), trève du Quillio, et fut béni par Sébastien de Kerampuil.

Guillaume de Kerampuil mourut le 5 mai 1686, à Kerampuil, ainsi que le prouve « l'acte de tutelle et de prestation de serment des 17 et 18 mai 1686 par lesquels dame Jacquette le Lart, sa veuve, est chargée de la tutelle et garde de Henry

---

(1) Charles le Lart épousa Jeanne-Marie de Coëtlogon. Nous verrons plus loin leur petite-fille, Silvie-Charlotte de Rosmar, épouser le petit-fils de Guillaume de Kerampuil.

(2) Cette grande chapelle, située près du beau manoir du Roz, avait été bâtie par les prêtres de la pieuse et ancienne famille des le Lart du Roz. (Note du Cᵗᵉ de Keranflech qui nous a aussi fourni les actes de baptême et de mariage de Jacquette le Lart du Roz.)

Albert de Kerampuil, âgé d'environ six ans, de Marie de Kerampuil, âgée de quatre à cinq ans, et de Charles-René de Kerampuil, âgé de huit jours, ses enfants mineurs, et de défunt messire Guillaume de Kerampuil, par l'avis entre autres parents de Messire Henry de Kerampuil, aieul paternel des dits mineurs, messire Sébastien de Kerampuil, s⁹ʳ de Goasanvot, cousin germain de leur feu père, et de messire Jean Euzenou, s⁹ʳ de Kersalaün. » (Arch. de Kerampuil.)

Jacquette le Lart mourut à Rennes, le 13 juin 1709, et fut inhumée dans l'église de Toussaints (1). Elle avait rendu d'importants services à sa maison : par sa capacité et ses ressources

---

(1) Actes de baptême, mariage et décès de Jacquette le Lart du Roz, dame de Kerampuil.

Registres du Quillio, trève de Merléac.

8 août 1649. Baptême de Jacquette le Lart, fille de messire Hervé, sénéchal de Pontivy, et de dame Catherine le Clerc, née du Roz, le 18 octobre 1648. Parrain et marraine Thomas le Clerc, écuyer, sʳ de la Boguais, et dame Jacquette le Coniac, sa grand'mère paternelle.

23 janvier 1679. Mêmes registres. Mariage de messire Guillaume de Kerampuil et Dᴵᴵᵉ Jacquette le Lart.

Après les trois publications de banies faites en l'église du Quillio, paroisse de Merléac, par trois dimanches consécutifs, du futur mariage d'entre messire Guillaume de Kerampuil, seigneur de Léonville, et de damoiselle Jacquette le Lart, dame du Roz, et suivant l'attestation du sieur vicaire de Carhaix et recteur de Plouguer, sa paroisse, d'avoir fait pareille publication dans son église collégiale de Carhaix, j'ay, Sébastien de Kerampuil, seigneur de Goazanvot, prestre, conjoint, en face de nostre Mère la sainte Église, par mariage de présent lesdits seigneur de Léonville et dame du Roz, suivant les constitutions canoniques et ordonnances Royaux, dans la chapelle de Saint-Nicodème, trève du Quillio, et ce suivant la permission de Monseigneur l'Évêque de Quimper et comte de Cornouaille,

Fait ce vingt troisième jour de janvier de mil six cent soixante dix neuf.

Signé au registre : — Jacquette le Lart — Guillaume de Kerampuil — Catherine le Clerc — Henry de Kerampuil — Hyacinthe de Volvire — Marie-Renée de Kerampuil — Marie le Lart — Renée de Kerverder — Marie-Françoise de Kerampuil — Jean de Kerampuil — Sébastien de la Rivière — Denis-Joseph le Lart — du Fou — François de Coëtlogon — Catherine le Lart — René-Joseph Provost — Jean de Kersaliou — F. Sanguin, prestre — J. Heslauf, prestre, vicaire de Carhaix et recteur de Plouguer — Sébastien de Kerenpuil, prestre — C. Priot, curé du Quillio.

14 juin 1709. Acte de décès. Registres de Toussaints. Rennes.

« Dame Jacquette le Lart, dame de Kerrampuil aagée de soixante ans, ou environ, de la paroisse de Plouguer Carhaix, treuve de Saint-Quigeau, évesché de Quimper, décédée rue de la Tannerie, chez Mʳ de la Croix, procureur en la cour, a esté inhumée dans l'église de cette paroisse, ce jour 14ᵉ de juin 1709 en présence des soussignants.

P. le VAYER,   P. G. THOMAS pᵗʳᵉ.

J. PASQUER pᵗʳᵉ.   PERRIN. »

personnelles, elle fit face à de grandes difficultés qui étaient la suite de la caution donnée si fatalement par Henry de Kerampuil, son beau-père. Grâce à elle, Kerampuil, depuis tant de générations dans la même famille, ne passa pas en des mains étrangères : elle sauva cette terre des aïeux, et mit ses enfants en mesure de faire honneur à leur nom. Elle mérite donc un souvenir très reconnaissant de ses descendants.

Elle eut trois enfants :

1. HENRY-ALBERT dont l'article suivra.

2. MARIE-SÉBASTIENNE fut baptisée à Saint-Trémeur, le 4 octobre 1681, et eut pour parrain Sébastien de Kerampuil, prêtre, sᵍʳ de la Villeblanche, et d'après la quittance pour son rachat, mourut le 12 octobre 1693.

3. CHARLES-RENÉ, auteur de la branche de Kersaint-Éloy, que nous retrouverons après la filiation de la branche aînée, celle de Henry-Albert, son frère.

XII.

HENRY-ALBERT DE SAISY DE KERAMPUIL, chevalier, fils aîné, héritier principal et noble, naquit le 7 août 1680 à Kerampuil. Il fut baptisé en l'église collégiale de Saint-Trémeur, le 8 août 1680, ayant pour parrain Messire Henry de Kerampuil, chevalier, son grand-père, et pour marraine, dame Catherine le Clerc, dame du Roz, sa grand'mère (1).

Il fut élevé au collège de Pontlevoy (Arch. de Kerampuil). Dès le 16 juillet 1696, époque où il avait 16 ans, Henry-Albert signe *de Saisy de Kerampuil*, et l'on doit croire que ce fut sa mère qui fut soucieuse de lui faire reprendre le nom si ancien de Saisy, comme elle fut soucieuse de sauver Kerampuil et les autres biens compromis.

(1) Registres de Carhaix.

Il fut pourvu de l'office de conseiller au Parlement de Bretagne, par lettres royales du 16 septembre 1712, vacant par la démission de René de Lopriac de Coëtmadeuc, et fut reçu le 21 octobre 1712 (1).

Parmi les membres du Parlement qui allèrent porter au Roi les remontrances de leur compagnie, les documents de l'époque nomment en première ligne, Mrs de Guerry, de Saisy de Kerampuil, du Pont, d'Andigné, de Montebert, conseillers, et surtout le président du Plessix, qui voulurent « que très-humbles remontrances soient faites au Roi sur les contraventions et infractions aux droits et privilèges des États » (2).

Il fut par suite de cet acte, qui ne peut qu'honorer sa mémoire, envoyé en exil à Autun (3).

Il avait épousé le 22 octobre 1711, Anne-Perrine Collin de la Biochaye, fille mineure de défunt Messire Pierre Collin, chevalier, s^{gr} de la Biochaye, vivant conseiller au Parlement de Bretagne, et de dame Anne-Élisabeth de la Mouche (4), sa veuve, et tutrice de ladite contractante, est-il dit dans leur contrat de mariage du 1er octobre 1711.

Collin : S^{gr} de la Biochaye. D'azur à trois merlettes d'or (montres de 1513 à 1544).

Elle mourut à Kerampuil, neuf jours après la naissance de son fils Pierre-Sébastien (5), le 26 décembre 1721, et fut inhumée, le 27, à Saint-Quigeau.

(1) Communiqué par M. F. Saulnier.

(2) Voir Revue de Bretagne et Vendée, T. II, 2e livraison, août 1857 : Conspiration de Pontcallec (1717-1720). M. de la Borderie.

(3) D'après M. Saulnier, cet exil aurait eu lieu de 1719 à 1720.

(4) Fille de Pierre de la Mouche, conseiller d'État et prévôt des marchands de Paris.

(5) A son grand service, qui eut lieu le 26e janvier 1722, figurèrent trente-cinq prêtres et religieux, dont dix-neuf dirent la messe pour elle, ce jour-là. (Archives de Kerampuil.)
Registres de Saint-Quigeau, à Plouguer.
« Le 27e décembre 1721, le corps de dame Anne-Périnne de la Biochaye Colin décédée au château de Quérampuil, âgée de 26 ans, a esté inhumé dans cette église. Ont assisté au convoy demoiselle Marie-Gabrielle de la Fosse, dame de Trémogan, Guillaume le Morvan, Guillaume le Guen, Alain le Couteller et autres. A. le Michen, curé. »

Henry-Albert DE SAISY DE KERAMPUIL se remaria, environ douze ans après, à Jacquette-Guyonne MALESCOT DE VILLENEUVE, veuve de messire Jean-Louis de Guersanz, lieutenant des vaisseaux du Roi (1).

MALESCOT :
S^{gr} de Ville-
neuve.
D'hermines
au rencontre
de cerf de
gueules.

Ce second mariage de Henry-Albert eut lieu à l'église Saint-Germain de Rennes, le 29 octobre 1733. Cette seconde femme de Henry-Albert lui survécut longtemps, et mourut sans postérité, paroisse Saint-Germain, le 25 juillet 1771, et fut inhumée le 26. Henry-Albert mourut le 28 avril 1748, à Rennes (2).

Les enfants, tous du premier mariage, furent :

1. CHARLES-ROBERT qui continue la filiation.

2. MARIE-RENÉE DE SAISY DE KERAMPUIL, née à Kerampuil le 30 décembre 1715, et baptisée en l'église de Saint-Quigeau (Trève de Plouguer-Carhaix), le 31 décembre 1715, épousa à Rennes, en l'église de Saint-Germain, le 18 juillet 1746,

DE
KERSAUSON :
De gueules au
fermail d'ar-
gent (mon-
tres de 1427
à 1562).

haut et puissant messire Jean-Jacques-Claude DE KERSAUSON, marquis dudit lieu, fils aîné de messire Jacques-Gilles, marquis de Kersauson, conseiller au Parlement de Bretagne en 1696, mort à Paris, en 1743, et de sa 2me femme, Bonaventure-Julienne-Marie-Angélique de Bresal (3).

---

(1) Elle était née à Rennes, par. de Toussaints, le 30 mai 1690, fille de Guillaume Malescot, s^{gr} de Villeneuve près de Rennes, et de Françoise Guyon.
Registres de Saint-Germain, de Rennes (33e registre).

(2) « Le corps de messire Henry-Albert de Cézy, chevalier seigneur de Kerampuil, conseiller en grande chambre au Parlement de Bretagne, époux en son vivant de dame Jacquette-Guyonne Mallescot de Villeneuve, âgé d'environ soixante-huit ans, décédé en sa maison près la rue Saint-Georges, le 28 avril 1748, a été inhumé le lendemain, dans le cimetière en présence des soussignants suivant ses dernières volontés. R. Orbière — F : G : Nouvel p^{tre} — de la Marre de la Villeallée, curé.
» Le corps de haute et puissante dame, Jacquette-Guyonne Malescot, en son vivant veuve de Messire Henry-Albert de Cézy, chevalier, s^{gr} de Kerampuil, en son vivant conseiller au Parlement de Bretagne, âgée d'environ quatre-vingt-deux ans, décédée hier en son hôtel, rue Saint-Georges, a été inhumé dans le cimetière le 26 juillet 1771. »
Registres de la paroisse Saint-Germain de Rennes.

(3) Le frère cadet du marquis de Kersauson qui épousa Marie-Renée de Saisy de Kerampuil, était Louis-François-Gilles comte de Kersauson de Bresal, lequel épousa,

Il mourut le 23 septembre 1776. La marquise de Kersauson mourut en 1796, après avoir vu la Révolution changer sa vie somptueuse du château de Brezal en une vie toute d'angoisses et de privations.

De ce mariage naquirent trois filles, dont Joséphine, la troisième, mourut sans alliance.

Marie-Yvonne-Guillemette-Xaverine de Kersauson, l'aînée, épousa le 23 mars 1775, dans la chapelle du château de Bresal, noble et p^t messire Hyacinthe-Joseph-Jacques de Tinténiac, officier au régiment du Roi, infanterie, fils de H. et P^t messire François-Hyacinthe de Tinténiac, chevalier, chef de nom et d'armes, s^{gr} marquis de Tinténiac, baron de Quimerch, chev. de Saint-Louis, et de h^{te} et p^{te} dame Antoinette-Françoise de Kersulguen, dame m^{ise} de Tinténiac, demeurant à leur château de Quimerch, par : de Bannalec, év : de Quimper.

Marie-Julienne-Josèphe de Kersauson, la seconde, épousa, le 18 janvier 1776, h^t et p^t messire René-François-Joseph, marquis de Montbourcher, demeurant ,à son hôtel, place des Lices, par. de Saint-Étienne, à Rennes, fils mineur de feu H. et P^t seigneur Guy-Joseph-Amador de Montbourcher, lieutenant-colonel du régiment de dragons, chevalier de Saint-Louis, et de H. et P^{te} dame Céleste de Saint-Gilles.

3. CLAUDE-GABRIELLE DE SAISY DE KERAMPUIL, née à Kerampuil, et, le premier mai 1717, baptisée à Saint-Quigeau (1), venait de mourir lors de l'accord fait le 26 mars 1749, entre son frère aîné, Charles-Robert, comte de Saisy de Kerampuil, et le marquis et la marquise de Kersauson (2). Elle fit en

---

dans la chapelle du château de Kerjean, en Léon, le 9 septembre 1755, l'héritière de cet imposant château, Suzanne-Augustine de Coëtanscours, née le 25 mai 1723, fille de Messire Alexandre-Paul-Vincent, marquis de Coëtanscours, et de Louise-Marguerite de Chambon d'Arbouville. Célèbre par sa beauté et sa grande vie seigneuriale, elle périt sur l'échafaud révolutionnaire le 27 juin 1794, à 70 ans, un mois avant la chute de Robespierre.

(1) Mairie de Plouguer. Registres de Saint-Quigeau.

(2) Il est porté sur un compte, aux archives de Kerampuil : pour les frais funéraires de feue Mademoiselle de Kerampuil...................................... 91 liv. 2 s.
pour messes et services payés au recteur de Carhaix suivant sa quittance du 6 février 1749.................................. 644 liv. 16 s.

mourant un legs de deux mille livres à l'hôpital général de Carhaix, dont acte de reconnaissance du 7 février 1750, donné par M. Veller de Kersalaün, recteur de Carhaix, et le Guillou, sénéchal de Carhaix, avec remerciements au nom des pauvres et de l'hôpital (Arch. de Kerampuil).

4. PIERRE-SÉBASTIEN DE SAISY DE KERAMPUIL, né le 18 décembre 1721, perdit sa mère à 9 jours, reçut les cérémonies du baptême le 29ᶜ janvier 1722, à Saint-Quigeau, de vénérable et discret messire Denis le Lart, abbé du Roz, recteur de Taulé, syndic du clergé de l'évêché de Léon. Il eut pour parrain messire Sébastien-André du Leslay, et pour marraine demᶫˡᶜ Angélique-Roberte le Veyer, fille de mess. Gabriel le Veyer, chevalier, sᵍʳ de Coëtenez, le Parc, etc. (1).

Il mourut le 22ᵉ février 1722, âgé de deux mois, et fut inhumé dans la chapelle de Sainte-Barbe (Registres de Saint-Quigeau-Plouguer).

XIII.

CHARLES-ROBERT DE SAISY, sᵍʳ comte de KERAMPUIL, naquit à Paris, et y fut baptisé le 31 janvier 1714, à Saint-Sulpice. « Il fut pourvu par lettres royales du 25 avril 1738 de l'office de conseiller originaire vacant par la démission de Claude-Jean-Baptiste de Cornulier, sᵍʳ de Lorière. Il avait obtenu à la même date des lettres de dispense de parenté, à cause de son père et de son oncle, François Collin de la Biochaye, président aux enquêtes. Il donna sa démission de sa charge en faveur de Jean-Vincent Euzenou, comte de Kersalaün, qui en fut pourvu par lettres du Roi du 2 août 1775. Il avait fait partie des magistrats du Parlement de Bretagne qui signèrent une lettre collective de démission à Rennes, le

---

(1) Plus tard marquise de Guer de Pontcallec, et belle-sœur du célèbre marquis de Pontcallec.

22 mai 1765. Il se tint éloigné du Palais jusqu'à la rentrée des Parlements, en 1774 (1). »

Charles-Robert comte DE SAISY DE KERAMPUIL épousa Silvie-Charlotte DE ROSMAR, « contrat de mariage du 20 octobre 1752, au rapport de Péan et Brichet, notaires royaux à Morlaix, entre h^t et p^t messire Charles-Robert de Saisy, chevalier, s^gr chef de nom et armes de Kerampuil, conseiller au Parlement de Bretagne, fils aîné, héritier principal et noble de feu haut et puissant messire Henry-Albert de Saisy, chevalier, chef de nom et armes de Kerampuil, aussi vivant conseiller au dit parlement, et de feue dame Anne-Perrine Collin de la Biochais, et demoiselle Charlotte-Silvie de Rosmar, dame de Runego, fille unique, seule héritière principale et noble de feu haut et p^t messire Jean-Louis, chef de nom et armes de Rosmar, chevalier, etc., et de dame Jacquette-Renée le Lart, dame du Roz. » Mademoiselle de Rosmar apporta les belles terres et châteaux de Runego et du Roz, et des biens considérables. Elle fut la dernière de sa noble race, dont les deux autres branches s'étaient éteintes, celle de Kerdaniel dans les Budes de Guébriant, et celle de Saint-George dans Harscoët.

DE ROSMAR : *D'azur au chevron d'argent accompagné de trois molettes de même* (montres de 1434 à 1543).

Silvie-Charlotte de Rosmar mourut au château de Kerampuil, âgée de 27 ans, le 4 août 1764, après l'avoir vu rebâtir d'une façon qui montre combien la fortune était considérable (2).

---

(1) Tout ce qui est entre guillemets est communiqué par M. Fr. Saulnier, conseiller à la cour d'appel, ainsi que les dates de conseiller du précédent.

(2) Kerampuil ne fut pas réédifié dans le même emplacement, mais on peut voir où il était autrefois par un puits qui est encore là et se trouvait dans la cour du manoir, enclavé dans une cour close, avec portail. Il avait une tourelle.

Nous donnons en note les divers actes concernant Silvie-Charlotte de Rosmar.

Registres de Taulé. — Extrait de baptême de Silvie-Charlotte de Rosmar.

« Silvie-Charlotte, fille légitime de messire Jean-Louys de Rosmar, chevalier, s^r dudit lieu, officier de la marine au département de Brest, et de demoiselle Jacquette-Renée le Lart du Roz, dame de Rosmar, fust née le vingt et septième aoust mil sept cent trente-sept, et fut baptisée le même jour dans l'église paroissiale de Taulé par le ministère de noble et discret messire Denys du Roz le Lart, sieur recteur, les parain et maraine furent Charles de Cézy, chevalier, s^gr de Kampuill, et demoiselle

Charles-Robert, comte de Saisy de Kerampuil, fut soucieux non seulement de reconstruire une vaste demeure, mais aussi de réparer les omissions très regrettables de ses ancêtres, de leur véritable nom de Saisy, et du degré de Guillaume de Saisy et de Méance de Trémédern, omis lors de l'arrêt de la réformation du 31 janvier 1669.

Il lui fallait d'ailleurs prouver l'antiquité de sa maison, vu toutes les preuves exigées pour les pages du Roi; et il avait six fils, dont cinq firent partie des pages de la grande écurie.

Silvie de Cézy, soubsignants. Ainsi signez Charles Césy de Quérampuil, Silvie de Cézy, Marie-Anne le Lart, Jean-Louys de Rosmar (Signatures de cinq prêtres) et Denys du Roz le Lart, recteur de Taulé.

Extrait mortuaire de Jacquette-Renée le Lart, dame de Rosmar (Registres de Taulé).

Jacquette-Renée du Roz le Lart, dame de Rosmar, mourut au presbytère de Taulé, le dix-neufvième d'octobre mil sept cent quarante-deux; son corps fut inhumé le lendemain dans l'église paroissiale de Taulé, par le ministère de monsieur l'abbé la Touche s^r recteur de Saint-Mathieu de Morlaix. Présents noble et discret missire Denys du Roz le Lart, sieur recteur du dit Taulé, son oncle, Mademoiselle du Roz sa sœur, les sieurs prêtres dudit Taulé et trèves, Henvic et Carantec, et quantité de noblesses soussignants. Ainsy signez le Chevalier de Tréanna. — A. Marzin prêtre, curé de Carantec. — René Bernard p^{tre}, curé d'Henvic — Jean Marzin — J. G. Guihery la Touche, recteur de Saint-Mathieu.

Extrait mortuaire de Sylvie-Charlotte de Rosmar, dame comtesse de Kerampuil.

Reg. de Saint-Quigeau. « Le corps de dame Charlotte-Sylvie de Rosmar épouse et dame comtesse de Quérampuil, conseiller au Parlement de Bretagne, morte hier, âgée d'environ vingt-sept ans, a estez inhumé en cette église, le quatre aoust mil sept cent soixante et quatre. Ont assistez à son enterrement les M^{rs} soussignez et plusieurs autres qui ne signent.

Le Clerc rect^r de Plouguer et de Carhaix. — Losach — J. A. Laporte, curé de Saint-Quigeau, — de la Haye du Pellem.

Les descendants des Saisy de Kerampuil ne s'agenouilleront plus sur les tombes de leurs ancêtres à Saint-Quigeau. Cette église a été détruite en 1793, et vendue comme bien national. Lorsque l'auteur de ces pages voulut tenter de sauver les restes de tant de membres de sa famille reposant là depuis des siècles, le propriétaire d'alors, homme de bien, et fort estimé, avait déjà fait transporter au cimetière de Carhaix (supprimé depuis) tout ce qu'il a trouvé d'ossements...

On voit encore, le long du mur qui cerne l'enclos, la base de l'église avec son cordon de pierres de taille à moulures.

Elle était située très près du couvent des Hospitalières.

Ce pieux propriétaire a fait bâtir, sans doute en expiation de cette œuvre de 1793, une chapelle à Notre-Dame de la Salette dans sa propriété de Saint-Quigeau.

La révolution de 93 ne s'est pas contentée de faucher les têtes des vivants en innombrable quantité : il lui a fallu aussi partout jeter les cendres des morts au vent !

Il répara donc l'insuffisance de l'arrêt obtenu par son aïeul Henry II de Kerampuil, en en faisant faire un autre, très explicite, par le parlement de Rennes, daté du 28 février 1778 (1).

On le voit figurer en 1789, dans la protestation de l'ordre de la noblesse.

Il mourut à Kerampuil, en pleine Terreur, le 13 septembre 1793 (2), seul et âgé de 80 ans, pendant que la plupart de ses enfants étaient en émigration.

Ses biens, très considérables, qu'il avait su gouverner en homme très habile (3) furent confisqués par la nation, ses enfants ayant émigré.

Il eut six fils et une fille dont nous allons donner tous les articles successivement :

XIV.

1. CHARLES-MARIE-FRANÇOIS comte DE SAISY DE KERAMPUIL, fils aîné, héritier principal et noble, naquit au château de Runegoff en Pédernec, et y fut baptisé le 2 décembre 1753. Il entra aux Pages du Roi, de la grande écurie, le 25 mai 1769, en sortit le 27 juin 1772, et fut nommé sous-lieutenant dans le régiment de Berry, où il était

---

(1) Voir cet arrêt tout au long aux pièces complémentaires.

(2) Registres de Saint-Quigeau, 1793 : « Le citoyen Charles-Robert Saisi de Kampuil, veuf de la citoyenne Charlotte-Sylvie de Rosmar, âgé de 80 ans, décédé à Kampuil en cette trève, le treize septembre mil sept cent quatre vingt treize, a esté inhumé le même jour dans le cimetière de cette église. ont assisté à l'enterrement Michel Brionne et Emmanuel Hervé qui ont déclaré ne savoir signer.

COLLIN, vicaire de Carhaix.

(3) Nous avons souvent entendu dire qu'il était un des rares gentilshommes bretons de son époque qui fut sans dette. Cependant il avait rebâti le grand château de Kerampuil et dépensé pour l'entrée de chacun de ses fils aux Pages du Roi des sommes énormes, comme il était d'usage. ...

capitaine en 1779, et chevalier de Saint-Louis ; il fut nommé en 1789 pour les honneurs de la Cour. Il figure cette même année dans la protestation de l'ordre de la noblesse.

Il émigra en 1792, habita l'Angleterre, et ne rentra en France qu'après l'amnistie. Il mourut à Guingamp, âgé de 79 ans, le 16 mai 1832.

Il avait épousé à Guingamp, le 14 juillet 1788, Marie-Julie DE LA BOESSIÈRE (1), fille de messire Bertrand-Pierre, marquis de la Boëssière, de Lannuic et de Keranno, et de Marie-Jeanne de Tavignon. Elle mourut à Paris, le 23 février 1850.

DE LA BOESSIÈRE : *De sable au sautoir d'or* (montres de 1445 à 1543).

De ce mariage naquirent deux filles.

a. MARIE-CHARLOTTE-JEANNE DE SAISY DE KERAMPUIL, née

---

(1) Extrait des registres de Guingamp. (Mairie). — 14 juillet 1788. « Haut et puissant seigneur, Charles-Marie-François de Saisi, chevalier, chef de nom et armes, seigneur comte de Kerampuil, capitaine de cavalerie au régiment de Berry, fils majeur de h¹ et p¹ messire Charles-Robert de Saisi, chevalier, chef de nom et armes, seigneur comte de Kerampuil et de feue haute et puissante dame Charlotte-Sylvie de Rosmar, dame comtesse de Kerampuil, originaire de la paroisse de Pédernec, diocèse de Tréguier et domicilié de la ville (trève) de Saint-Figeau (Saint-Quigeau) paroisse de Plouguer, diocèse de Quimper, et de haute et puissante demoiselle Marie-Julie de la Boëssière Lennuic, fille mineure autorisée de justice suivant acte du greffe en date du vingt-six juin dernier, signé : Nédélec — de feu haut et puissant messire Bertrand-Pierre-Marie, chevalier, seigneur comte de la Boëssière Lennuic, lieutenant de nos seigneurs les maréchaux de France et de feue haute et puissante Marie-Jeanne de Tavignon Kertanguy dame comtesse de la Boëssière, originaire de la trève de Saint-Michel, paroisse de Plouisy, et domiciliée de droit et de fait de cette paroisse, après la publication d'un ban canoniquement et sans opposition faite aux prônes de messes paroissiales de Guingamp et tréviales de Saint-Quigeau le six de ce mois, vu la dispense des deux autres bans accordée par nos seigneurs les évêques de Tréguier et de Quimper les trois juillet et vingt-neuf juin dernier, signées Gonidec, vicaire général pour Tréguier, et Deslaurents, vicaire général pour Quimper insinuées les mêmes jours et leurs fiançailles célébrées ce jour en face de l'église en présence des témoins soussignés ont été de leur libre et mutuel consentement conjoints en mariage par le soussigné recteur qui leur a donné la bénédiction nuptiale, ce jour quatorze juillet mil sept cent quatre vingt-huit, en présence des soussignants, Marie-Julie de la Boëssière de Lennuic — de Saisi de Kerampuil — Charles-Marie-François de Saisi de Kerampuil — Boisberthelot de la Boëssière — Saisi de Beaucours — Boëssière de Goësbriant — Boëssière de Lanascol — Hilaire Boëssière — Auguste Boëssière — Masie Boëssière — du Bahumo de Kernier — Coëtlogon du Liscoët — Marquette de Kernico — Jehan de Kericuff — Tavignon de Montfort — Marie-Jacques du Bahuno du Liscoët fils — de Kermel Kermesen — le Gonidec de Kloc. — Kergach de Kericuff — Marie-Louise de Léon — Saisi de Kerampuil — Barrin de Tavignon — Limon du Timeur, curateur — G. M. de Montfort, vicaire général, recteur de Guingamp.

vers la fin de 1793, à Winchester, pendant l'émigration, fut mariée le 24 mars 1813 à Guingamp, à Henri-Constant-René HINGANT DE SAINT-MAUR, fils de Henry-Alexis-Joseph Hingant de Saint-Maur et de Thérèse-Yvonne Jehan de Launay. Elle mourut âgée de trente-sept ans, le 11 février 1831, laissant plusieurs enfants.

HINGANT : *De gueules à la fasce d'or, accompagnée de six billettes de même.* (Sceau 1401.) (Montres de 1423 à 1535.)

b. ANNE-MARIE-JULIE DE SAISY DE KERAMPUIL, née pendant l'émigration, à Oxford, le 24 avril 1797, fut mariée le 6 avril 1818, à Guingamp, à « Mr le chevalier Jean-Hyacinthe DE
» BOISBOISSEL, âgé de trente-neuf ans, né à Guingamp,
» département des Côtes-du-Nord, le vingt-huit du mois
» d'octobre 1778, profession d'ingénieur vérificateur du
» Cadastre, demeurant à Alby (Tarn), fils légitime de messire
» François-Isaac de Boisboissel et de dame Julie de Macné-
» mara. » Il mourut à Paris le 26 mars 1848. Anne-Marie-Julie, comtesse de Boisboissel y est morte le 29 mai 1861 (1).

DE BOIBOISSEL : *D'hermines au chef de gueules, chargé de trois macles d'or* (montres de 1423 à 1535).

2. AGATHE-MARIE-FRANÇOISE DE SAISY DE KERAMPUIL née le 9 juin 1755, au château de Runegoff, ayant perdu sa mère dès l'âge de 9 ans, habitait depuis plusieurs années le château de Bresal, chez la marquise de Kersauson, sœur de son père, quand elle épousa, le 8 novembre 1780, à Plounéventer (Finistère), messire Hippolyte-Louis-Marie DE LOZ, chevalier, marquis de Beaucours, conseiller du Roi et son avocat général

DE LOZ DE BEAUCOURS. *De gueules, à 3 éperviers d'argent, becqués, membrés et grilletés d'or.* (Sceau 1395.) (Montres de 1427 à 1543.)

---

(1) De ce mariage, trois fils, dont l'aîné fut : Anne-Marie-Hyacinthe, comte de Boisboissel, magistrat, puis député à l'Assemblée nationale, né à Alby le 26 juillet 1819, décédé à son château d'Isambert, près Orléans, le 17 août 1881.

De son mariage avec Mlle Lucy Hauterive a eu un fils unique : Charles-Edmond-Marie-Hyacinthe, comte de Boisboissel, député au Corps législatif, né à Chinon, le 28 septembre 1849, marié en 1res noces à Marie-Louise-Françoise Hamon, dont : Simone-Marie-Thérèse, filleule du comte et de la comtesse de Chambord, née à Guingamp le 1er mars 1855, mariée le 14 décembre 1893, à Hervé-Charles-Marie-Rogatien de Keranflech-Kernezne, fils de Charles-Joachim-Guillaume-Marie comte de Keranflech-Kernezne et de Paule-Marie-Thérèse de Lambilly, aujourd'hui capitaine au 1er régt de chasseurs à cheval, et Henri-Marie-Sévère de Boisboissel, né à Guingamp, le 30 janvier 1876.

En deuxièmes noces Edmond, comte de Boisboissel, a épousé Geneviève-Antoinette-Régine Libman, dont : Tiphaine-Marie-Lucy, née à Paris, le 19 juillet 1884, Yves-Marie-Jacques-Guillaume, né à Paris le 6 mai 1887, et Bernard, né en mars 1896.

au parlement de Bretagne par lettres du 4 juin 1779, né en Saint-Michel de Saint-Brieuc, le 25 juillet 1746, fils de messire Nicolas-Claude-Hippolyte de Loz, chevalier, comte de Beaucours, capitaine des dragons de Beaucours, et de Louise-Radegonde Berthelot de Saint-Ilan. Il est dit dans l'acte de mariage veuf de Marie-Françoise Éon de Vieux-Chatel.

Madame de Beaucours mourut pendant l'émigration à Haarlem, en Hollande, le 1er février 1795 (1).

Le marquis de Beaucours est mort à Rennes, le 27 mars 1830, après s'être une 3e fois marié à Sainte-Claude de la Villéon, décédée à Rennes, le 9 juillet 1844 (2).

3. HENRY-JACQUES DE SAISY DE KERAMPUIL, dit le chevalier de Kerampuil, né au manoir de Runegoff, le 1er juin 1756, entra aux pages du Roi, le 30 novembre 1771, et en sortit le 30 juin 1774, pour entrer comme sous-lieutenant au régiment d'Artois (dragons). Il fut nommé capitaine du même régiment en octobre 1784. Il émigra comme son frère aîné, en 1792, et après son retour en France, il fut sous la Restauration élevé au grade de lieutenant-colonel de cavalerie. Il fut aussi promu chevalier de Saint-Louis. Il mourut à Carhaix, dont il fut maire, le 7 mars 1838, sans alliance, à l'âge de 80 ans, vénéré de tous.

Une personne d'un esprit supérieur, a dit de lui : « c'était pour moi l'idéal de la vertu réalisé sur la terre. S'il fut un honneur dans ma vie, ce fut bien celui d'avoir tenu en quelque chose à cet homme angélique.

---

(1) Trois fils étaient nés de ce mariage, dont le dernier devint le chef de nom et d'armes de sa maison : Sévère de Loz, comte de Beaucours, né le 29 avril 1786, fut lieutenant-colonel d'État-major, officier de la Légion d'honneur, chevalier de Saint-Louis ; il fut marié le 11 mars 1816, à Aglaé de Cunchy, fille du lieutenant-général de ce nom et d'Élisabeth de Neuville. Une seule fille naquit de ce mariage, Marie-Théodule de Loz de Beaucours, qui fut mariée, le 23 janvier 1836, à Louis, marquis de Montholon-Sémonville, prince d'Umbriano del Precetto, et se remaria, à Rome, au comte Cenci-Bolognetti, et mourut sans postérité avant son père. Le comte de Boisboissel devint l'héritier des biens très considérables des Loz de Beaucours, à cause d'Agathe-Marie-Françoise de Saisy de Kerampuil, dame de Loz de Beaucours, mère du dernier des Beaucours.

(2) Communication de M. Fr. Saulnier.

Il a fait un testament, chef-d'œuvre de piété et d'amour de famille. Des legs à plusieurs églises et aux pauvres prouvent sa charité et son zèle pour la gloire de Dieu (1). » (Lettre de la V^{tesse} de Saisy, née d'Andigné, du 23 mars 1838.)

4. PIERRE-MARIE DE SAISY DE KERAMPUIL, né le 15 mai 1757 dont l'article suivra avec sa postérité.

5. PIERRE-ANNE DE SAISY DE KERAMPUIL, dit du Roz, né le 16 mars 1759 à Rennes, baptisé ce même jour en l'église Saint-Étienne, entra aux pages de la grande écurie le 1er janvier 1775, en sortit le 1er janvier 1778, et fut nommé sous-lieutenant à la suite au régiment Royal-Roussillon (cavalerie), sous-lieutenant en pied le 30 août 1781. Il n'émigra point.

Il épousa à Landerneau, le 5 pluviose an III, Louise-Charlotte-Marie Heussaff D'OIXANT, fille de Charles-Gabriel, ancien capitaine des vaisseaux du Roi, chevalier de Saint-Louis, et de Marguerite-Caroline-Marie-Josèphe de Guernisac, née à Plomodiern (Cornouaille) le 22 février 1763, décédée à Landerneau, le 16 février 1844, sans postérité, et âgée de près de 81 ans. Pierre-Anne de Saisy de Kerampuil traversa la tourmente révolutionnaire dans son pays, et après que la nation se fut emparée des biens de son père et de ceux de ses frères, il trouva moyen de se faire restituer la part qui devait lui revenir, et lors de la vente des biens patrimoniaux il réussit à en acquérir un certain nombre, opération qui lui permit de faire recouvrer à ses frères une faible partie de leur fortune lors de leur retour d'émigration. Il mourut vers 1803.

HEUSSAFF (ou D'OUESSANT): *Écartelé au 1 et 4 d'or à la fasce de sable; aux 2 et 3 de gueules à plein (montres de 1446 à 1534).*

6. JEAN-LOUIS DE SAISY DE KERAMPUIL, né à Runegoff, baptisé le 23 juillet 1761 à Pédernec, dit de Rosmar, fut envoyé à Brest, le 5 décembre 1775, pour suivre les exercices et les instructions préparatoires à l'admission dans la marine du Roi, sous la direction de M. de la Biochaye, capitaine

---

(1) Ces églises étaient celles de Plouguer, de Carhaix, de Pédernec et de Notre-Dame de Bon-Secours de Guingamp.

de vaisseau, cousin de son père (1), alors attaché au port de Brest. Il fut nommé aspirant garde-marine en avril 1777, garde de la marine en novembre 1778, et embarqué sur le vaisseau le Dauphin-Royal commandé par Monsieur de la Biochaye. Promu enseigne de vaisseau le 9 mai 1781, il mourut la même année à la suite d'un effort fait à l'occasion d'un pari. Confiant dans sa force corporelle, et se rappelant sa devise, il avait parié de charger sur ses épaules un canon d'assez fort calibre et de le porter à une certaine distance. Il gagna son pari, mais aux dépens de sa vie, et il vint mourir au château de Kérampuil, le 3 novembre 1780, âgé de vingt ans (2).

7. Joseph-Joachim de Saisy de Kerampuil, dernier des enfants de Charles-Robert et de Sylvie-Charlotte de Rosmar, continue la filiation de la troisième branche qui suivra les autres, en son rang.

XIV.

PIERRE-MARIE de SAISY de KERAMPUIL, appelé Runegoff, troisième fils de Charles-Robert et de Sylvie-Charlotte de Rosmar, naquit au château de Runegoff, le 15 mai 1757, et fut baptisé le même jour en l'église paroissiale de Pédernec.

---

(1) Pierre-Marie-Auguste Colin de la Biochaye, capitaine des vaisseaux du Roy en 1772, chevalier de Saint-Louis depuis 1763, obtint le rang de brigadier des armées du Roi en 1778. Il épousa Jeanne du Tertre de Montalais, fille de messire René-Séraphin chevalier sgr cte de Montalais, capitaine des vaisseaux du Roy, et de Claude le Ny de Kelec.

(Note de M. Joseph de Poulpiquet du Halgoët.)

(2) Nous venons de retrouver son acte mortuaire dans les registres de Saint-Quigeau (mairie de Plouguer) année 1781.

« Messire Jean-Louis de Saisi chevalier de Kerampuil, de Rosmar, en son vivant enseigne des vaisseaux du Roi, fils de messire Charles-Robert de Saisi, chevalier, seigneur comte de Kerampuil et de feue dame Charlotte-Silvie de Rosmar, dame comtesse de Kerampuil, en cette trève, le 3 novembre 1781, âgé de vingt ans et trois mois, a été inhumé le jour suivant dans cette église dans l'enfeu de sa famille ; ont assisté à son enterrement, Jacques le Dilasser et Yves Guistin et Guillaume Hourman qui ont déclaré ne savoir signer. »

Blanchart, chanoine, recteur de Carhaix.

Il entra aux pages du Roi le 6 juin 1773, et en sortit le 22 décembre 1775, pour entrer en qualité de sous-lieutenant sans appointements, au régiment de Jarnac (dragons). Il fut nommé sous-lieutenant en pied le 30 août 1781 au même régiment devenu chasseurs à cheval de Flandre. — Lieutenant au régiment de Chartres (dragons) en 1791. — Il fit la campagne de 1792 dans l'armée des Princes, compagnie de Monsieur, servit sous les ordres de M. de Caraman au rassemblement des émigrés, sous le commandement du général Bender à Bruxelles en 1793, et plus tard fut inscrit dans la légion d'Hector qui devait faire partie de la seconde expédition de Quibéron. — Il fut nommé maire de la commune de La Martyre, le 9 juillet 1811 — chevalier de Saint-Louis, le 7 mars 1815 ; et après avoir fait valoir ses états de service pour l'obtention d'une pension de retraite, il reçut celle de capitaine de cavalerie par décision du 4 septembre 1816 avec rappel des arrérages à dater du 1er octobre 1814 (1).

Il épousa en premières noces, à Landerneau, le 21 novembre 1801, Hélène-Claudine DE TROGOFF-COATALIO, fille d'Olivier-Louis et de Marie-Anne-Louise l'Abbé, née en Saint-Renan (Finistère).

DE TROGOFF :
D'argent à trois fasces de gueules, accomp. en chef d'un lambel d'azur.
(Sceau 1409.)
(Montres de 1427 à 1543.)

Hélène de Trogoff mourut à Landerneau le 5 octobre 1805, à l'âge de 27 ans, sans avoir laissé de postérité. Elle avait eu une fille : Élise-Charlotte, née et baptisée à Larderneau, le 8 brumaire an XI, et morte le 10.

Pierre-Marie de SAISY de KERAMPUIL épousa en deuxièmes noces, à La Martyre, le 29 octobre 1806, Véronique-Jeanne DE PENFENTENIOU, fille de François-Louis, sr de Poulbroch, et de Marie-Michelle-Nicolle Cabon de Keralias. Elle était née au manoir de Poulbroch, paroisse de Ploudiry, trève de La Martyre, le 24 février 1771.

DE PENFENTENIOU, ou PENFENTENYO :
Burelé de dix pièces de gueules et d'argent
(montres de 1426 à 1534.)

---

(1) Toutes ces notes biographiques et les notes généalogiques qui suivent, m'ont été fournies par M. Henry le Forestier de Quillien, son petits-fils.

Pierre-Marie de Saisy de Kerampuil mourut à Poulbroch le 21 avril 1832, et Madame de Kerampuil, sa veuve, à Landerneau, le 19 janvier 1857. Tous deux ont été inhumés à La Martyre. De ce mariage naquirent quatre enfants, savoir :

1. MARIE-PAULINE-HENRIETTE-ANTOINETTE DE SAISY DE KERAMPUIL, née au manoir de Poulbroch, le 26 mai 1809, fut mariée à La Martyre, le 26 juin 1838, à Armand-Joseph-François-Marie LE FORESTIER DE QUILLIEN, fils aîné de François-Marie-René, ancien capitaine au régiment d'Aunis (infanterie), chevalier de Saint-Louis, et de Marie-Claude-Thérèse Jouan de Kervénoael. Elle mourut à Landerneau le 23 août 1856 et fut inhumée à La Martyre le surlendemain (1).

LE FORESTIER : De sable à trois bandes fuselées d'argent (montres de 1481 à 1536).

2. FRANÇOIS-MARIE-LOUIS DE SAISY DE KERAMPUIL, dont l'article suit.

3. AGATHE-MARIE-FRANÇOISE DE SAISY DE KERAMPUIL, née le 2 septembre 1813, épousa le 7 août 1832, à La Martyre,

(1) D'Armand le Forestier de Quillien et de Pauline de Saisy de Kerampuil sont nés :

1. Henry-François-Joseph-Marie le Forestier de Quillien, ancien médecin de la marine, chevalier de la Légion d'honneur, né à Landerneau le 28 avril 1839. Marié à Acigné (Ille-et-Vilaine), le 9 février 1888, à Magdeleine-Marie-Victorine Léon de Tréverret, fille de Louis-Charles et de Clotilde-Jeanne-Marie le Saige de Landécot de la Villesbrunne, habite le château de Poulbroch, et a deux filles : Clotilde-Anne-Marie-Pauline, née à Landerneau, le 3 février 1889, et Anne-Madeleine-Marie-Charlotte, née à Landerneau, le 9 juin 1891.

2. Pauline-Louise-Marie-Josèphe, née à Poulbroch, le 11 janvier 1841, non mariée, habite Landerneau. .

3. Charles-Gabriel-Marie, né à Poulbroch, le 18 août 1842, marié à Cerqueux (Calvados), le 19 février 1879, à Henriette-Jacqueline de Vigan, fille de Henry-Antoine-Hippolyte et de Charlotte-Gabrielle des Montis. Il demeure à Landerneau, et a deux fils et trois filles.

4. Agathe-Marie-Anne-Antoinette, née à Poulbroch, le 29 février 1844, mariée à La Martyre, le 4 février 1873, à Henry-Louis-Marie Karuel de Mérey. Elle est décédée sans postérité à Plouguerneau, le 18 décembre 1875.

5. Esther-Marie-Fidèle, née à Poulbroch, le 25 janvier 1846, non mariée, demeure au manoir de Kerfeunteun, en La Martyre.

6. Hyacinthe-Armand-Joseph-Marie, né à Poulbroch, le 3 janvier 1848, y est mort le 5 octobre 1850.

7. Louis-Armand-Marie, né à Poulbroch, le 29 mai 1850, mort à Landerneau, le 10 novembre 1858.

8. Armand-Édouard-Joseph-Marie, ancien officier de marine, chevalier de la Légion d'honneur, né à Poulbroch, le 27 août 1852, marié à Paris, le 31 mars 1890, à Antonine Nielly, fille du baron et de la baronne née Deschars. Il demeure à Paris, et n'a point d'enfants.

Auguste-Marie-Marc DE QUENGO, comte DE TONQUÉDEC, né le 4 juin 1804, fils de Joseph-Marie de Quengo, comte de Tonquédec et d'Augustine-Marie le Gac de Lansalut. Il mourut à Morlaix le 16 août 1876. Sa femme mourut dans la même ville, le 26 février 1891, laissant un fils unique, Henri de Quengo, comte de Tonquédec, marié à Saint-Similien de Nantes, le 12 février 1867, à Adrienne de Kernafflen de Kergos, fille d'Achille-François-Jacques et d'Henriette de Mauduit du Plessix, d'où trois enfants.

> DE QUENGO : Vte de Tonquédec, Mis de Crenolle :
>
> *D'or, au lion de sable, armé, lampassé et couronné de gueules* (montres de 1423 à 1535).

4. MARIE-GABRIELLE-LOUISE-PERRINE DE SAISY DE KERAMPUIL mourut à l'âge de 18 ans, au manoir de Kercourtois, chez son oncle, Joseph-Joachim de Saisy de Kerampuil, le 16 octobre 1835 (1).

XV.

FRANÇOIS-MARIE-LOUIS comte DE SAISY DE KERAMPUIL, né au manoir de Poulbroch, en La Martyre, le 8 octobre 1810, épousa, en l'église paroissiale de Cléder, le 15 janvier 1839, Ambroisine-Marie de PARCEVAUX, fille de messire Louis-Claude de Parcevaux et de Marie-Louise de Goësbriant, née en Saint-Urbain, le 7 septembre 1813 ; elle mourut au château de Tronjoly en Cléder, le 5 décembre 1852, et son mari mourut à Saint-Pol-de-Léon, le 10 avril 1883, après avoir passé par de poignantes douleurs, ayant perdu les trois aînés de ses enfants, et enfin son seul fils, noble victime de la guerre de 1870, dont il avait préparé l'avenir avec tant de soin.

> DE PARCEVAUX : *D'argent à trois chevrons d'azur* (montres de 1426 à 1534).

De cette alliance naquirent :

1. EMMANUEL-MARIE-ARMAND, né le 15 décembre 1839, au château de Tronjoly, mort au collège des Pères Eudistes, à Redon, le 10 mai 1851.

---

(1) Registres de Plouguer-Carhaix.

2. Cécile-Armande-Henriette-Marie, née à Tronjoly, le 27 octobre 1841, morte à Saint-Pol-de-Léon, le 15 août 1868.

3. Louise-Augustine-Marie, née le 19 septembre 1843, à Tronjoly, et morte aussi sans alliance, à Saint-Pol-de-Léon, le 27 mars 1865.

4. Charles-Marie-Jules, dont l'article suivra.

5. Pauline-Marie, née à Tronjoly, le 18 octobre 1848, mariée le 26 juillet 1869, à Saint-Pol-de-Léon, à Gaston-Marie-Guy de Kermenguy, né au château de Kerjean, en Saint-Vougay, le 28 octobre 1841, fils aîné d'Émile-Louis-Marie de Kermenguy, député du Finistère (1), et de Sidonie-Marie-Thérèse-Charlotte de Forsanz. De ce mariage sont nés dix enfants (2).

DE Kermenguy: Losangé d'argent et de sable à la fasce de gueules, chargée d'un croissant d'argent (montres de 1426 à 1534).

6. Marie-Caroline-Emmanuelle, née le 20 août 1851, à Tronjoly, mariée le 23 juillet 1872, à Arthur-Marie de Kermerc'hou de Kerautem, ancien officier d'infanterie, chevalier de la Légion d'honneur, fils d'Eugène de Kermerc'hou

DE Kermerc'hou DE Kerautem : D'argent à une croix trè-lée de sable, chargée de 5 toiles d'or montres de 427 à 1543).

---

(1) Le vicomte de Kermenguy fut député depuis 1871 jusqu'à sa mort, toujours réélu par le Léon qui en garde un impérissable souvenir. Il est mort à Paris, le 27 novembre 1893, dans sa 83e année.

(2) Enfants de M. et de Mme de Kermenguy :

1. Gaston-François-Marie-Anne de Kermenguy, né le 5 septembre 1870, au château de Kermenguy, baptisé en l'église de Cléder, et mort le même jour.

2. Charles-Marie-François-Sidoine de Kermenguy, né au château de Kermenguy, le 8 décembre 1871, actuellement maréchal des logis au 3e régiment de chasseurs à cheval à Abbeville (Somme).

3. Marie-Anne de Kermenguy, née à Saint-Pol-de-Léon, le 24 mars 1873, décédée à Saint-Pol, le 3 avril 1873.

4. Gaston-Marie-Émile de Kermenguy, né à Saint-Pol, le 5 octobre 1874, mort à Saint-Pol, le 12 novembre 1891.

5. Marie-Sidonie-Louise de Kermenguy, née à Saint-Pol, le 29 novembre 1876.

6. Pauline-Marie-Anne-Josèphe de Kermenguy, née à Saint-Pol, le 10 mars 1879.

7. Louise-Marie-Sidonie-Charlotte de Kermenguy, née le 2 janvier 1882, à St-Pol.

8. Geneviève-Marie-Gabrielle-Agathe de Kermenguy, née à St-Pol, le 14 avril 1884.

9. Cécile-Marie-Charlotte de Kermenguy, née à Saint-Pol, le 29 août 1888.

10. Jean-Marie de Kermenguy, né à Saint-Pol, le 12 décembre 1890, mort à St-Pol, le 4 janvier 1891.

de Kerautem et d'Henriette de Coëtgoureden. De ce mariage, sept enfants (1).

XVI.

CHARLES-MARIE-JULES DE SAISY DE KERAMPUIL naquit au château de Tronjoly, en Cléder, le 28 août 1846, fit ses études chez les RR. PP. Jésuites, à Vannes, puis les acheva à Paris (rue des Postes), de 1863 à 1866.

Engagé aux zouaves pontificaux, à Rome, vers le 18 octobre 1867, il était encore au peloton d'instruction le 3 novembre, ce qui l'empêcha de prendre part à la bataille de Mentana. Il resta à Rome jusqu'en 1870, et se trouvait, avec les galons de sergent, à la Porta Pia, au moment de l'entrée des troupes piémontaises.

Rentré en France, il obtint huit jours de permission pour venir voir sa famille, et rejoignit en toute hâte le régiment au Mans, vers le 8 octobre 1870. Il fut blessé mortellement au combat de Brou, le 25 novembre. Il y eut la jambe droite broyée par un obus. Il s'était fait admirer par son sang-froid sous le feu des canons prussiens, jusqu'au moment où son affreuse blessure l'obligea de rester à terre.

Après le combat, c'est-à-dire environ deux heures après avoir été blessé, il fut relevé du champ de bataille par des camarades, et transporté dans une ambulance, puis à l'hôpital de Châteaudun où il arrivait vers trois heures du matin,

---

(1) Enfants de M. et de Mme de Kerautem :

1. Eugène, né le 12 mai 1873, à Saint-Pol.
2. Charles, actuellement à Saint-Cyr, né le 26 octobre 1874, à Saint-Pol.
3. Marie, née le 10 octobre 1878, à Saint-Pol.
4. Élisabeth, née le 18 janvier 1881, à Saint-Pol.
5. Henriette, née le 14 juillet 1882, à Saint-Pol.
6. Anne, née le 14 octobre 1883, à Morlaix.
7. Louis, né à Keralias, le 6 août 1890.

après avoir supporté courageusement, dans une charrette mal suspendue, un voyage de sept à huit heures.

L'amputation de la jambe, au-dessus du genou, fut opérée immédiatement à l'hôpital, le 26 novembre au matin. Il s'était confessé quelques instants avant le combat. Il souffrit un long martyre jusqu'au 2 décembre 1870, jour où il mourut en vrai héros chrétien, à l'âge de 24 ans, sans aucun des siens près de lui. Son père, apprenant qu'il était blessé, était accouru, mais les Prussiens ayant coupé les lignes du chemin de fer, il lui fut impossible d'aller au delà du Mans, et de recueillir le dernier soupir de ce fils tant aimé dont il était si fier.

Il fut inhumé à Châteaudun ; mais le 4 décembre 1877, son père fit transporter ses restes à Saint-Pol-de-Léon, où ils reposent au milieu des siens (1).

En lui finit la branche de Pierre-Marie, troisième fils de Charles-Robert comte de Saisy de Kerampuil et de Sylvie-Charlotte de Rosmar.

BRANCHE DU DERNIER FILS DE CHARLES-ROBERT.

XIV.

JOSEPH-JOACHIM de SAISY de KERAMPUIL, dit Léonville, sixième fils de Charles-Robert et de Sylvie-

---

(1) Voici ce que les journaux dirent de lui à cette époque : « Une des plus anciennes familles de Bretagne vient de payer son tribut de douleur à la guerre actuelle : Charles de Saisy de Kerampuil, seul fils du représentant de la branche aînée de cette maison, a succombé à Châteaudun des suites de la blessure mortelle reçue au combat de Brou, le 25 novembre dernier.

Volontaire depuis trois ans aux zouaves pontificaux, ce noble jeune homme qui venait d'échapper aux dangers de l'invasion piémontaise à Rome, après un repos de quinze jours chez son père, s'empressait de répondre à l'appel du colonel de Charette, et se rendait au Mans, avec son beau-frère, M. de Kermenguy.

Neveu de M. Joseph de Goësbriant, qui vient d'être tué à Paris, le 20 novembre, et de M. Paul de Parcevaux qui fut blessé mortellement au combat de Castelfidardo, M. Charles de Saisy de Kerampuil a fait à Dieu le sacrifice de sa vie, avec la foi et la résignation de ses oncles. »

Charlotte de Rosmar, naquit à Rennes, le 19 août 1762. Il entra, comme ses frères, aux pages de la grande écurie du Roi, du 1er mai 1778 au 1er janvier 1781.

Ensuite il fut officier au régiment de Berry cavalerie. Il fut aussi chevalier de Saint-Louis.

Il épousa le 12 novembre 1805, à Plélauff (Côtes-du-Nord) étant alors domicilié à Landerneau, Marie-Fidèle-Reine LE MÉTAYER DE KERDANIEL, fille majeure de feu Pierre-Louis le Métayer de Kerdaniel, et de dame Adélaïde Jeanne de la Villéloays, originaire de Rostrenen et domiciliée au manoir de la Villeneuve en Plélauff.

LE MÉTAYER : *D'argent au pin de sinople chargé de pommes d'or* (montres de 1469 à 1535).

Joseph-Joachim mourut à son manoir de Kercourtois, (1) près Kerampuil, le 12 novembre 1837, à l'âge de 75 ans, et sa femme, type de bonté et de piété, mourut à Carhaix, le 15 mars 1855, âgée de 78 ans.

Voici ce qu'écrivait à son sujet, cinq jours après sa mort, la personne déjà citée dans l'article du chevalier de Saisy de Kerampuil, et rien ne peut honorer davantage la mémoire de Joseph-Joachim :

« Vous saurez le chagrin que nous venons d'éprouver dans la perte de notre respectable oncle M. de Kerampuil. Il a fini son honorable carrière dimanche. Je regarde cette perte comme tout à fait personnelle, « car M. de Kerampuil m'aimait tendrement. Tout ce qui nous arrivait le touchait. Il montrait une joie bien visible toutes les fois qu'il entendait parler de moi et de mes enfants, ou qu'il nous voyait. Son affection était paternelle pour nous tous. C'était une douceur de s'entretenir avec lui du temps passé. Il avait une pureté d'opinions que

(1) Le manoir de Kercourtois, très proche de Kerampuil, avait été acquis le 5 décembre 1738, par Henry-Albert de Saisy de Kerampuil d'avec les héritiers de défunts Louis Gérard de la Haye et de dame Marie-Josèphe Lohou, savoir : Jean-Claude de la Haye, sr du Pellem, avocat à la cour, cons. du Roi, etc. — Catherine-Barbe Gérard de la Haye, veuve de messire Jean-René de Kerret, chev. sgr de Quillien, paroisse de Pleyben — et Marie-Hiacinthe de la Haye, femme de messire Jean-Jacques du Rocher, chev. sgr de Beauregard, demeurant en leur hôtel en la ville de Josselin. (Archives de Kercourtois.)

relevait encore la noblesse de ses sentiments. Il connaissait ce passé si cher, si glorieux d'avant la Révolution. Sa jeunesse s'était écoulée à la cour et dans la haute société, et sa conversation était enrichie d'une foule de souvenirs, et mêlée de mille curieuses traditions qui la rendaient pleine d'un piquant intérêt. Il la variait par les détails les plus particuliers sur l'émigration. La sienne avait été traversée par une foule de vicissitudes que lui avait values son dévouement à nos princes. Il avait employé toute son activité à soutenir l'armée de Condé, et pour cet effet, parcouru toute l'Europe pour réunir auprès du drapeau sans tache les émigrés dispersés de part et d'autre. Ce talent musical si extraordinaire qu'il possédait lui avait ouvert l'entrée de tous les palais, et l'avait mis à même de vivre dans la partie éminente de la société. Rentré dans sa patrie, il la trouva couverte des débris du violent orage qui avait renversé la monarchie, et pour lui un brillant avenir. Alors il brisa son épée, et maudissant la Révolution et son esprit, il a toujours vécu loin de tous ceux qui y avaient trempé. M. de Kerampuil, n'ayant d'abord retrouvé que bien peu de fortune, a cultivé lui-même son lambeau, et sa vie s'est écoulée dans ces paisibles occupations, élevant sa famille dans les principes dont il lui donna toujours l'exemple, ouvrant d'une manière patriarcale sa porte hospitalière au parent, à l'ami qui venait près de lui, mettant à leur disposition sa bourse même; car son noble cœur aimait les siens comme on ne le fait plus. Il les aimait comme autrefois, aux dépens, s'il l'eût fallu, de sa vie, de sa fortune. Le siècle vénal ne fut pas connu de lui. Il a fini sa respectable carrière dans l'exercice de la piété chrétienne dont il avait toujours rempli les devoirs. »

(Lettre de la V^tesse de Saisy, née d'Andigné, à sa famille, du 17 novembre 1837.)

De ce mariage étaient nés :

1. CHARLES-ADÉLAIDE-JOSEPH DE SAISY DE KERAMPUIL, né le 1er mai 1807, baptisé à Rostrenen le 13 août suivant, et mort enfant.

2. ANGE-MARIE-VÉRONIQUE, né le 6 avril 1808 qui continue la filiation, et dont l'article suivra.

3. MARIE-ADÉLAIDE-JACQUETTE, née au manoir de Kercourtois, le 16 août 1810, mariée le 9 avril 1839, à Plouguer, à Joseph D'ANDIGNÉ, ancien officier de la garde royale, âgé de 40 ans, né à Iffendie (Ille-et-Vilaine) le 22 mars 1799, domicilié à Champtocé (Maine-et-Loire). Elle mourut veuve et sans laisser d'enfants vivants, à son manoir de Kercourtois, le 31 janvier 1884, dans sa 74ᵉ année.

D'ANDIGNÉ: D'argent à trois aigles de gueules. (Croisades.)

4. JOSEPH-MARIE DE SAISY DE KERAMPUIL, né à Kercourtois, le 30 mai 1812 et mort à 4 jours, le 2 juin 1812.

5. MARIE-HENRIETTE DE SAISY DE KERAMPUIL, née à Kercourtois, le 17 janvier 1814, y mourut le 6 mars 1839, sans alliance, âgée de 25 ans.

6. JOSÉPHINE-ANNE-MARIE DE SAISY DE KERAMPUIL, née le 11 mai 1817, à Kercourtois, morte jeune.

7. MARIE-FIDÈLE-ALINE DE SAISY DE KERAMPUIL, née le 19 février 1820, morte à l'âge de six ans, le 10 janvier 1827, à Kercourtois.

XV.

ANGE-MARIE-VÉRONIQUE comte DE SAISY DE KERAMPUIL, né le 6 avril 1808 à Rostrenen, élève en 1831 à l'École forestière, servit dix ans dans l'administration des Eaux et Forêts, se maria à Nancy, le 22 juillet 1835 à Marie-Thérèse-Octavie DE ROGUIER, fille de Charles-Pascal de Roguier, conseiller à la Cour d'appel de Nancy, et de Pélagie Yessipoff (1).

DE ROGUIER : De sable, à la bordure d'or, au lion d'argent armée et lampassé. (Lorraine.)

(1) Pélagie Yessipoff était fille d'Alexandre Yessipoff, capitaine de la garde particulière de l'impératrice Catherine, et d'Alexandra Melgounoff.

Marie-Thérèse-Octavie de Roguier avait une sœur qui épousa en 1ʳᵉˢ noces le Baron de Berwick lieutenant-colonel dans la garde de l'empereur de Russie, dont le père, général dans l'armée russe, s'était illustré dans la guerre contre les Turcs presque à l'égal de son illustre aïeul le maréchal de Berwick. En secondes noces, elle fut Madame de Vassal.

Fixé à Vannes en 1851, il se dévoua aux grandes œuvres et devint un des soutiens du collège des Jésuites, alors à ses débuts, ainsi qu'un des fondateurs de la maison des Petites-Sœurs des Pauvres.

Il mourut saintement à Vannes, le 5 février 1854. Marie-Thérèse-Octavie de Roguier, tendrement aimée de ses enfants, et très faite pour l'être, mourut à son château de Silz (commune d'Arzal, Morbihan), le 21 décembre 1864.

De ce mariage sont nés :

1. CHARLES-MARIE qui suit :

2. PIERRE-MARIE, né le 27 juin 1837, mort peu après sa naissance ;

3. MARIE-AIMÉE, née le 7 août 1838, morte en bas âge.

4. JOSEPH-MARIE, né le 6 février 1840, mort le 7 août 1850 au collège des Jésuites de Brugelette (Belgique).

5. ADÉLAIDE-MARIE-PÉLAGIE, née à Colombey-les-belles, le 6 décembre 1841, mariée le 29 novembre 1871 à Plouguer-Carhaix, à Armand-Marie comte DE KERSAUSON DE PENNENDREFF, alors capitaine d'état-major, chevalier de la Légion d'honneur, puis chef d'escadron, officier de la Légion d'honneur, fils aîné d'Armand, comte de Kersauson de Pennendreff, officier d'artillerie, et de Pauline-Marie-Jeanne Huchet de Cintré.

6. XAVIER-MARIE-THÉODORE, né le 2 février 1843, à Colombey-les-belles, arrondissement de Toul (Meurthe-et-Moselle), s'engagea le 31 janvier 1861 dans l'armée pontificale et y resta pendant deux ans, d'abord comme zouave, et ensuite comme artilleur. Revenu en France, pour cause de santé, aussitôt rétabli, il poursuivit la carrière militaire dans un régiment de spahis.

Au commencement de 1870, incorporé sur sa demande dans la réserve, il renonça au monde pour embrasser la vie religieuse, et fut admis comme novice au monastère de la Trappe de Tymadeuc, d'où il fut arraché le 22 juillet pour rejoindre son régiment. Il mourut des suites des fatigues de la guerre, à Libourne, le 13 décembre 1870, âgé de 27 ans.

7. MARIE née le 4 décembre 1846, morte le 20 mai 1852.

8. PAUL-AIMÉ, né le 6 février 1848, mort le 14 mai 1852.

9. JOSÉPHINE-MARIE-CÉCILE-PAULINE, née à Colombey le 15 août 1850, religieuse de la Visitation à Paris sous le nom de Sœur Joseph-Raphaël, le 26 décembre 1878.

XVI.

CHARLES-MARIE comte DE SAISY DE KERAMPUIL, fils aîné d'Ange-Marie-Véronique et de Marie-Thérèse-Octavie de Roguier, né à Nancy, le 22 mai 1836, marié le 30 avril 1868, à Semur (Bourgogne), à Blanche-Marie-Louise-Anne DE LICHY de LICHY, née à Nantes, le 16 mars 1840, fille de Charles-Amable-Antoine comte de Lichy de Lichy, et de Séraphine-Marie-Thérèse Masson de la Véronnière. Elle mourut à Paris, sans postérité, le 5 octobre 1893, amèrement regrettée, à l'âge de 53 ans, et fut inhumée au cimetière de Rocles (département de l'Allier) où reposent plusieurs membres de sa famille possesseurs de la terre et du château de la Lande situés dans cette paroisse (1).

DE LICHY : *D'azur à l bande d'ar gent accom pagnée de losanges d'or* (Originair du Nivernais.

Le comte Charles-Marie de Saisy de Kerampuil est le dernier représentant de la branche aînée de son nom.

---

(1) Notes communiquées par le comte Charles de Saisy de Kerampuil pour cet article et le précédent.

BRANCHE DE KERSAINT-ÉLOY.

(DEVENANT DÉSORMAIS BRANCHE AÎNÉE, ET CONTINUANT SEULE
LA FILIATION DE SAISY DE KERAMPUIL).

XII.

CHARLES-RENÉ DE SAISY DE KERAMPUIL, second fils
de Guillaume II de Kerampuil et de Jacquette le Lart du
Roz (voir le degré XI), naquit à Kerampuil le 13 mai 1686,
lors de la mort de son père, ce qui est prouvé dans l'acte de
tutelle et de prestation de serment des 17 et 18 mai 1686 (1).
Il fut élevé, comme son frère aîné Henry-Albert, au collège
de Pontlevoy. (Arch. de Kerampüil.) Il épousa, le 12 octobre
1711, Silvie DE RISON, fille majeure d'écuyer Joseph de Rison (2)
et de dame Silvie Vachet; ce mariage eut lieu dans la chapelle
du manoir de Kersaint-Éloy que Silvie de Rison apportait en
mariage, et qui avait été acquis par son père, le 30 septembre
1689, de Madame Marie-Ursule le Rouge, comtesse de Ruffec,
veuve de messire Hyacinthe de Volvire, comte de Ruffec, fille

DE RISON :
Écartelé
1er et 4e,
azur au lion
argent ar-
gel lampas-
de gueules;
2e et 3e facé
gueules et
argent.
(Originaire
Guyenne.)

(1) Voici son acte de baptême.
Registres de l'église collégiale de Saint-Trémeur, paroisse de Plouguer.
« Ce jour treizième de may mil six cent quatre-vingt-six, Charles-René de
Kerampuil né le dixième du dit mois fils naturel et légitime de défunt messire
Guillaume de Kerampuil chevalier et seigneur du dit lieu, et de Jacquette le Lart,
a été par moi soussignant vicaire de Carhaix baptisé en l'église collégiale de Saint-
Trémeur. Parrain a été Charles le Lart, chevalier et seigneur du Roz, et marraine
demoiselle Renée de Kerampuil qui ont signé et autres. Ainsi signé : Charles le Lart
— Renée-Marie de Kerampuil — Sébastien de Kerampuil, prêtre — Michel le
Coguiec, curé de Saint-Quigeau — Perrault vicaire de Carhaix. »

(2) Joseph de Rison, né en Guyenne, était fils de Josué de Rison et de Marguerite
de Macquary. Il était d'ancienne noblesse ainsi que le prouve son arrêt de maintenue
de noblesse du 21 août 1771, que nous a fourni M. le comte de Keranflech-Kernezne,
allié de cette famille; mais comme M. de Rison avait été fermier des devoirs à
Carhaix, fonctions non admises par la noblesse et regardées comme dérogeantes,
son frère, Henry-Albert, lui fit une assez vive opposition : « Vous savez, écrivait-il
à son aîné, si Mademoiselle de Rison est digne d'être aimée?... »

Château de Kersaint-Éloy, en Glomel (Côtes-du-Nord).

et unique héritière de messire Jean le Rouge, sᵍʳ de Pénanjun (en Motreff), et de dᵉˡˡᵉ Jeanne Meslou, héritière de Kersaint-Éloy.

Dans le contrat de mariage, daté du 24 septembre 1711, Charles-René est dit majeur de 25 ans, et capable de ses droits, et habitant le plus ordinairement le manoir de Kerampuil, et Silvie de Rison habitant avec ses père et mère le manoir de Kersaint-Éloy, paroisse de Glomel.

Charles-René de Saisy de Kerampuil mourut à Kersaint-Éloy, le 21 juillet 1756 (1) Il parait avoir été un homme très estimé, et d'une grande capacité. Il était d'un extérieur remarquable : lorsque la baronne de Rostrenen Florimonde de Lantivy, marquise de Rougé du Plessis-Bellière, avait nommé avec lui la cloche de Glomel, le 4 septembre 1724, elle avait déclaré qu'elle la nommerait avec le plus beau gentilhomme de France. Silvie de Rison lui survécut : l'époque de sa mort nous reste ignorée.

De leur union étaient nés onze enfants :

1. HENRY-JOSEPH, né en 1712, mourut à Kersaint-Éloy le 23 janvier 1745, sans alliance (2).

2. SILVIE-CATHERINE, née à Carhaix le 27 septembre 1713, baptisée à Saint-Trémeur, le lendemain (3).

---

(1) Registres de Glomel pour l'année 1756.

« L'an mil sept cens cinquante six, le vingt un juillet, messire Charles-René de Cézi chevalier seigneur de Kersaint-Éloy et plusieurs autres lieux, époux de dame Silvie de Rison, âgé de soixante et dix ans, est décédé après avoir reçu ses sacrements, son corps inhumé le vingt trois du présent mois dans le cimetière de cette église paroissiale de Glomel ; aux convoy et enterrement ont assistez les soussignants, la cérémonie faite par vénérable et discret messire Vincent Cojant sieur recteur de Plonévézel, — de la Boëssière de Kerret — du Leslay de Kerenguével, etc., le Goff prêtre — Yves le Picot prêtre du séminaire — Derrien, prêtre chanoine de Carhaix — V. Cojant recteur et prêtre de Plonévézel — J. le Creuser recteur de Glomel.

(2) Registres de Glomel.

(3) Registres de Carhaix.

3. Françoise-Louise, née à Kersaint-Éloy, fut baptisée à Glomel, le 10 septembre 1717, et eut pour parrain messire François-Barthélemy Jégou comte du Laz (1).

4. René-François, né à Kersaint-Éloy et baptisé à Glomel, le 16 avril 1716, eut pour parrain messire François Collin de la Biochaye, président au Parlement de Bretagne, et pour marraine dame Marie-Renée de Kerampuil, dame douairière du Dourdu. Il mourut écolier à Saint-Brieuc, et fut inhumé, le 19 novembre 1730, en Saint-Michel de Saint-Brieuc (2).

5. Jacquette-Pélagie, née le 30 mai 1719, à Kersaint-Éloy, baptisée le 31 à Glomel, morte le 5 juillet suivant, et inhumée dans la chapelle de Sainte-Barbe, près Saint-Quigeau (3).

6. Charles, né le 11 mai 1722, à Kersaint-Éloy, mourut au service du Roi, au siège de Prague, en 1742, à la fleur de l'âge, et sans alliance (4).

7. Charles-Joseph, né à Kersaint-Éloy, et baptisé à Glomel le 16 novembre 1723, eut pour parrain, son frère, Henry-Joseph de Saisy. Suivant une note, il aurait embrassé aussi la carrière des armes, et aurait été officier ou même capitaine au régiment d'Angoumois, sauf erreur.

8. Charles-Marie, né le 16 novembre à Kersaint-Éloy fut baptisé le 18 novembre 1724, à Glomel, et eut aussi pour parrain son frère Henry-Joseph, et pour marraine sa sœur, Silvie-Catherine. Il mourut à Kersaint-Éloy le 23 mars 1741 (5).

9. Marie-Renée, née à Kersaint-Éloy le 2 janvier 1726 et

---

(1) Registres de Glomel.

(2) Communication de M. Fr : Saulnier.

(3) Archives de la mairie de Plouguer.

(4) Nous voudrions mieux préciser tout ce qui concerne chacun des membres de cette génération : pour elle, les documents ont été insuffisants.
Une seule des filles se maria à un officier étranger à la Bretagne, du nom de Logier, et n'a pas eu d'enfant. On a le portrait de Silvie, qui s'est peinte elle-même.

(5) Registres de Glomel.

baptisée à Glomel le 4 janvier. François-René, son frère, fut son parrain, et sa sœur Silvie sa marraine (1).

10. HIPPOLYTE-MARIE, né le 3 juillet 1727, à Kersaint-Éloy, et baptisé à Glomel, le 4 juillet suivant, eut pour parrain René-François, son frère, et Françoise-Louise, sa sœur, pour marraine (2).

11. JEAN-BAPTISTE, né le 4 février 1730, à Kersaint-Éloy, et baptisé le lendemain à Glomel (3) par noble René de Pénendreff, recteur de Mezle, dont le frère, messire Jean-Baptiste de Pénendreff fut son parrain, est le seul de toute cette nombreuse famille, qui laissa postérité, et c'est lui qui continua la filiation.

XIII.

JEAN-BAPTISTE DE SAISY DE KERAMPUIL, dernier fils de Charles-René et de Silvie de Rison, épousa, à l'âge de vingt ans, Pauline DE PENGUERN, âgée de quinze ans. Le contrat de mariage, du 10 juillet 1750, fut passé devant Pérault et le Bouédec, notaires royaux à Carhaix, au parloir des dames hospitalières de cette ville, « entre messire Jean-Baptiste de Cézy (4) chevalier, sgr dudit lieu, fils aîné de haut et puissant sgr messire Charles-René de Cézy, etc., et de dame Silvie de Rison, dame comtesse de Cézy, son épouse, demeurant au manoir de Kersaint-Éloy, paroisse de Glomel, et demoiselle

(1) Registres de Glomel.

(2) Idem. Destiné d'abord à l'état ecclésiastique il entra (sauf erreur) dans la marine, et est mort à Rio-de-Janeiro. Nous ne pouvons malheureusement rien préciser sur lui avec preuves à l'appui.

(3) Registres de Glomel.

(4) On remarquera ici, comme aux degrés précédents dans les deux branches, combien le nom de Saisy de Kerampuil a subi de variations. On le trouve écrit Saisi, Saisy, Saësi, Saisie, Saisiz, Cézy, et le nom de Kerampuil aussi avec des variantes relevées par l'arrêt du Parlement du 28 février 1778 sans qu'elles puissent donner atteinte à la validité des actes.

Pauline-Augustine-Josèphe-Michelle de Penguern, fille et unique héritière principale et noble de messire Joseph de Penguern, chevalier, s⁰ʳ de Caméan, et de dame Marie-Christine Maudet de Penhoët, dame de Caméan, en présence et du consentement des père et mère du contractant et du curateur de la contractante émancipée de justice (1). »

Jean-Baptiste de Saisy traversa la tourmente révolutionnaire à Kersaint-Éloy. Pauline de Penguern y mourut le 29 avril 1807, âgée de 73 ans, et lui mourut le 31 juillet 1815, âgé de 87 ans (2). Par testament du 1ᵉʳ juin 1814, il léguait son manoir de Kersaint-Éloy avec les dépendances, et de plus le mobilier s'y trouvant, à son petit-fils, Emmanuel-Joseph-Marie de Saisy, alors âgé de 20 ans.

Du mariage de Jean-Baptiste de Saisy et de Pauline de Penguern étaient nés :

1. LOUIS-MARIE-CHARLES, né le 16 avril 1754, à Kersaint-Éloy, baptisé à Glomel, le 17 avril 1754 (3), mourut enfant.

2. JEAN-CHARLES-MARIE, né à Kersaint-Éloy, le 25 mars 1759, baptisé à Glomel, le 11 avril 1760 (4), épousa, par

---

(1) Une lettre de Charles-René, du 13 juin 1750, — adressée à son cousin, le comte de Rosmar, officier des vaisseaux du Roi, en son château de Runego, près Guingamp, — parle ainsi du mariage de Jean-Baptiste de Saisy :

Monsieur mon très honoré cousin,

J'ai l'honneur de vous apprendre aujourd'huy l'établissement de mon fils, nous espérons qu'il épousera dans peu Mˡˡᵉ de Penguern. C'est une jeune demoiselle de bonne maison, extrêmement jolie, faite à peindre et qui a une fortune assez considérable et toute venue, car elle n'a ni père, ni mère, ni frère, ni sœur. Comme je suis très persuadé de votre amitié pour nous, je ne doute point que vous ne preniez part à nostre contentement, etc.

(2) Registres de Glomel, 1815.

« Messire Jean-Baptiste de Saisi, époux de feüe dame Pauline de Penguern, âgé de 87 ans, décédé au château de Kersaint-Éloy en Glomel, le 31 juillet 1815, inhumé dans le cimetière de l'église paroissiale de Glomel, en présence de Jean Hervé, de Germain le Joncour et autres qui ont déclaré ne savoir signer.

J. V. GUÉGUEN, dessᵗ de Glomel.

(3) Registres de Glomel.

(4) Mêmes registres.

contrat du 15 avril 1789, Marie-Jeanne-Pélagie EUZENOU de KERSALAUN, « fille mineure, émancipée de justice, de H. et P. messire Jean-Vincent Euzenou, sᵍʳ de Kersalaün, vivant chevalier de l'ordre royal et militaire de Saint-Louis, et capitaine des vaisseaux du Roi, et de dame Charlotte du Main, dame comtesse de Kersalaün aussi sur ce présente, demeurante ordinairement en son hôtel, en la ville de Brest, paroisse de Saint-Louis, évêché de Léon, et de présent en son château du Nivot, paroisse de Lopérec, même évêché de Cornouaille, laditte demoiselle Euzenou procédant sous l'autorité de madame sa mère, sa curatrice spéciale, etc. »

EUZENOU :
Vᵗᵉ de Trévalot,
Mⁱˢ de Kersalaün.
Écartelé aux 1 et 4 : d'azur plein ; aux 2 et 3 : d'argent à la feuille de houx de sinople en pal.
(Croisades.)
(Montres de 1445 à 1536.)

De ce mariage naquirent deux enfants, morts en bas âge, l'un d'eux né le 5 décembre 1792, à Kersaint-Éloy (1), nommé Jean-Charles-Marie comme son père.

Jean-Charles-Marie mourut le 5 novembre 1817, à Brécilien (en Paule), terre qui lui appartenait. Kersaint-Éloy n'a été possédé ni par lui ni par son frère cadet.

3. EMMANUEL-JOSEPH-MARIE qui continue la filiation et dont l'article va suivre.

4. JEANNE-MARIE-FRANÇOISE-CHRISTINE, née à Kersaint-Éloy, et baptisée le 28 mars 1763 à Glomel, épousa Toussaint-Hubert de PORZMOGUER, ancien officier et chevalier de Saint-Louis, dernier de son nom, mort à Saint-Pol, le 18 mai 1833. Elle mourut à Morlaix, sans postérité, le 12 avril 1826.

DE
PORZMOGUER:
De gueules à huit besants d'or, une coquille d'or en abîme (montres de 1427 à 1503.)

XIV.

EMMANUEL-JOSEPH-MARIE, chevalier DE SAISY, né à Kersaint-Éloy, le 21 mai 1761, fut officier au régiment de Forez, et épousa au commencement de 1791, Marie-Anne-

---

(1) Registres de Glomel.

11

DE ROSPIEC : Marthe de ROSPIEC, fille unique de messire Michel-Corentin de
D'azur à la croix d'or, cantonnée de 4 merlettes de même (montres de 1444 à 1562.) Rospiec, sᵣ de Keruscar (en Lanéanou, canton de Plouigneau), et d'Anne-Marie-Jacquette le Liepvre de Kerlan (1), (2).

Il fut renfermé en 1793, dans les prisons de la Terreur, et n'en fut délivré que par la réaction du 9 thermidor (27 juillet 1794).

Il mourut le 12 septembre 1830, chez son fils, à Kerzint-Éloy qui ne lui avait jamais appartenu. Il avait habité un certain nombre d'années son manoir de Kerloguennic, en Paule, qu'il avait acquis.

Marie-Anne-Marthe de Rospiec mourut à Morlaix, le 2 janvier 1834, des suites d'un accident de voiture. Elle avait traversé l'effroyable époque de la révolution, et passé par beaucoup d'épreuves, soutenue par une piété profonde.

De ce mariage naquirent trois enfants :

1. JEANNE-THÉODORE DE SAISY, née le 29 novembre 1791, au Guerlesquin (Finistère), fut mariée en l'église de Paule, le 23 septembre 1811, à messire Claude-René comte de
LE LAGADEC : LAGADEC, ancien major de cavalerie, chevalier de Saint-Louis,
D'argent à trois trèfles d'azur (montres de 1441 à 1543.) fils de messire Guillaume-Antoine de Lagadec et de dame Renée de Lagadec (3). Il mourut à Morlaix, le 19 juin 1837, sans postérité, et fort âgé.

---

(1) Extrait des registres de l'église paroissiale de Laz.
(*Evêché de Quimper, année 1767.*) -
« L'an mil-sept-cent-soixante-sept, le huit aoust, je soussigné ay baptisé demoiselle Marie-Anne-Marthe née hier, fille légitime et posthume de feu écuyer Corentin de Rospiec et d'Anne-Marie Jacquette le Lièvre dame de Rospiec, du manoir de Runiou, parein et mareine ont étés écuyer Martin de Rospiec et demoiselle Anne-Marie de Mascle, lesquels ont signé, ainsi que les autres soussignans : Anne-Marie de Mascle — Martin de Rospiec — du Beuz — le Lièvre de Kerlan — J. L. Gallois, Rᵣ de Laz.

(2) Anne-Marie-Jacquette le Lièvre de Kerlan, dame de Rospiec, était fille d'écuyer Jacques-Corentin le Lièvre de Kerlan et de Louise Gourès du Beux ; cette dernière, fille d'écuyer Jacques Gourès du Beux, marié au Saint, le 30 août 1700, à Anne-Louise l'Ollivier de Lochrist, de Tronjoly. — Jacques-Corentin le Lièvre de Kerlan, qui mourut plus que centenaire, était fils de Geòrges-Marie le Lièvre, sᵣ de Porzambris, et de dame Françoise-Yvonne de Kerléan, laquelle était fille aînée de Jean-Urbain de Kerléan, sᵣ de Coëtmanach, et de dame Perrine de Kerguélen, et petite-fille de Vincent de Kerléan et de Françoise de Carné.

(3) Renée, dernière du nom de Lagadec, grand'mère de Claude-René, en épousant Antoine Billouart de Kerlérec lui fit prendre le nom et les armes de Lagadec, par lettres de 1740.
Claude-René, comte de Lagadec, habitait le curieux château de Kerroué, en Loguivy, apporté par son aïeule, Marie-Anne du Dresnay, première femme de Vincent-Joseph de Lagadec : c'est dans la chapelle de ce château abandonné qu'il a été inhumé.

Jeanne-Théodore de Saisy mourut, le 28 mai 1862, à son château de Keruscar qu'elle avait rebâti, et fut pour ses neveux et nièces une tante incomparable.

2. Emmanuel-Joseph-Marie qui continue la filiation.

3. Marie-Anne-Marthe, connue sous le nom d'Aline, née le 8 septembre 1795, au manoir de Keruscar, mariée le 29 novembre 1825 à Charles-Hyacinthe de Pompery, veuf d'Aline de Saint-Allouarn, fils de Michel de Pompery, maréchal de camp en 1788, et de Marie-Anne Audouin, femme spirituelle et lettrée dont les lettres ont été publiées.

de Pompery : *De gueules à trois coquilles d'argent.* (Originaire du Soissonnais où elle possédait les seigneuries de Couvrel et de Salsogne.)

Marie-Anne-Marthe de Saisy mourut à Bourbon-Vendée, chez M. de Parcevaux, directeur du haras, son gendre, le 4 décembre 1868 (1).

XV.

EMMANUEL - JOSEPH - MARIE comte de SAISY de KERAMPUIL, chevalier de la Légion d'honneur, naquit au manoir de Keruscar (en Lanéanou, Finistère), en pleine

(1) Laissant un fils, Victor-Marie-François de Pompery, né le 12 mai 1830, mort le 7 juillet 1878, qui avait été marié le 23 août 1855 à Marie-Joséphine-Armande de Madec, petite-fille du célèbre Madec, nabab dans les Indes et colonel en France, et d'Adélaïde de Kerguélen-Trémarec, petite-fille de l'amiral qui découvrit la terre de ce nom ; dont sept filles mortes en bas âge, et trois fils : 1. Ludovic-René-Marie-Victor, né le 7 février 1863, marié le 4 mai 1887 à Henriette-Hélène d'Oullenbourg. 2. Charles-Joseph-Aimé-Marie de Pompery, né le 6 avril 1865, marié le 9 septembre 1891 à Élisabeth-Marie de Kermel. 3. Victor-Pierre-Marie, né le 16 avril 1875 ; — et une fille, Noémi-Marie-Joséphine de Pompery, née au château du Parc (en Rosnoën), en 1833, et mariée le 10 juillet 1860, à Morlaix, à Charles-Marie-Raphaël de Parcevaux, directeur, puis inspecteur général des haras, né le 2 octobre 1829, fils de Louis-Claude de Parcevaux et de Marie-Louise de Goësbriant, et mort, le 29 septembre 1891, au château de Keruscar, où mourut aussi, le 29 mars 1892, Noémi-Marie-Joséphine de Pompery, ce château et cette terre lui ayant été légués par Jeanne-Théodore de Saisy, comtesse de Lagadec. Ils ont laissé trois enfants : 1. Jeanne-Marie-Marthe de Parcevaux, née le 13 mai 1862, mariée le 9 octobre 1888 au vicomte Georges de Castellan. 2. Édith-Marie-Aline de Parcevaux, née aussi à Keruscar, le 12 octobre 1865, mariée le 14 mai 1889 à Alain de Tréverret, fils de Louis-Charles et de Clotilde le Saige de Landécot de la Villesbrunne. 3. Charles-Marie-Joseph de Parcevaux, né le 20 mai 1867, marié à Versailles, le 9 février 1893, à Marie de la Londe.

Terreur, le 29 janvier 1793, huit jours après la mort du roi Louis XVI. Il passa ses premières années dans toutes les vicissitudes de cette funeste époque. Entré dans le troisième régiment des gardes d'honneur en 1812, sous les ordres du comte Philippe de Ségur, il prit sa part de péril et de gloire, l'année suivante, aux fameuses journées de Lutzen, 12 mai, Bautzen, 19-21 mai, Leipsick, 18 octobre, Hanau, 30 octobre 1813. A vingt ans il fut mis à l'ordre du jour pour une action d'éclat qui le fit décorer de la Légion d'honneur (1). Ce fut en décembre 1813.

Dans la campagne de France, le jeune gentilhomme breton fut quatre fois blessé au combat acharné de Ligny, en Barrois, dans les rangs du troisième des gardes d'honneur. Deux de ses blessures étaient graves : la première, un coup de lance de hulan en pleine poitrine, et la seconde, une balle qui lui traversa la jambe. Les deux autres provenaient de coups de sabre qu'il avait reçus dans la mêlée et qui ne le mirent pas hors de combat.

---

(1) En voici le rapport :

« Le colonel des cuirassiers de Bordeaux soussigné, certifie que dans le mois de décembre 1813, étant alors chef d'escadron au 3e régiment des gardes d'honneur, sous le commandement de M. le général comte de Ségur, le sieur de Saisy, brigadier dans l'un des escadrons sous ses ordres, cantonné à Belheim, près Landau, se trouvant commander un poste sur le Rhin, sauva, par une conduite pleine d'énergie et d'audace, un officier et quatre sous-officiers du 2e de carabiniers, échappés de Dresde après la capitulation, et sur le point, sur la rive droite, d'être atteints par les postes ennemis.

Il se jette dans un bateau, en plein jour, et force un meunier de le conduire sur l'autre rive où il recueillit les cinq prisonniers que, malgré le feu ennemi, il eut le bonheur de ramener sains et saufs sur la rive française.

Procès-verbal fut dressé de cette action dont le chef d'escadron rendit compte sur-le-champ au général comte de Ségur ; peu de jours après, il fut présenté au lieutenant général comte de Nansouty, dans une revue générale passée sous les murs de Landau ; son action hardie y reçut les éloges qu'elle méritait et il lui fut promis que la croix d'honneur serait demandée pour lui ; étant, le vingt janvier suivant, tombé au pouvoir de l'ennemi, on ne put y donner suite et les événements subséquents en empêchèrent l'effet.

Cette action dont la hardiesse fut justement louée, fut, par ordre du général, mise à l'ordre du jour dans les différents cantonnements occupés par le régiment.

En foi de quoi, et sur sa demande, j'ai délivré à M de Saisy le présent certificat pour lui servir ce que de besoin.

Signé : le Cte d'ANDLAU.

Paris, 2 mai 1825. »

Fait prisonnier par une bande de cosaques, sous leur yeux, avant de se rendre, il tua son cheval, ne voulant pas qu'il servît à ceux qui combattaient son pays (1).

Il fut un des premiers français qui offrirent leurs services à Monsieur, comte d'Artois, à son arrivée à Nancy où il se trouvait prisonnier sur parole. Il fut alors désigné pour la compagnie des gardes du corps commandée par le duc de Wagram. Aux cent jours, il fit partie de l'armée royale de Bretagne, sous les ordres du comte de Sol de Grisolles, général en chef (2). Il servit en qualité de chef de bataillon dans la 7e légion de Coroller (3), fut fait prisonnier chez son grand'père presque mourant à Kersaint-Éloi, et, lié sur un cheval, fut conduit à Saint-Brieuc où il fut condamné au bannissement seulement, parce que les Royalistes avaient pris des otages pour répondre de sa personne. Le retour des Bourbons le sauva. Il reçut le 2 novembre 1816 un brevet de lieutenant de cavalerie pour prendre rang du 1er juillet 1814,

---

(1) Je ne saurais bien dire si c'est à Ligny qu'il fut fait prisonnier ou dans un autre combat : le rapport ci-dessus dit que ce fut le 20 janvier 1814.

(2) Voici ses états de service, à l'appui :

ARMÉE ROYALE.

AU NOM DU ROI.

Nous, maréchal de camp, Préfet du Morbihan, commissaire extraordinaire du Roi dans les départements de la province de Bretagne, en l'absence de M. le comte de Marigny, lieutenant-général, grand-croix de l'ordre royal et militaire de Saint-Louis, premier commissaire extraordinaire, en vertu des pouvoirs qui nous ont été conférés, en date de Gand du 1er mai (1815), prenant une entière confiance en la valeur, la bonne conduite et la fidélité de Monsieur de Saisy, l'avons nommé capitaine dans la légion commandée par M. Coroller.

Ordonnons à toutes les autorités militaires de le reconnaître et faire reconnaître en la dite qualité.

Au château de la Berraye, dans le Morbihan, le vingt mai 1815.

Le comte de FLOIRAC.

(3) Armée royale de Bretagne, sous les ordres du comte de Sol de Grisolles, général en chef.

Je soussigné certifie que M. de Saisy (Emmanuel-Joseph-Marie) a servi dans les années 1815 dans le 3me bataillon de ma Légion, en qualité de chef de bataillon et que partout il a mérité l'estime et la confiance de ses chefs ainsi que l'amitié de tous ses camarades d'armes.

Légion COROLLER.

En foi de quoi je lui ai donné le présent certificat.

Fait à Gourin le 21 juillet 1815.　　　　　　　　　COROLLER, colonel.

signé du maréchal Beurnonville ; mais il ne voulut pas accepter un grade moindre que celui qu'il avait eu pendant les troubles.

Déjà proposé deux fois pour la décoration au ministre de la guerre, en 1815 par le général de Sol, et en 1818 par le général Vautré, ce ne fut que le 19 mai 1825 qu'il fut nommé chevalier de l'ordre royal de la Légion d'honneur (1). Maire de Glomel jusqu'en 1830, il donna à cette époque sa démission pour refus de serment. Il avait rendu les plus grands services en faisant les fonctions de sous-intendant militaire à Glomel pendant les grands travaux du point de partage du canal de Nantes à Brest pour lesquels on avait établi un camp de 700 condamnés. Il y maintint un ordre constant.

Rien ne pourrait exprimer la popularité dont il jouissait. Son entrain, sa courtoisie, son caractère chevaleresque, cette langue bretonne qu'il possédait si bien, tout, jusqu'à cette beauté et cette force physique qui attiraient le regard, lui donnaient dans sa région un ascendant et un prestige qui le faisaient ressembler à un chef de clan.

Les événements de 1830 et 1831 vinrent consterner le parti légitimiste, et nul ne fut plus que lui indigné d'une usurpation qui lui fit résigner comme à tant d'autres toutes fonctions publiques pour le malheur de la France. Accusé de conspiration royaliste, il fut tout à coup arrêté en 1831, conduit à Rennes escorté de gendarmes, et bientôt acquitté par des

(1) Extrait du Journal des Maires, 27 mai 1825.

« — Par ordonnance du 19 de ce mois, le Roi a daigné nommer chevalier de l'ordre royal de la Légion d'honneur M. le vicomte de Saisy, maire de Glomel, pour le récompenser de ses services civils et militaires. En 1813, M. de Saisy sauva, par une conduite pleine d'énergie et de courage, un officier et quatre sous-officiers du 2e régiment de carabiniers ; il fut un des premiers français qui offrirent leurs services à Monsieur, comte d'Artois, à son arrivée à Nancy, où il se trouvait prisonnier sur parole. En 1815, il aida de tous ses moyens le lieutenant-général de Sol de Grisolles à organiser les royalistes dans le Morbihan et les Côtes-du-Nord. Tombé au pouvoir des colonnes rebelles, il sut se faire estimer de ses ennemis par sa franchise et sa loyauté ; aujourd'hui maire de la commune de Glomel, où s'exécutent les grands travaux du point de partage du canal de Nantes à Brest, l'attachement que lui portent ses administrés est le garant de la joie qu'ils éprouveront à voir ses services dignement récompensés par un Roi juste appréciateur de tous les genres de mérite. »

juges qui virent que tout respirait en lui l'honneur et la loyauté. Il rentra dans la vie agricole où il déploya une activité et une habileté qui l'ont fait proclamer le grand initiateur du progrès de l'agriculture dans ces contrées (1); de gigantesques travaux, d'immenses défrichements procurèrent du pain à la population qui l'entourait, et transformèrent ces régions incultes.

Il remplissait de vie un pays aujourd'hui morne et presque désert. Nul ne savait organiser des fêtes comme lui, ni montrer plus de générosité en toute occasion. Nous rappellerons deux de ces fêtes dont le souvenir doit être conservé : l'une est l'inauguration du monument qu'il voulut élever à la mémoire du comte du Botdéru, son ami, dans la forêt de Kerjean, en 1842, où il prononça un discours reproduit par le *Journal des chasseurs*, et que l'on trouvera aux pièces complémentaires, avec le récit de cette fête (2).

L'autre, douze ans après, est sa fameuse journée des cent charrues, dans la grande lande de Botcanou, le 25 février 1854, où plus de 25 hectares furent défrichés le même jour, et mille personnes hébergées. Jamais on ne vit ni l'on ne reverra rien de ce genre.

Né avec le sentiment profond des anciennes traditions, et de tout ce que l'on doit à son nom, voyant que Kerampuil allait immanquablement passer dans d'autres familles à la mort de son propriétaire, Charles-Marie-François chef de nom et d'armes des Saisy de Kerampuil, le 17 mai 1833, il avait racheté à la fin de cette même année, ce château avec plusieurs de ses anciennes dépendances.

Ce fut d'après les conseils et avec le bien de sa noble femme, comme il le constate dans une lettre à elle adressée le 16 octobre 1833, et où il l'appelle la restauratrice de la maison de Saisy de Kerampuil. Cet acte d'acquisition fait en partie avec

(1) Le congrès de Saint-Brieuc lui décerna la médaille d'or en 1852.

(2) On a appelé ce discours un chef-d'œuvre du genre.

des mineurs, enfants de la fille aînée du feu comte de Saisy de Kerampuil, lui suscita pendant de longues années de fâcheux et interminables procès qui rendirent très onéreux l'achat de cette terre. L'acquéreur semblait bien le prévoir et savait quelle lourde charge est celle d'un très grand château absolument délabré par suite d'un long abandon.

Mais il ne put se résoudre à voir sortir de sa famille la terre des ancêtres, qui avait vu passer toutes les générations énoncées dans ces pages, et d'autres plus lointaines encore (1).

Il avait épousé le 15 juin 1826, à Angers, dans la chapelle de l'évêché, Agathe-Louise-Rosalie D'ANDIGNÉ DE MAYNEUF, fille aînée de messire Louis-Gabriel-Auguste comte d'Andigné de Mayneuf, ancien conseiller au Parlement de Bretagne, député, et premier président de la cour royale d'Angers, et de Marie-Armande de Robien (2). Née à Angers, le 5 novembre 1805, elle mourut presque subitement à Kersaint-Éloy, le 29 juin 1839, et fut inhumée dans la chapelle de Kerampuil qui fut rebâtie de suite pour en faire un monument digne d'elle, par celui qui perdait tout en la perdant.

D ANDIGNÉ : *D'argent à trois aigles de gueules, becqués et membrés d'azur.* (Croisades.)

Il fit graver sur le marbre de son tombeau cette inscription : « Toutes les vertus, toutes les qualités aimables étaient réunies en elle. Que son souvenir soit béni à jamais ! »

Pendant les treize années qu'elle habita la Basse-Bretagne tous ceux qui la connurent furent unanimes dans leur estime et dans leur admiration, et la trace lumineuse de son passage ici-bas ne s'est pas effacée (3). Sa mort fut accidentelle, rapide et imprévue, et arriva au moment où elle recevait chez elle Mgr de la Romagère, évêque de Saint-Brieuc ; ce fut son grand

---

(1) Alors fut aussi mis en vente le château du Roz, apporté par Charlotte-Sylvie de Rosmar, et berceau de Jacquette le Lart du Roz qui avait aussi elle sauvé Kerampuil. Cette terre du Roz, seigneurie fort importante autrefois, a passé depuis en diverses mains.

(2) Voir sa généalogie aux pièces complémentaires.

(3) Nous espérons, si Dieu nous en laisse le temps, faire une étude spéciale de cette vie admirable que ses propres écrits feront connaître.

TOMBEAU D'AGATHE D'ANDIGNÉ, Vtesse DE SAISY
dans la Chapelle de Kerampuil

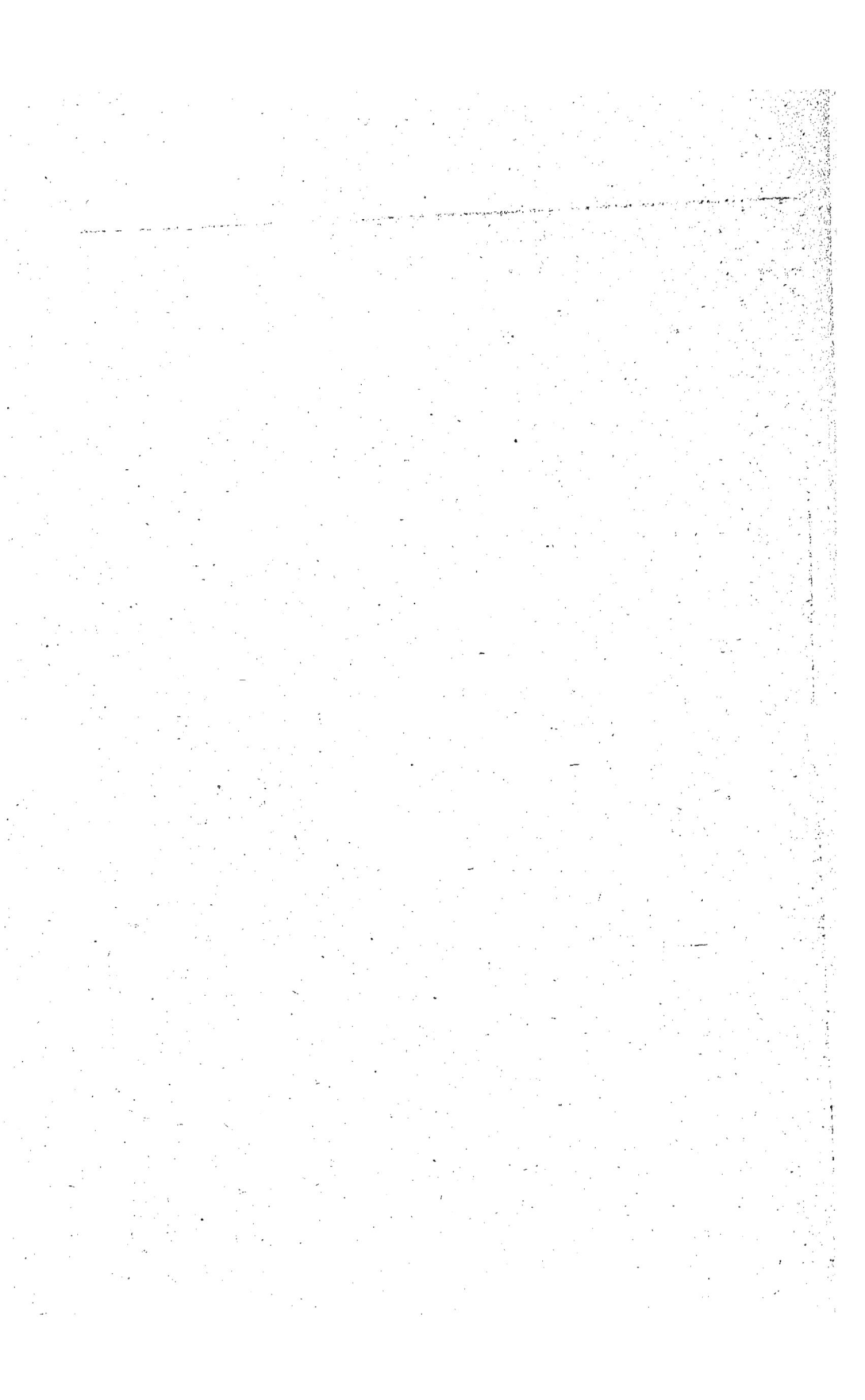

vicaire, M. l'Abbé le Breton, plus tard évêque du Puy, qui l'assista à ses derniers moments. Elle laissait six jeunes enfants. Déjà les deux aînés avaient été envoyés au collège de Brugelette (Belgique), chez les Jésuites qui y élevaient l'élite de la jeunesse de France.

Rien ne fut négligé pour l'éducation de ses enfants par ce père resté seul tout à coup pour en prendre soin.

Il chercha toujours à leur communiquer son enthousiasme pour les nobles causes, sa fidélité à ses convictions politiques.

Une seconde fois, pour refus de serment, il donna en 1852 sa démission de conseiller général des Côtes-du-Nord. Il avait été nommé en 1848.

Ce fut avec un tressaillement de joie qu'il vit partir en 1860, avec la première escouade des gentilshommes bretons, son second fils, allant à la défense de l'Église opprimée. A partir de ce moment, le sort de la papauté devint plus que jamais sa pensée dominante.

Il mourut vingt-neuf ans après la mort de sa femme, à Kersaint-Éloy, le 27 décembre 1868, dans de profonds sentiments de foi, après une longue maladie de cœur, quelques heures après avoir encore reçu ses sacrements.

Une oraison funèbre des plus remarquables fut prononcée dans l'église paroissiale de Glomel, le 7 janvier 1869, par M. le chanoine le Graët, supérieur du petit séminaire de Plouguernével.

Dans son testament du 28 août 1868, Emmanuel-Joseph-Marie comte de Saisy de Kerampuil s'exprime ainsi : « Je déclare en outre vouloir mourir fidèle à mes convictions religieuses et politiques, et j'emporterai dans le tombeau le culte que j'ai voué au descendant de saint Louis. »

C'était bien pour la cause de ce prince, longtemps suprême espoir de la France légitimiste, que celui qui dictait ces

12

lignes avait été arrêté en 1831, et avait étonné ses juges et ses geôliers par sa noble attitude, et depuis n'avait cessé de s'en montrer le partisan le plus chevaleresquement dévoué : nous reproduisons aux pièces complémentaires les lettres qu'il reçut de cette royale main, et qu'à sa mort il voulut baiser comme son plus précieux trésor. Nous y joignons celle que le comte de Chambord adressa à son second fils chargé par son père de lui annoncer sa mort.

Du mariage d'Emmanuel-Joseph-Marie comte de Saisy de Kerampuil avec Agathe-Louise-Rosalie d'Andigné naquirent six enfants :

1. Louis-Marie-Emmanuel-René comte de Saisy de Kerampuil, né à Kersaint-Éloy le 8 juin 1827, reçut, le 9 juillet 1827, dans l'église de Glomel, les cérémonies du baptême des mains de Monseigneur de la Romagère, évêque de Saint-Brieuc.

Il s'occupa d'agriculture, de littérature et de poésie, et souvent ses œuvres parurent dans les revues de Bretagne. Les RR. PP. Félix, de Ponlevoy, Anatole de Caqueray, Cahours, Pillon, furent ses meilleurs amis, et leurs nombreuses lettres le témoignent.

Maire de Paule, d'août 1859 au 22 janvier 1889, jour où il mourut à Castellaouënan, où il résidait, et sans alliance, il fut le bienfaiteur de sa commune, où sa charité fut incessante (1).

---

(1) Il légua vingt mille francs à l'église de Paule, et quinze mille au cardinal Lavigerie.

Il subit la conséquence souvent fatale d'une vie très à part et d'un entourage qui lui fit faire, en mourant, un testament contraire à toutes les lois conservatrices de la famille, inexplicable de la part d'un esprit élevé, tourné vers la piété profonde, ayant malheureusement perdu de vue cette maxime que les parents devraient graver dans le cœur de leurs enfants, en même temps que le catéchisme : « Nous ne sommes que les usufruitiers du bien de nos parents. »

Cet acte par lequel il nommait pour ses légataires universels des serviteurs, consterna ses frères et sœurs qui toujours avaient été pleins de déférence et d'affection pour leur aîné, et désorienta tout un pays.

Pour l'enseignement des générations à venir, et à cause du retentissement d'un tel testament, nous ne pouvions passer sous silence l'acte final d'un aîné de famille, unique assurément dans les six siècles que nous venons de passer en revue. S'il se reproduisait plusieurs fois dans une même famille, ce serait son anéantissement.

2. Paul-Césaire-Emmanuel-Marie-Constantin de Saisy de Kerampuil qui continue la filiation.

3. Marie - Thérèse - Armande - Frédérique de Saisy de Kerampuil, née le 12 mars 1831, à Kersaint-Éloy, reçut les cérémonies du baptême à Glomel, le 6 octobre 1831, et fut mariée à Glomel, le 6 mai 1856, à Adolphe-René-Marie Jégou comte du Laz, fils aîné de messire Joseph-François-Bonabes Jégou comte du Laz, et de Marie-Françoise-Angèle-Émilie de Poulpiquet de Coëtlez, qui mourut au château de Pratulo le 22 octobre 1861. Leurs deux enfants ont été : 1. Adolphe-Joseph-Michel-Marie, né le 27 avril 1857, marié le 22 avril 1884, à Berthe de Saint-Rémy (1) ; 2. Alix-Jeanne-Marie-Agathe, née le 9 février 1859, morte à Pratulo le 31 octobre 1862.

Jégou du Laz :
D'argent au huchet de sable, accompagné de trois bannières d'azur, chargées chacune d'une croisette pommetée d'or (montres de 1427 à 1562).

4. Hervé-Marie-Elzéar de Saisy de Kerampuil, chevalier de la Légion d'honneur, né à Kersaint-Éloy, le 5 avril 1833, élève au collège de Brugelette (Belgique), engagé volontaire à l'âge de 18 ans, sous-lieutenant au 25e de ligne à Rome, à sa sortie de l'école de Saint-Cyr, puis lieutenant au 2e étranger en Algérie et au Mexique, donne sa démission ; reprend les armes en août 1870 pour la guerre contre la Prusse, en qualité de chef de bataillon des mobiles de Loudéac ; fait toute la campagne aux avant-postes de Paris ; chevalier de la Légion d'honneur en 1871 ; membre du conseil général des Côtes-du-Nord ; député à l'Assemblée nationale du 8 février 1871 (le troisième sur treize, par 79,801 voix (Côtes-du-Nord) ; sénateur inamovible en 1875.

---

(1) Enfants du seul fils d'Adophe, comte du Laz, et de Berthe de Saint-Rémy :

1. Alain-Marie-Adolphe, né à Pratulo, le 13 août 1885.
2. Marie-Gabrielle, née à Pratulo, le 12 février 1887.
3. Adolphe-Anne-Marie-Maurice-Armand, né à Pratulo, le 6 août 1888.
4. Bertrand-Marie-Paul,
5. Henry-Marie, jumeaux, nés à Pratulo, le 13 septembre 1889.
6. Hermine, née le 3 janvier 1891 et morte à Pratulo, le 30 juin de la même année.
7. René-Gilles, né à Pratulo, le 22 mai 1892.
8. Fernand-Marie-Joseph, né à Pratulo, le 23 octobre 1893.

Il a épousé, le 20 septembre 1860, à Rome, Faustina Ténérani, fille de Pietro Ténérani (1), ancien sénateur romain, directeur général des Palais et musées de Rome, et de Domitilla Montobio.

De ce mariage sont nés :

A. Maurice-Alain-Joseph, né le 10 octobre 1861, mort le 27 mai 1862 à Sidi-bel-Abbès (Algérie).

B. Agathe-Alix-Marie-Mauricette, née le 8 novembre 1863 à Sidi-bel-Abbès, morte à l'âge de 19 ans, à Paris, le 28 mai 1883.

C. Alix-Charlotte-Marie, née à Saint-Brieuc, le 8 janvier 1866, reçut les cérémonies du baptême, à Glomel, le 2 octobre 1866, fut mariée le 19 février 1889, à Alphonse-Michel-Marie Cazin baron d'Honinctun, fils d'Auguste-Henri-Ferdinand-Joseph Cazin d'Honinctun de la Trésorerie, garde du corps sous Louis XVIII (Cie du Luxembourg), et de Victoire-Marie-Françoise-Eugénie Drillet de Lannigou. Sorti de Saint-Cyr en 1874, — capitaine dans l'infanterie de marine, officier de l'Ordre royal du Cambodge, — démissionnaire lors de son mariage.

Cazin d'Honinctun : D'or à une bande d'azur, chargée d'une molette d'argent. (Boulonnais, mais originaire de Bretagne, où la branche aînée s'est éteinte il y a 200 ans.)

De ce mariage sont nés trois enfants :

a. Henriette-Marie-Victoire, née le 27 octobre 1890.

b. Hervé-Marie-Alphonse, né le 10 mai 1893.

c. Charlotte-Agathe-Marie-Gabrielle, née le 20 juin 1895.

5. Henri-Alain-Marie-Martial de Saisy de Kerampuil, né à Kersaint-Éloy, le 30 juin 1835, reçut à Plouguer les cérémonies du baptême en même temps que son frère Hervé, eut pour parrain le chevalier Henry-Jacques de Saisy de Kerampuil, et mourut à Kerampuil, le 24 février 1842 (2).

(1) Élève de Canova, il a été l'un des grands artistes en sculpture de l'Italie.

(2) Cet enfant par sa beauté et sa gentillesse faisait l'admiration de ceux qui le voyaient.

6. Armande-Rosalie-Marie-Charlotte de Saisy de Kerampuil (appelée Agathe depuis la mort de sa mère), naquit au château de Kerampuil, le 1er février 1837, et fut le lendemain baptisée à Plouguer. Elle épousa le 14 novembre 1855, à Glomel, Paul-François-Louis-Marie de Nompère, vicomte de Champagny, fils du général Nicolas-Charles-Stanislas-Louis-Marie de Nompère, vicomte de Champagny, aide de camp du duc d'Angoulême, chevalier de Saint-Louis, grand officier de la Légion d'honneur, et de Caroline-Joséphine-Marie-Françoise de la Fruglaye.

DE CHAMPAGNY: *D'azur à 3 chevrons brisés d'or.* (Originaire du Forez.)

Son contrat de mariage du 13 novembre 1855, fut signé par : 1. Henri de Bourbon ; 2. Marie-Thérèse ; 3. Louise, duchesse régente de Parme ; 4. la princesse Marguerite, sa fille ; 5. François d'Autriche d'Este, grand duc de Modène ; 6. Aldegonde de Bavière, duchesse de Modène ; 7. Marie-Béatrice de Bourbon, infante d'Espagne ; 8. le duc de Lévis.

Elle mourut sans enfants, le 11 décembre 1887, au château de Keranroux, près Morlaix, sa résidence, et a été inhumée dans la chapelle de ce château, dans le tombeau monumental du comte de la Fruglaye, où depuis ont été transférés les restes de la très vénérée mère Marie-Anne (Maria de la Fruglaye), sœur de la Vtesse de Champagny.

XVI.

PAUL-CÉSAIRE-EMMANUEL-MARIE-CONSTANTIN comte de SAISY de KERAMPUIL, chevalier de Pie IX, et chevalier de la Légion d'honneur, naquit à Kersaint-Éloy, le 25 février 1829, reçut les cérémonies du baptême, le 17 juin 1831, dans l'église de Notre-Dame, à Angers.

Envoyé, dès l'âge de huit ans, en Belgique, au collège de Brugelette, avec son frère aîné, il y fit toute son éducation.

Il y eut le célèbre Père Félix pour professeur (1). Il fit ensuite son droit à Paris, et se prépara à entrer au Conseil d'État. Il remplit plusieurs missions de confiance pour son roi légitime, et pour ce motif fit plusieurs fois le voyage de Venise.

Lorsque par un élan spontané, la jeunesse d'élite de France s'enrôla pour la défense du Saint-Père, service qualifié de neuvième croisade, Paul de Saisy fut un des premiers bretons qui partirent le 26 juin 1860, et il demeura au service du Saint-Siège jusqu'à la fin, c'est-à-dire dix années.

Dans la proclamation du colonel Aleth aux zouaves pontificaux, en novembre 1867, il y est dit que, « le 24 du même mois, les capitaines de Saisy, Vinay, du Fournel, avec 80 hommes du dépôt et de la 3e du 2, enlevèrent de vive force, dans la Longaretta, l'infernal laboratoire d'où sortirent la plupart des bombes qui ont effrayé Rome. » Il fut nommé chef de bataillon aux zouaves pontificaux, le 24 novembre 1868, et chevalier de Pie IX. Il fut décoré des médailles de Castelfidardo et de Mentana (2).

Il épousa le 7 juin 1870, à Rennes, en l'église Saint-Germain, Marie-Élisabeth du PLESSIS DE GRENÉDAN, née le 10 mars 1848, fille du comte Jean-Baptiste-Gaston du Plessis de Grenédan, et d'Emilie-Jeanne de Couaisnon, et sœur de Gaston comte du Plessis de Grenédan, tué à Castelfidardo, le 18 septembre 1860 (3).

DU PLESSIS-MAURON, marquis DE GRENÉDAN :
D'argent à la bande de gueules, chargée de trois mâcles d'or, accostée en chef d'un lion de gueules, armé et lampassé et couronné d'or (montres de 1426 à 1513).

(1) Plus tard le grand orateur de Notre-Dame. Il y fut aussi sous la direction des RR. PP. de Ravignan et de Ponlevoy.

(2) Il avait déjà reçu, en octobre 1865, la médaille de sauvetage française pour avoir, au péril de sa vie, voulu sauver des ouvriers asphyxiés au fond d'un puits, près de Kerampuil.

(3) Paroisse Saint-Germain de Rennes. — Registre des mariages et baptèmes (1870). Mariage entre M. Paul, Vte de Saisy et delle Marie du Plessis de Grenédan.

L'an mil huit cent soixante-dix, le sept juin, après les publications canoniques faites sans opposition dans notre église et dans celle de Plouguer, diocèse de Quimper,

Vu le certificat de M. le Troadec, recteur de Plouguer,

Vu le certificat de l'officier de l'État civil, en date de la veille,

Nous, soussigné, curé de Saint-Germain, chanoine honoraire, avons reçu le mutuel consentement que se sont donné pour le mariage M. Paul-Césaire-Emmanuel-Marie-

Il reprit de suite son service à Rome à la nouvelle des graves événements auxquels il prit part jusqu'à la fin, pour revenir participer immédiatement à ceux de France. Il fut nommé colonel commandant les mobilisés de Guingamp, puis colonel commandant la 4ᵉ brigade (mobilisés de Guingamp et de Fontenay-le-Comte) en 1871. Il fut nommé à cette époque chevalier de la Légion d'honneur.

Il fut ensuite maire de Plouguer-Carhaix depuis 1879, conseiller général du Finistère, en 1885, et député du Finistère de 1885 à 1889.

Il fit beaucoup de réparations au château de Kerampuil; dont il refit la toiture. Cette demeure était entrée dans sa part des biens maternels.

Il perdit sa femme à Rennes, le 9 avril 1884. Aimable et brillante, très appréciée, douée de toutes les nobles qualités, sa mort, que rien ne faisait prévoir, fut un coup de foudre

---

Constantin vicomte de Saisy, commandant aux zouaves pontificaux, chevalier de Pie IX, décoré de la médaille de Castelfidardo et de la croix de Mentana, né à Glomel, diocèse de Saint-Brieuc, domicilié à Plouguer-Carhaix, diocèse de Quimper, fils majeur de feu M. Emmanuel-Joseph-Marie comte de Saisy, et de feue dame Agathe-Louise-Rosalie d'Andigné de Mayneuf, et demoiselle Marie-Élisabeth du Plessis de Grenédan, née à Vitré, domiciliée à Rennes, paroisse Saint-Germain, fille majeure de feu M. Jean-Baptiste-Gaston du Plessis de Grenédan et de dame Émilie-Jeanne de Couasnon, et leur avons donné la bénédiction nuptiale en présence des témoins MM. Louis-Marie-Emmanuel Fercoq du Leslay, Auguste-François-Roger-Antoine du Plessis de Grenédan, capitaine d'artillerie, Ernest-Marie-Michel le Bihan de Pennelé.

En foi de quoi nous avons signé le présent acte avec les témoins;

Fait à Rennes les jour et an que dessus.

(Signé) : Marie du Plessis de Grenédan — vicomte P. de Saisy — F. Briand, curé-doyen de Mordelles — l'abbé Carron, curé de Saint-Germain — Aug. du Plessis — Yves de Quemper de Lanascol — comte de Lanascol — comte L. de Saisy — comtesse du Plessis de Grenédan, née de Couasnon — Fercoq du Leslay — de Saisy, Cᵗᵉˢˢᵉ du Laz — A. de Saisy, Vᵗᵉˢˢᵉ de Champagny — Julie du Plessis de Grenédan — comte Ernest de Grenédan — vicomte de Champagny — comte Fr. de Lanascol — marquis de Robien — vicomte Louis d'Andigné — de Lambert de Boisjean — comte de Guer — Anna de Lanascol — C. le Gonidec de Tressan — comte de Saint-Pierre — de Robien, Cᵗᵉˢˢᵉ de Saint-Pierre — Berthe de Saint-Pierre — F. de Lambert de Boisjean — Mⁱˢᵉ du Plessis de Grenédan — Cᵗᵉˢˢᵉ de Farcy — Vᵗᵉ Fernand du Breil de Pontbriant — Mⁱˢᵉ de Lanascol — E. du Leslay — V. de Pompery — de Villoutreys — Marquise de Villoutreys — L. de Champagny, Cᵗᵉˢˢᵉ de Lanascol — Cᵗᵉ de Méhérenc de Saint-Pierre.

pour les siens. Le comte de Saisy mourut à Rennes, le 26 avril 1894 (1), après une longue maladie supportée avec tout le courage et toute la résignation d'un chrétien. Suivant sa volonté, il fut inhumé près de la croix du cimetière de Plouguer, le 1ᵉʳ mai 1894, et ses enfants voulurent y réunir les restes de leur mère, ce même jour.

De ce mariage sont nés :

1. PAUL-MARIE-JOSEPH-GASTON, né à Kerampuil, le 6 juillet 1871, baptisé à Plouguer le 26 septembre 1871.

2. ALIETTE-ANNE-MARIE-AGATHE, née le 12 septembre 1872, à Kerampuil, baptisée le 19 octobre à Plouguer, est entrée à la fin de mai 1893, à l'âge de vingt ans, au noviciat des Dames Auxiliatrices, à Jersey, où elle a prononcé ses vœux, le 21 novembre 1895.

3. JOSEPH-LOUIS-MARIE-AUGUSTE, né le 28 novembre 1873, à Kerampuil, est engagé militaire et sous-officier au 3ᵉ cuirassiers à Tours, 9ᵉ corps d'armée.

4. GASTON-JULES-MARIE-MAURICE, né à Rennes, rue de Beaumanoir, le 25 février 1875, baptisé à Saint-Sauveur de Rennes, le 12 avril suivant, est entré le 16 janvier 1895 au noviciat des RR. Pères Carmes, à Montélimart.

5. JEANNE-PAULINE-AGATHE-MARIE, née à Kerampuil, le 28 novembre 1877.

6. RENÉ-MARIE-ÉMILE-FORTUNÉ, né à Kerampuil le 11 avril 1879, mort à douze jours, le 22 avril 1879, et inhumé dans la chapelle de Kerampuil.

7. JEAN-AUGUSTE-MARIE, né à Kerampuil, le 17 juillet 1881, reçut les cérémonies du baptême à Illifaut (Côtes-du-Nord), le 25 octobre 1881 ; il est présentement au collège de Sainte-Croix au Mans, chez les RR. PP. Jésuites.

---

(1) Paroisse de Toussaints.

PIÈCES

JUSTIFICATIVES ET COMPLÉMENTAIRES.

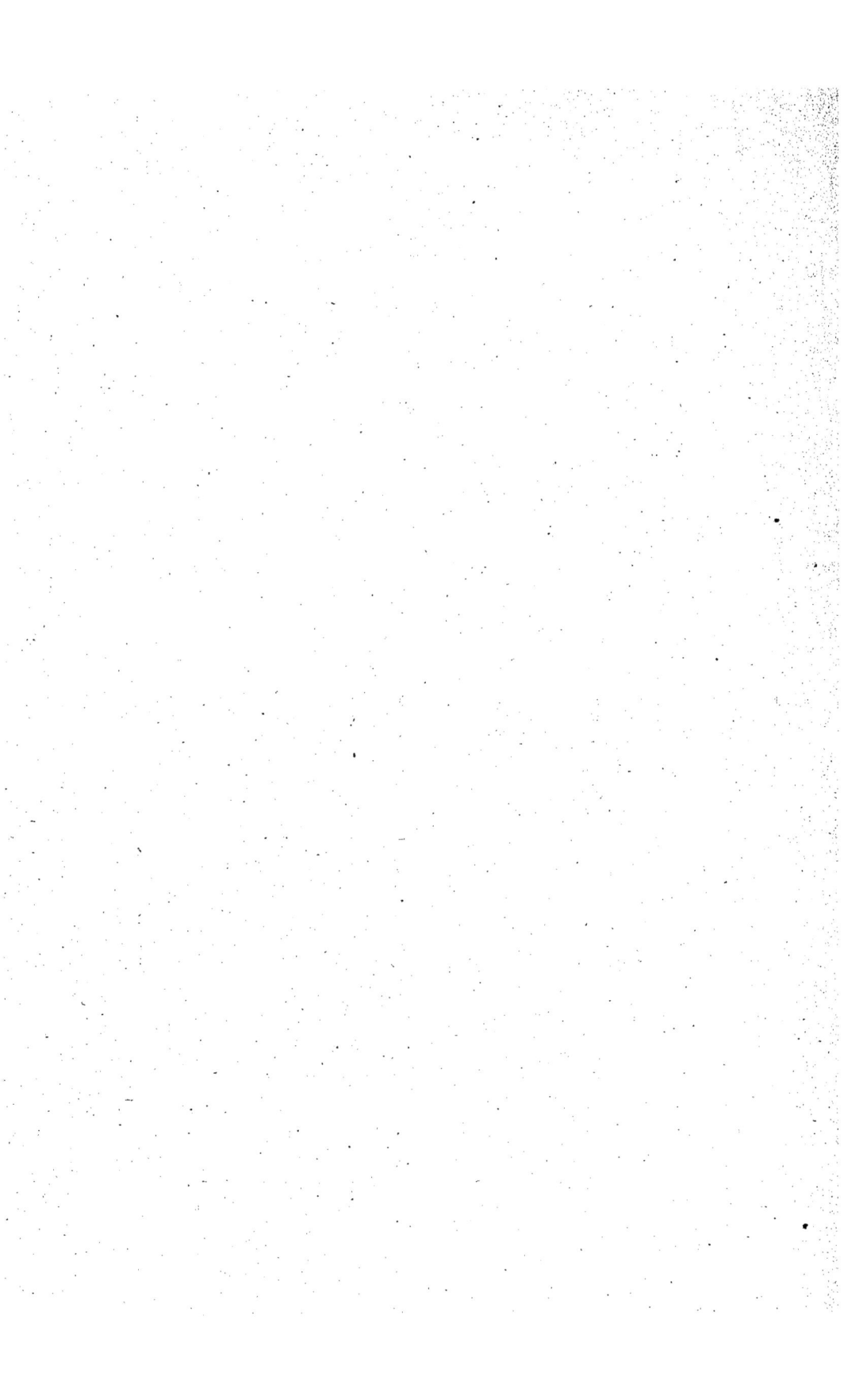

I.

EXTRAICT *des Registres de la Chambre establie par le Roy pour la refformation de la noblesse de la province de Bretagne par lettres patentes de Sa Majesté du mois de janvier 1668 vériffiées en Parlement.*

Entre le Procureur général du Roy demandeur d'une part et Henry de Querampuil, escuier sieur dudit lieu et Charles de Querampuil, escuier sieur de la Haye, deffendeurs d'autre ; Veu par ladite chambre deux extraicts contenans les déclarations faites au greffe d'icelle par lesdicts de Querampuil deffandeurs de soustenir la quallitté d'escuier par eux et leurs prédécesseurs prinse, et qu'ils portent pour armes de gueulle à trois pigeons d'argent, deux et un, signées le Clavier greffier ; Induction dudit Henry de Querampuil, escuier sieur dudit lieu, sur son seing, et de maistre Pierre Daniel son procureur fournye et signiffiée au Procureur général du Roy par Rangent huissier, le vingt et neuffiesme jour dudit mois d'octobre dernier audit an mil six cens soixante huict, par laquelle il soustient estre noble issu d'antienne extraction noble et comme tel debvoir estre luy et sa postérité née et à naistre en loyal et légitime mariage maintenus dans la quallitté d'escuier et dans tous les droits privilèges et prééminances attribuées aux nobles de cette province et qu'à cet effet ils seront emploiés au rolle et catalogue d'iceux du ressort de la juridiction royalle de Carhaix ; pour establir la justice desquelles conclusions, articule à faits de généalogie, — estre fils héritier principal et noble de Pierre de Querampuil et de Janne de Quergrist, duquel mariage est issu aussy Jean de Querampuil frère juveigneur dudit Henry décebdé depuis les quinze ans derniers; que ledit Pierre de Querampuil estoit fils de Henry de Querampuil et de Janne Euzeno duquel mariage sont aussy issus Charles et Anne de Querampuil juveigneurs dudit Pierre ; que ledit Henry mary de ladite Euzeno estoit aussy fils hérittier principal et noble de Jan de Querampuil et de Suzanne du Rufflay qui eurent, outre ledit Henry, Janne et Anne de Querampuil ; que ledit Jan fut fils d'autre Jan de Querampuil et de Marie de Querprigent, duquel mariage sortirent aussy Pierre, Gilles, Bizien et Anne de Querampuil; que ledit Jan de Querampuil, mary de ladite de Querprigent, estoit aussy fils de Pierre de Querampuil et de Germaine de Kervennec quy eurent Janne de Querampuil, seulle fille et cadette de ladite maison de Querampuil; que ledit Pierre de Querampuil, mary de ladite Kervennec, estoit aussy fils herittier principal et noble d'autre Pierre de Querampuil et de Marguerite de Renquier, et eurent outre ledit Pierre, Catherine et Jeanne de Querampuil, juveigneures de ladite maison de Querampuil, lesquels se sont de tout temps immémorial comporté et gouverné noblement, prins les les quallittés de nobles escuyers et porté les armes qu'il a cy devant déclarées, quy sont *de gueulle à trois pigeons d'argent ;* Induction dudit Charles de Querampuil sieur de la Haye, sur le seing de maistre Thomas Harel son procureur, fourny et signiffiée au procureur général du Roy par Franguet huissier, le vingt sixiesme jour de novembre audit an mil six cent soixante huict, par laquelle il soustient estre issu d'autre Charles de Querampuil et de dame Louise de Quergrist ses père et mère, que ledit Charles estoit issu de Henry de Querampuil et de Jeanne Euzenou, ayeuls dudit sieur de Querampuil deffendeur, et qu'ainsy il doit estre luy et sa postérité née et à naistre aussy en loyal et légitime mariage, maintenus dans la quallitté d'escuier, et dans tous les droits privillèges et prééminances quy seront attribuées audit sieur de Querampuil, son aisné, et aux autres nobles de la province, et qu'à cet effect il sera inscrit et emploié au rolle et catalogue d'iceux de la seneschaussée et juridiction royalle de Chateauneuf du Faou, les actes et pièces mentionnés auxdites inductions, arrest rendu en ladite chambre, le 21ᵉ jour dudit mois de novembre 1668, sur la requeste dudit Charles de Querampuil, par lequel la chambre a joint son instance à celle dudit Henry de Querampuil, son aisné, pour en jugeant y estre fait droit joinctement ainsy qu'il appartiendra, ledit arrest signé le Clavier greffier, et tout ce que par lesdicts de Querampuil deffandeurs a esté mis et induit, conclusions du Procureur général du Roy considérées ; la Chambre faisant droit sur l'instance a déclaré et déclare lesdicts Henry et Charles de Querampuil nobles, issus d'antienne extraction noble, et comme tels leur a permis et à leurs descendants en mariage légitime, de prendre la qualité d'escuier, et les a maintenus au droit d'avoir armes et escussons timbres appartenants à leur qualité et à jouir de tous droits, franchises, privilèges et prééminances attribués aux nobles de cette province, et ordonné que leur nom sera employé scavoir ledit Henry de Querampuil au rolle de la juridiction royalle de Carhaix, et Charles en celuy de la juridiction royalle de Chateauneuf du Faou.

Faict en ladite chambre à Rennes le trante uniesme jour de janvier mil six cent soixante neuff.

Signé : MALESCOT, greffier.

II.

REQUÊTE DU 15 DÉCEMBRE 1777.

A NOS SEIGNEURS

Nos seigneurs de parlement supplient humblement Messire Charles-Robert de Saisy de Kerampuil chevalier sieur dudit lieu, faisant tant pour luy que pour Charles-Marie-François de

Saisy de Kerampuil, son fils ainé héritier présomptif principal
et noble, pour Henry-Jacques de Saisy, Pierre-Marie de
Saisy, Pierre-Anne de Saisy, Jean-Louis de Saisy, Joseph-
Joachim de Saisy, et Agathe-Marie-Françoise de Saisy de
Kerampuil, ses enfants puisnés,

Et à lui joint Jean-Baptiste de Saisy de Kerampuil, faisant
tant pour luy que pour Jean-Charles-Marie de Saisy de
Kersaint-Éloy son fils ainé, héritier présomptif principal et
noble, Emmanuel-Joseph-Marie de Saisy, et Jeanne-Marie-
Françoise-Christine de Saisy, ses enfants puisnés ;

Disant que Henry de Saisy de Kerampuil bisayeul des
supliants fut maintenu par arrest rendu lors de la réformation
le 31 janvier 1669 en la qualité de noble et issu d'ancienne
extraction noble : mais le peu d'attention et la négligence
avec laquelle fut dressée son induction donna lieu à une
obmission de nom qu'il a paru intéressaut au supliant de
relever ;

En effet il prouve avec la dernière évidence estre issu de
l'ancienne maison de Saisy de Kerampuil, illustrée dès le
treizième siècle, et cependant l'arrest cy dessus datté ne fait
point mention du nom de Saisy, mais uniquement de celuy de
Kerampuil.

On voit néanmoins que les supliants et leur père ont
continué de porter le nom de Saisy de Kerampuil, et c'est sous
ce nom que le premier des supliants et son père ont été
pourvus d'offices de conseillers au parlement ; beaucoup d'actes
ont été passés par eux et leurs auteurs sous le nom de Saisy,
leurs enfants ont été baptisés sous le mesme nom, et ils sont
en possession de porter l'écusson écartelé des Saisy et de
Kerampuil, et que tout cela provient de ce que la terre de
Kerampuil est aussi ancienne que le nom de Saisy, et il y a
lieu de penser que les deux maisons se confondirent, et que
celle de Kerampuil s'éteignit dans celle de Saisy.

Pour en être mesme convaincu il suffit de s'appuyer sur

l'histoire du maréchal de Guébriant par le P. le Laboureur,
qui à la page 15 des preuves apprend que Charles V pour la
satisfaction qu'il eut du service de Jean de Kerlouët, et
d'Allain de Saisy écuyer sᵍʳ de Kerampuil, son compagnon
d'armes, fit expédier des lettres le 22 avril 1372 par lesquelles
il donna 1800 l. d'or audit Jean de Kerlouet et 1000 l. d'or
audit Allain de Saisy de Kerampuil.

Le mesme auteur apprend que la maison de Saisy portait
pour devise : *qui est Saisy est fort*, qu'Alain de Saisy fut père
de Guillaume de Saisy, sᵍʳ de Kerampuil, lequel épousa
Méance de Trémédern, fille de Jean de Trémédern, banneret
de Bretagne.

Les suppliants ont les titres qui prouvent ce mariage, et la
suite de la filiation rapportée par le Laboureur qui l'a
continuée jusqu'à Henry de Saisy de Kerampuil, marié à
dame Catherine le Veyer, fille de Messire Claude le Veyer, sᵍʳ
du Ster, et de dame Susanne de Penancoët, et c'est ce Henry
second du nom qui fut maintenu à la dernière réformation
comme noble issu d'ancienne extraction par l'arrest du 31
janvier 1669.

Il n'a point échappé au Père le Laboureur que les Saisy
s'habituèrent au nom de Kerampuil, et il marque mesme
positivement qui fut celuy qui après avoir pendant quelque
temps porté le nom de Saisy parut l'oublier entièrement pour
ne prendre que celuy de Kerampuil ; et qu'ils signèrent dans
la suite du seul nom de Kerampuil ; ce fut Pierre second qui
vivoit en 1461, et décéda en 1517.

Ce fait est prouvé par plusieurs titres. Pendant sa minorité
il porta le nom de Saisy ; il comparut mesme sous ce nom au
mariage de Jeanne de Saisy, l'une de ses puisnées qui épousa
Guillaume de Kergorvo, écuyer sʳ dudit lieu, et au contraire,
en traitant le 30 mars 1494 avec Catherine de Saisy, son
autre puisnée, qui avoit épousé Guillaume de Toulbodou
écuyer sʳ dudit lieu, il ne prit plus que le nom de

Kerampuil, et cet acte apprend qu'il lui donna en partage le manoir noble de Castel-Govello, que Marguerite de Renquier fille d'Yvon de Renquier, sr du Poulguen, femme de Pierre premier du nom, père et mère commun, avoit en dot suivant son contrat de mariage du 25 février 1446.

Cela forme une preuve réduplicative, qui ne permet pas de doutter de l'identité de celuy des auteurs qui porta successivement indistinctement les noms de Saisy et de Kerampuil; mais on en trouve encore une autre preuve dans les actes judiciaires de 1446 et 1478, relatifs à Blesven de Saisy, une des filles puinées de Guillaume de Saisy et de Méance de Trémédern, mariée à Guillaume de Lochrist écuyer sr dudit lieu. Dans le premier de ces actes Pierre y paroist sous le nom de Saisy vis à vis de Blesven de Saisy sa sœur puisnée, et dans le second Pierre second répond sous le nom seul de Kerampuil à Morice de Lochrist son cousin, qui luy demandoit le supléement du partage de Blesven de Saisy, son ayeule.

D'après cela il est évidament démontré que Pierre second de Saisy de Kerampuil fit ce que plusieurs autres gentilshommes faisoient dans le mesme temps, et ce qu'ils ont mesme continué de faire depuis, en préférant le nom de leur terre à leur nom de famille, ce qui donna lieu à la disposition de l'article 211 de l'ordonnance de 1629 qui porte; « *enjoignons à tous gentilshommes de signer du nom de leur famille et non de celuy de leurs seigneuries en tous actes et contracts qu'ils feront à peine de nullité desdits actes et contracts.* »

Personne ne peut donc changer son nom de son propre mouvement ny le faire perdre à ses descendants; il n'en faut pas davantage pour faire connoistre que les supliants sont bien fondés à réclamer contre l'obmission de l'arrest du 31 janvier 1669 rendu lors de la réformation, et que c'est avec raison que le père des supliants ne fut pourvu de provision chez le Roy de l'office de conseiller au parlement que sous le nom de Saisy de Kerampuil, et qu'il n'en pouvoit pas mesme estre pourvu sous un autre nom; aussi les supliants l'ont-ils toujours porté eux-mesmes, mais faute d'instruction il leur est souvent arrivé d'écrire et signer Cézy au lieu de Saisy, erreur fort ordinaire. Mais pour mettre la Cour en état de lever l'obmission de l'arrest du 31 janvier 1669, avec la plus entière connoissance contradictoirement avec le procureur général sindic des États et M. le procureur général du Roy, il est nécessaire que les supliants soient admis à rétablir leur généalogie avec toutes les preuves au soutient ; et c'est pour y parvenir qu'ils requièrent avec confiance : ce considéré,

Qu'il vous plaise nos seigneurs ordonner que leur généalogie sera communiquée au procureur général et à M. le pr général du Roy pour permettre aux supliants de remettre immédiatement à la Cour titres et généalogie, pour le tout être ensuite communiqué au pr général sindic des États, et à M. le pr général du Roy, pour, sur leurs conclusions, estre l'arrest du 31 janvier 1669 raporté en ce que Henry de Saisy de Kerampuil, bisayeul des supliants, déclaré noble et issu d'ancienne extraction noble, n'y auroit été maintenu que sous les noms de Kerampuil, et estre ordonné premièrement que les supliants continueront de porter le nom de Saisy de Kerampuil, et qu'ils seront déclarés maintenus sous ce nom en la qualité de chevalier noble et issu d'ancienne extraction noble, sans néanmoins que cela puisse donner atteinte à la validité des actes qui n'auroint été cy devant passés par leurs autheurs que sous le nom de Kerampuil, non plus que à ceux où les supliants faute d'avoir vérifié leurs titres auroient signés Cézy au lieu de Saisy, et qu'ils seront inscrits dans le catalogue des nobles sous le ressort de la juridiction royale de Carhaix, diocèse de Quimper, sous le nom de Saisy de Kerampuil, secondement qu'ils continueront de porter à l'avenir pour armes : — *Écartelé aux premier et quatrième quartiers — de gueules à trois pigeons d'argent posés 2 et 1, et aux second et troisième quartiers — de gueules à l'épée accompagnée de la hache d'armes posée en barre pointée sur une guespe, le tout d'argent...* — Et vous ferez justice.

III.

SECOND ARRÊT DU 28 FÉVRIER 1778.

Extrait des registres du Parlement.

Entre messire CHARLES-ROBERT DE SAISY DE KERAMPUIL, chevalier, seigneur dudit lieu, faisant tant pour lui que pour Charles-Marie-François de Saisy de Kerampuil, son fils aîné, héritier présomptif principal et noble, pour Henry-Jacques de Saisy de Kerampuil, Pierre-Marie de Saisy de Kerampuil, Pierre-Anne de Saisy de Kerampuil, Jean-Louis de Saisy de Kerampuil, Joseph-Joachim de Saisy de Kerampuil, et Agathe-Marie-Françoise de Saisy de Kerampuil, ses enfants puînés ; et à lui joint Jean-Baptiste de Saisy de Kerampuil, faisant tant pour lui que pour Jean-Charles-Marie de Saisy de Kersaint-Éloy, son fils aîné, héritier présomptif principal et noble, Emmanuel-Marie-Joseph de Saisy, et Jeanne-Marie-Françoise-Christine de Saisy, ses enfants puînés, demandeurs en requête du quinze décembre 1777, d'une part,

Et messire JACQUES-ANNE DE LA BOURDONNAYE, chevalier, seigneur de Boishullin, Procureur syndic des États, et monsieur le Procureur général du Roy, défendeurs d'autre part ;

Vu par la Cour, la requête des demandeurs dudit jour, 15 décembre 1777, tendante à ce qu'il plut ordonner que ladite requête serait communiquée au Procureur syndic des États et à Monsieur le Procureur général du Roi, pour de leur consentement permettre aux demandeurs de mettre et induire par devers la Cour leurs titres et généalogies pour le tout être communiqué au Procureur syndic des États, et à Monsieur le Procureur général du Roi, pour sur leurs conclusions être l'arrêt du 31 janvier 1669, rapporté en ce que Henry de Saisy de Kerampuil, bisayeul des demandeurs, déclaré noble et issu d'ancienne extraction noble, n'y aurait été maintenu que sous le nom de Kerampuil, et être ordonné premièrement que les demandeurs continueraient de porter le nom de Saisy de Kerampuil, et qu'ils seraient déclarés maintenus sous ce nom en la qualité de chevaliers, nobles et issus d'ancienne extraction noble, sans néanmoins que cela pût donner atteinte à la validité des actes qui n'auraient été ci-devant passés par leurs auteurs que sous le nom de Kerampuil, non plus qu'à ceux où les demandeurs, faute d'avoir vérifié leurs titres, auraient signé Cézy au lieu de Saisy, et qu'ils seraient inscrits dans le catalogue des nobles, sous le ressort de la Juridiction Royale de Carhaix, diocèse de Quimper, sous le nom de Saisy de Kerampuil, secondement qu'ils continueraient de porter à l'avenir pour armes : *écartelé aux premier et quatrième quartiers de gueules à trois pigeons d'argent, posés deux et un, et aux second et troisième quartiers de gueules à l'épée accompagnée de la hache d'armes, portée en barre pointée sur une guespe, le tout d'argent*, signée Lemerer ; pour l'ordonnance dudit jour 15 décembre dernier portant, « soit communiquée au Procureur syndic des États et ensuite montrée au Procureur général du Roi », refferrée au pied de ladite requête ; le réquisitoire du Procureur syndic des États et les conclusions du Procureur général du Roi, mis à la suite de ladite ordonnance, les 15 et 16 dudit mois de décembre 1777 ; arrêt intervenu en conséquence ledit jour 16 décembre par lequel la Cour ordonnait que les demandeurs mettraient par devers elle leurs actes, titres et pièces pour vérifier, et le tout communiqué au Procureur syndic des États, et rapporté à la Cour, être sur les conclusions du Procureur général du Roi fait droit en ce que de raison ; induction des demandeurs fournie en la Cour et déposée au greffe garde sacs de ladite Cour, par inventaire du 18 décembre 1777, par laquelle ils concluaient à ce que faisant droit sur la requête des demandeurs, du 16 décembre dernier, l'arrêt du 31 janvier 1669 rendu lors de la dernière réformation serait rapporté en ce que Henry de Saisy de Kerampuil, noble et issu d'ancienne extraction noble, n'y aurait été maintenu que sous le nom de Kerampuil, et ayant égard à la généalogie des demandeurs et aux titres produits au soutien, il serait ordonné, premièrement que les demandeurs continueraient de porter le nom de Kerampuil, maintenus sous ce nom en qualité de nobles et chevaliers, et issus d'ancienne extraction noble, et qu'ils seraient inscrits dans le catalogue des nobles, sous le ressort de la juridiction royale de Carhaix, diocèse de Quimper, sous ledit nom de Saisy de Kerampuil, sans néanmoins que cela puisse donner atteinte à la validité des actes qui n'auraient été ci-devant passés par leurs auteurs que sous le nom de Kerampuil, non plus que ceux où les demandeurs ou leurs auteurs auraient signé Cézy au lieu de Saisy. — Secondement qu'ils continueraient de porter à l'avenir comme au passé pour armes ou écusson : *écartelé aux premier et quatrième quartiers de gueules à trois pigeons d'argent posés deux et un, et aux second et troisième quartiers de gueules à l'épée d'argent armée ou accompagnée d'une hache d'armes et pointée sur une guespe, le tout d'argent,* sauf autres conclusions; tableau généalogique imprimé de la maison de Saisy de Kerampuil, dans lequel il est referré que Ollivier et Roland de Saisy vivaient en 1351 et comparurent à une montre comme gens d'armes; que Guillaume de Saisy (1), frère d'Alain de Saisy, épousa Méance de Trémédern, d'où issurent Pierre de Saisy, premier du nom, Guillaume de Saisy, Catherine de Saisy et Blesven de Saisy, mariée à Guillaume de Lochrist; que ledit Pierre de Saisy épousa Marguerite de Renquier, fille d'Yvon de Renquier, seigneur du Poulguen, et de Catherine du Faou, d'où issurent Pierre de Saisy, second du nom, Jeanne de Saisy mariée à Guillaume de Kergorvo, et Catherine de Saisy qui fut mariée à Guillaume de Toulbodou; que ledit Pierre de Saisy, second du nom, épousa Germaine de Kervennec, d'où issurent Jean de Saisy, premier du nom, Hervé de Saisy

---

(1) Petit-fils et non pas frère, comme le dit bien M. de Missirien.

de Kerampuil, et Jeanne de Saisy, qui fut mariée avec Yves de Kergoët, écuyer ; que ledit Jean de Saisy, premier du nom, épousa Marie de Kerprigent, fille d'Yvon de Kerprigent, seigneur de Goezanvot, et de Jeanne de Beaucours, d'où sortirent Jean de Saisy, deuxième du nom, et Pierre de Saisy qui épousa Jeanne du Bothon, dame de Brunolo ; que ledit Jean de Saisy, second du nom, se maria avec Suzanne du Rufflay, d'où issurent Henry de Saisy, premier du nom, et Jeanne de Saisy qui fut mariée à Louis de Penlan, sieur de Kermadehoas ; que ledit Henry de Saisy épousa damoiselle Jeanne Euzenou, d'où issurent Pierre de Saisy, troisième du nom, et Charles de Saisy ; que ledit Pierre de Saisy, troisième du nom, épousa en premières noces damoiselle Jeanne de Kergrist, et en secondes noces damoiselle Françoise Le Borgne, du premier desquels mariages issurent Henry de Saisy, second du nom, et Jean de Saisy ; et du second mariage, Marie-Josèphe qui épousa messire Pierre du Disquay ; que ledit Henry de Saisy, second du nom, épousa damoiselle Catherine Le Veyer, d'où sortit Guillaume de Saisy, second du nom, qui épousa damoiselle Jacquette Le Lart du Roz ; d'où issurent Henry-Albert de Saisy de Kerampuil, conseiller au parlement, et Charles-René de Saisy ; que ledit Henry-Albert de Saisy de Kerampuil épousa demoiselle Anne-Perrine Colin de la Biochaye, d'où sont issus Charles-Robert de Saisy de Kerampuil, l'un des demandeurs, et Marie-Renée de Saisy de Kerampuil qui a été mariée à messire Jean-Jacques-Claude marquis de Kersauson ; que ledit Charles-Robert de Saisy de Kerampuil a épousé damoiselle Charlotte-Silvie de Rosmar, dame de Runego, d'où sont issus Charles-Marie-François de Saisy de Kerampuil, aîné, chef de nom et d'armes, Henry-Jacques, Pierre-Marie, Pierre-Anne, Jean-Louis, Joseph-Joachim, et Agathe-Marie-Françoise de Saisy de Kerampuil ; que ledit Charles-René de Saisy de Kerampuil épousa demoiselle Silvie de Rison, d'où est issu Jean-Baptiste de Saisy, autre demandeur, qui a épousé demoiselle Pauline-Augustine-Josèphe-Michelle de Penguern, d'où sont issus Jean-Charles-

Marie de Saisy de Kerampuil de Kersaint-Éloy, Emmanuel-Joseph-Marie de Saisy de Kersaint-Éloy et Jeanne-Marie-Françoise-Christine de Saisy ; et pour preuve de la filiation ci-dessus refferée, et de l'ancienneté de la maison de Saisy de Kerampuil, les demandeurs ont induit et représenté le premier tome de l'*Histoire de Bretagne*, colonne 1471, par Dom Morice, qui rapporte que Ollivier et Rolland de Saisy comparurent à une montre comme gens d'armes en 1351.

Sur les premier, second et troisième degrés de Guillaume de Saisy frère d'Allain de Saisy écuyer sr de Kerampuil, de Pierre de Saisy premier du nom, et de Pierre de Saisy second du nom, les demandeurs ont représenté l'histoire du maréchal de Guébriant par le Laboureur, qui à l'endroit cité dit « que Suzanne du Rufflay fit une alliance digne de la » noblesse de sa maison en la personne de Jean seigneur de » Kerampuil qui portait autrefois le nom de Saisy, et par » allusion à son nom et à sa valeur avait pour devise : « *Qui* » *est Saisy est fort* » — que par lettres du Roi Charles V, du » vingt-deux avril 1376 (1) témoignant la satisfaction qu'il eut » du service qu'Alain de Kerlouët, (2) et Alain de Saisy » écuyer sr. de Kerampuil, son compagnon d'armes, lui avaient » rendu en ses guerres, il donna audit Kerlouet 1800 l. d'or, » et 1000 l. d'or audit Alain de Saisy ».

Le tome second des preuves de l'histoire de Bretagne de Dom Morice, colonne 33, le tome premier de la même histoire par Dom Lobineau, édition de 1707, page 401, et le tome second, page 579, dans lesquels il est dit que Allain de Saisy prêta le serment de fidélité en 1371 et 1372.

Pour prouver que cet Alain de Saisy était frère, et non père, (3) de Guillaume de Saisy qui épousa Méance de

---

(1) Date erronée : c'est 1371 qu'il faut lire, voyez ces lettres.

(2) Prénom d'Alain mis par autre erreur au lieu de Jean.

(3) Nous avons prouvé qu'Alain de Saisy, le compagnon d'armes du célèbre Kerlouët, (appelé Carlonnet par les historiens français) ne peut être le frère de Guillaume de Saisy, mari de Méance de Trémédern, mais comme le dit le Laboureur, d'après M. de Missirien, son grand'père : les dates ne concorderaient pas d'ailleurs. Que Guillaume ait eu un frère du nom d'Alain, un frère aîné même, rien de plus probable.

Trémédern, fille de Jean de Trémédern, Banneret de Bretagne, lesdits demandeurs ont produit et représenté un compulsoire en bonne forme délivré par arrêt de la chambre des comptes de différents extraits, au nombre desquels se trouve celui qui fixe l'époque de la mort d'Alain de Saisy, et le paiement du rachapt fait par son frère Guillaume en 1379 ; un procompte de 1415 fait entre Guillaume de Saisy et Guillaume de Locrist qui suivant les autres titres était son beau-frère (1) ; le partage du 24 juin 1436 donné par Pierre de Saisy à Catherine de Saisy sa puisnée dans la succession paternelle, où ils sont dits enfants de Guillaume de Saisy et de Méance de Trémédern, dans lequel acte Catherine de Saisy réserve son partage dans la succession future de ladite Méance de Trémédern, leur mère ; ce même acte justifie que ladite Catherine de Saisy fut mariée à Geoffroy Le Grand, sr de Kervéguen de Kerlison ; ledit acte par original signé du Loys passe et J. Quermenec passe ; contrat de mariage du 25 février 1446 par original revêtu d'un sceau passé par la Cour de Carhaix, entre Pierre de Saisy, et Marguerite fille aînée d'Yvon de Renquier et Catherine du Faou, sa compaigne, par lequel ceux-ci font plusieurs avantages à leur dite fille. Ledit contrat signé du Dresnay passe, Gaillard passe, et G. Graut ai apposé mon scel ; original d'un acte judiciel expédié le dernier jour de février 1446, ès généraux plaids de la Cour de Carhaix par lequel on voit que Pierre de Saisy, fils aîné héritier principal et noble de feu Guillaume de Saisy et Méance de Trémédern, et Blesven de Saisy étaient frère et sœur germains, et que ladite Blesven était femme de Guillaume de Locrist, et que leur partage fut retardé, ledit acte signé Le Dem passe ; transaction passée le 25 mai 1449 par la Cour de Carhaix entre Henry Baulost et Pierre de Saisy, principal hoir et noble

(1) Ni la date 1415, ni celle qui suit de 1436, ne s'accordent avec la date de mariage de Guillaume de Saisy avec Méance de Trémédern, 1433, que donne M. de Courcy dans son *Armorial*, et que je pense avoir été de 1423, leur fils aîné s'étant marié en février 1446. Ces dates démontrent, de plus en plus, que Guillaume, marié en 1423, ne peut avoir été que le descendant d'Alain, et non pas son frère. Entre 1379 et 1423 il y a quarante-quatre années.

de Guillaume de Saisy, ladite transaction par original signée du Pontou passe, Gaillard passe ; original du contrat de mariage passé par la juridiction de Carhaix le tiers jour de mars 1461, entre Jehanne, fille de feu Pierre de Saisy et de Marguerite de Renquier, sa veuve, d'une part ; et Guillaume de Kergorvo, fils aîné d'Yvon de Kergorvo, de Thomine de Correc, ledit contrat de mariage signé Y. Quenechquivilly passe, Kergorvo passe, et du Pontou passe, au pied duquel est la reconnaissance des sommes y promises en date du 10 du mois de mars 1461, signée comme ledit contrat, dans lequel stipule Pierre second du nom, fils aîné principal héritier de Pierre premier ; acte du 12 juillet 1462 contenant le rapport et estimation des héritages de feu Pierre de Saisy (premier du nom), consistant dans l'hostel de Kerampuil et autres échus à la cour de Carhaix, pour cause de rachat pour ladite année, ladite estimation faite en présence de Marguerite de Renquier, veuve dudit Pierre de Saisy, comme tutrice et garde de Pierre (second du nom) de Saisy, son fils aîné, ledit acte donné par Pierre de Tuovenel, lieutenant de Carhaix, au pied duquel est la quittance dudit rachat en datte du 25 septembre 1462, signée A. Pinard et du Dresnay passe.

Les demandeurs établissent dans cet endroit d'après le sentiment de le Laboureur dans l'histoire du maréchal de Guébriant, cy devant cité, que ce fut Pierre de Saisy second du nom qui le premier oublia le nom de Saisy pour s'attacher uniquement à celui de Kerampuil, ce qui doit se trouver vérifié par les actes qui suivent.

Acte de baillée d'un convenant au village de Perzivien, fait par Pierre de Kerampuil et Germaine de Kerguennec, sa compagne, fille de Maurice de Kerguennec, en date du 27 novembre 1476, et quittance au pied du 23 février de la même année passée par la cour de Carhaix, lesdits deux actes signés de Kerampuil passe, J. Stéphan passe ; appointé par la juridiction de Carhaix du 22 octobre 1478, signé de Bothon passe, entre Pierre de Kerampuil et Maurice de Locrist, petit-fils de Blesven de Saisy, par lequel celui-ci demandait audit Pierre de Kerampuil le droit et avenant de ladite Blesven de Saisy ès successions de feu Guillaume de Saisy et Méance de Trémédern sa femme ; transaction du 30 mars 1494 entre Guillaume de Toulbodou et Pierre (second du nom) de Kerampuil, par lequel celui-ci donne audit de Toulbodou pour le droit et avenant de Catherine de Kerampuil, sa sœur aînée et femme dudit Toulbodou, le manoir de Castel-Govello pour toute prétention ès successions dudit Pierre Ier et de Marguerite de Renquier, père et mère desdits Pierre IIe et de ladite Catherine, ladite transaction en original signée de Pestivien passe, de Kergorvo passe, de Toulbodou, bon est passe ; acte de la comparution de Pierre de Kerampuil en archer à la montre de l'évêché de Cornouaille de l'an 1479.

Sur le quatrième degré de Jehan (premier) de Saisy connu sous le seul nom de Kerampuil, fils de Pierre second du nom :

Différents actes de change et de ratification des 14, 20, et 21 janvier 1516 passés par la cour de Carhaix, dans le premier desquels stipule noble écuyer Pierre de Kerampuil seigneur dudit lieu, avec Jehan de Kerampuil, son fils aine héritier principal et noble expectant, et est signé M. Stéphan passe, de Kerprigent passe, et les deux autres signés dudit M. Stéphan passe et de Kernéguès passe, le tout par original ; original d'un minu fourni à la seigneurie de Carhaix, le 22 septembre 1517, par Jehan de Kerampuil, fils aîné, principal héritier et noble de feu noble écuyer Pierre de Kerampuil, en son temps sieur dudit lieu, décédé possesseur du manoir de Kerampuil etc., signé de Kerampuil voir est et passe, M. Stéphan passe ; l'original du partage des biens d'Yvon de Kerprigent sieur de Goezanvot, entre damoiselle Jehanne de Beaucours, sa veuve, et nobles gens Jehan de Kerampuil sieur dudit lieu, comme mari et curateur de Marie de Kerprigent, fille et héritière principale et noble dudit Yvon de Kerprigent, cet acte sur velin signé de Locrist passe, de Kerguiniou passe, et refferré fait au manoir de Goezanvot par les cours de Morlaix,

Carhaix, Quélen, le 25 septembre 1526 ; la relation de l'emploi
de la maison noble de Kerampuil, gentilhomme auquel appartiennent aussi les maisons de Persivien sous le ressort de
Saint-Ygeau, treffe de Ploegar-Carhaix en la réformation de
1536, et sous le rapport de la treffe de Quélen, paroisse
de Duaut, la maison noble de Goezanvot appartenant
à Marie de Kerprigent, femme de Jehan de Kerampuil
nobles gens, ladite relation contenue dans l'extrait de la
chambre des comptes dont il est ci-devant fait mention ;
transaction sur partage du 26 avril 1533 entre Jehan de
Kerampuil écuyer sieur dudit lieu, du Bigodou et de Goazanvot d'une part, et Jehanne de Kerampuil damoiselle
sa sœur germaine, et compaigne épouse de maître Yves
de Kergoët écuyer d'autre part ; lesdits Jehan et Jehanne de
Kerampuil seuls enfants de feus nobles gens Pierre de
Kerampuil et Germaine de Kerguennec, sa compaigne, dans
laquelle transaction Jehanne de Kerampuil demande à son
frère le tiers des biens nobles et la moitié des biens roturiers,
et celui-ci lui donne entr'autres héritages le manoir de
Kerglazan en Langonnet et ses apartenances et dépendances dont il devait hériter de Guillaume de Toulbodou,
lequel Toulbodou se démet du manoir de Kerglazan en s'en
réservant l'usufruit pendant sa vie, ladite transaction, par
original signée de Kergoët passe, et Dimanach passe, refferée
passée au manoir de Kerampuil, au pied de laquelle est la
reconnaissance dudit de Kergoët, mari de ladite Jehanne de
Kerampuil, de la démission et ratification du transport dudit
manoir de Kerglazan de la part dudit Toulbodou, au moyen de
quoi ledit sieur de Kerampuil est quitte de tout garantaige,
cette reconnaissance en datte du 11 novembre 1536, signée
desdits de Kergoët, et Dymanach passe.

Sur le cinquième degré de Jehan IIe du nom de Saisy,
aussi connu sous le seul nom de Kerampuil :

Cinq actes par la cour de Carhaix, le premier en datte du
dernier jour de juillet 1546 est un acte de l'apposition des

scellés mis après le décès de damoiselle de Kerprigent, veuve
de noble écuyer Jehan Iᵉʳ du nom de Kerampuil, sieur et
dame en leur temps de Kerampuil, à la réquisition et en présence de noble écuyer Henry de Kernéguès, sieur dudit lieu,
mari de damoiselle Jehanne de Kerampuil, pour la conservation
des droits d'autre Jehan de Kerampuil écuyer, leur fils aîné
principal héritier et noble, mineur sous âge de curatelle, de
présent étudiant à Paris : les second, 3ᵉ 4ᵉ et 5ᵉ en datte
des 17, 21, 25 et 31 août 1546, relatifs à la pourvoyance
dudit mineur, dont damoiselle Jehanne de Beaucours, son
aieule maternelle, refferée dans l'acte de partage du 25 septembre 1526, veuve d'Yvon de Kerprigent, père et mère de
Marie de Kerprigent, femme de Jehan premier de Kerampuil,
fut nommée curatrice, lesdits actes signés Postel; au nombre
des parents qui donnent voix sont maître Yves de Kergoët
oncle dudit sʳ de Kerampuil, ayant été marié à la sœur
dudit défunt Jehan (premier) de Kerampuil, Henry de
Kernéguès beau-frère du mineur, Pierre de Kergoët sʳ de
Kerdeano cousin germain dudit sieur de Kerampuil etc. ;
articles de mariage proposé entre Jehan de Kerampuil, écuyer
mineur sous l'âge de vingt ans, et damoiselle Suzanne du
Rufflay, fille noble de Pierre de Rufflay et Perrine de Languenvez (1), sieur et dame du Rufflay de Villeauroux, décédés,
par lesquels messire Jehan de Kerpérennès, docteur en droit
etc., s'oblige de faire assiette audit de Kerampuil, en datte du
24 septembre 1547, signés de Kerpérennès, et au dessous est
l'approbation desdits articles par les parents, oncles et alliés
dudit de Kerampuil, en datte du 26 desdits mois et an, qui
ont signé tant le dernier jour dudit mois que le premier jour
d'octobre suivant, du Plessis, C. Garic, de la Boëssière,
L. Euzenou, P. le Bigot, Baheʐre, François du Plesseis, de
Coatanlem etc. ; assiette de 60 liv. de rente du dimanche
second jour d'octobre 1547, faite au profit de ladite damoiselle
Suzanne du Rufflay en faveur de son mariage proposé avec

(1) Ce nom s'écrit dans l'Armorial de Courcy : Languéouez.

noble Jehan de Kerampuil sieur de Kerampuil et de Goezanvot, dans laquelle stipule par noble Henry de Kernéguès son procureur, damoiselle Jehanne de Beaucours, dame de Rochecleuz, ayeule maternelle curatrice dudit Kerampuil, ladite assiette signée Postel ; un aveu fourni au Roi sous la seigneurie de Kerahès, le 7 juillet 1549, par noble écuyer Jehan de Kerampuil, sieur dudit lieu, et de Goezanvot, des biens lui échus par le décès de feu écuyer Jehan de Kerampuil et damoiselle Marie de Kerprigent, sa compaigne, sieur et dame de Kerampuil, ses père et mère, où est employé d'abord le manoir et lieu noble de Kerampuil, ledit aveu par original signé Postel ; autre aveu rendu par le même, et par demoiselle Suzanne du Rufflay, sa compaigne, sr et dame de Kerampuil et de Boisriou, à la seigneurie de Guingamp, des biens de ladite du Rufflay, et de la succession de damoiselle Marie de Kerprigent, dame de Kerampuil et de Goazanvot, mère dudit Jehan IIe du nom de Kerampuil qui a signé avec M. Euzenou, Gastcher etc., ledit aveu par original en datte du 11 février 1555, et de la réception d'ycelui passée au mois de janvier 1556, signée de Clauroux.

Sur le sixième degré de Henry Ier du nom de Saisy, également connu sous le seul nom de Kerampuil :

Grosse originale en vélin du contrat de mariage d'écuyer Louis de Penlan, sr de Kermadehoaz, avec damoiselle Jeanne de Kerampuil, fille aînée de nobles homs Jehan de Kerampuil seigneur dudit lieu, et de feue damoiselle Suzanne du Rufflay sa compaigne, dame en son vivant de Kerampuil, par lequel acte ledit Jehan de Kerampuil stipule et fait le fait valable pour noble Henry de Kerampuil, son fils aîné héritier principal présomptif et noble, demeurant audit lieu et manoir de Kerampuil, paroisse de Plouker-Kerahès, ledit acte du 2e juin 1582, signé François et Jégou nores de Kerahès, vers lequel est demeuré le registre ; autre acte original du onze avril 1600, passé par la cour de Châteauneuf contenant le contrat de mariage de damoiselle Jehanne Euzenou, dame du

Lézert, fille aînée de noble écuyer Loys Euzenou et damoiselle Jehanne de Kersandy, sa compaigne en premières noces, sieur et dame de Kersalaün, avec noble écuyer Henry de Kerampuil sieur du Boisriou, fils aîné présomptif principal héritier et noble de noble écuyer Jehan de Kerampuil, stipulant, et de défunte damoiselle Suzanne du Rufflay, sa compagne, ledit acte signé par Y. de la Villeneuve, référant le mariage fait et contracté par paroles entre les mains de maître Henry le Guillou, prêtre curé de ladite paroisse, en l'église de Châteauneuf, en présence de Jacques de Rosily, Pierre de Kersandy, C. de Kersandy, Jehan de Kerampuil, Jeanne de Kersandy et Charles Euzenou, qui sont relatés avoir signé avec le contractant et la contractante.

Sur le septième degré de Pierre IIIe du nom de Saisy, connu ainsi que Henry son père, Jehan second, son ayeul, et Jehan premier, son bisayeul, sous le seul nom de Kerampuil :

Grosse originale en vélin des actions et conditions du contrat de mariage du 13 janvier 1625, passé par Yves le Ruen et Yves Feraudour, notaires du duché de Penthièvre à Guingamp, entre nobles homs Pierre de Kerampuil, seigneur de Goazanvot, assisté et autorisé de nobles homs Henry de Kerampuil, seigneur dudit lieu de Goazanvot, Boisriou etc., son père, duquel il est fils aîné héritier présomptif principal et noble, et damoiselle Jeanne de Kergrist fille aînée, héritière principale et noble de défunts nobles homs Jacques de Kergrist, et damoiselle Jeanne de Larmor, vivants sieur et dame de Treuscoët (1), Keranbastard, Penanlan (2) etc. assistée de nobles homes Vincent de Kergrist sieur de la Villeneuve, dont elle est autorisée à raiscn de sa minorité, par lequel contrat il est convenu entr'autres choses que ledit Pierre de Kerampuil contractant sera mis en possession et jouissance des biens échus de la succession de

---

(1) Treuscoat, en Pleibert-Christ.

(2) Kerambastard et Penenlan, en Plounévézel.

défunte damoiselle Jeanne Euzenou sa mère, de laquelle il est aussi héritier principal et noble, ladite grosse signée le Ruen noᵉ et Y. Feraudour; décret de mariage fait ledit jour 13 janvier 1625, par la cour de Guingamp de ladite Jeanne de Kergrist avec ledit Pierre de Kerampuil, à la requête dudit Vincent de Kergrist sieur de la Villeneuve, curateur de ladite Jeanne de Kergrist.

Sur le huitième degré de Henry IIᵉ du nom de Saisy, fils de Pierre IIIᵉ, encore uniquement connu sous le nom de Kerampuil, et maintenu sous ce seul nom par arrêt de la chambre de la réformation du 31 janvier 1669 :

Lettres de la chancellerie de Bretagne du 12 décembre 1643 par le Roi à la relation du conseil, signées Monneraye, et scellées le même jour, portant l'émancipation de Henry de Kerampuil sr dudit lieu de Treuscoët etc., fils aîné principal héritier de feu écuyer Pierre de Kerampuil, vivant sieur desdits lieux, et de dame Jeanne de Kergrist, sa femme, et données sur l'exposé d'Allain Euzenou, écuyer, sr de Kersalaün, son tuteur; expédition en due forme du greffe de la juridiction de Carhaix du 3 février 1646, signée J. le Moal greffier, contenant l'émancipation de messire Henry de Kerampuil seigr dudit lieu, Goazanvot etc., fils mineur de feus autres messire Pierre de Kerampuil et dame Jeanne de Kergrist sa compagne, seigneur et dame desdits lieux; et le décret du mariage dudit Henry de Kerampuil second du nom, âgé de vingt ans, avec damoiselle Catherine le Vayer, fille aînée de défunts messire Claude le Vayer et dame Suzanne de Penancoët, vivants seigneur et dame du Staer (1), Kerandantec etc., par l'avis entr'autres parents de messire Alain Euzenou seigneur de Kersalaün, oncle paternel et curateur dudit seigneur, de messire Jean du Plessix seigneur de Penfao, mari de dame Anne de Kerampuil, tante paternelle, d'écuyers Guillaume et Claude de Kergrist, parents

(1) En Cléden-Poher.

maternels au tiers degré ; grosse originale signée Malescot,
de l'arrêt de la chambre de la réformation du 31 janvier 1669,
qui maintient Henry, second du nom, de Kerampuil, et
Charles de Kerampuil, et les déclare nobles d'ancienne extraction, et dans lequel est articulé en fait de généalogie et sans
faire mention d'aucun titre, que ledit Henry second était fils
de Pierre troisième et de Jeanne de Kergrist, que ledit Pierre
troisième était fils de Henry premier et de Jeanne Euzenou,
desquels naquit un fils puisné nommé Charles de Kerampuil,
qui fut marié à Louise de Kergrist, dont issut autre Charles
compris dans ledit arrêt, que ledit Henry premier était fils
de Jehan, second, et de Suzanne du Rufflay, que ledit Jehan,
second, était fils de Jehan premier et de Marie de Kerprigent,
que ledit Jehan premier était fils de Pierre second, mari de
Germaine de Kervennec ; et que ledit Pierre second était fils
de Pierre premier et de Marguerite de Renquier, premiers
auteurs connus alors sous le nom de Querampuil, ce qui ne
diffère de la production actuelle et du tableau généalogique,
qu'en ce que celui-ci porte un degré ascendant de plus en
Guillaume de Saisy et Méance de Trémédern ; elle fait aussi
connaître que ledit Pierre second avait eu pour femme
Germaine de Kervennec ; transaction du 24 mai 1675, passée
devant René du Drésit et F. Quemener, notaires royaux de
Carhaix, entre messire Henry, chef de nom et d'armes de
Kerampuil, seigneur dudit lieu, Goazanvot etc., et dame
Catherine le Veyer, sa compaigne, d'une part, et Pierre
du Disquay chevalier seigneur de Kervern, et dame Marie-
Josèphe de Kerampuil, son épouse, d'autre part, entre lesquels
ledit Henry second du nom, est reconnu fils et héritier
principal et noble de défunt messire Pierre de Quérampuil
de son premier mariage avec feue dame Jeanne de Quergrist,
et ladite Marie-Josèphe, fille unique dudit défunt seigneur de
Quérampuil de son second mariage avec défunte dame
Françoise le Borgne, et fondée pour un sixième à la succession
de son dit père.

Sur le neufvième degré de Guillaume IIe du nom de Saisy, fils de Henry second, encore connu sous le seul nom de Quérampuil, ou Kerampuil, et le dernier de ceux qui n'ont point été appelés du nom de Saisy :

Expédition du greffe de Carhaix contenant la démission du 6 août 1675, que messire Henry, chef de nom et armes de Kerampuil, et dame Catherine le Veyer sa compagne, sieur et dame de Kerampuil, Goazanvot, Kerven etc., font de tous leurs biens en faveur de messire Guillaume de Kerampuil, leur fils aîné héritier principal et noble, sieur de Léonville, en se réservant l'usufruit de la terre de Goazanvot etc. ; la publication d'icelle faite le samedi 9 novembre suivant, au siège royal de Carhaix avec les bannies et proclamations en différents lieux, en date des dimanches 29 septembre 13, 20 et 27, et samedis 19 octobre et 2 novembre 1675 ; grosse originale d'un acte du 8 août 1682, passé devant Dagorne et René du Drésit notaires royaux de Carhaix, contenant la ratification faite par ledit messire Henry chef de nom et armes de Kerampuil, demeurant en son manoir de Goazanvot, de la démission de messire Sébastien de Kerampuil, prêtre, aussi qualifié sieur de Goasanvot, comme fils et seul héritier de feu messire Jean de Kerampuil, vivant sieur de Treuscoët, frère juveigneur dudit Henry second, en faveur d'autre messire Guillaume de Kerampuil fils aîné dudit Henry sieur de Léonville, demeurant en son manoir de Kerampuil ; par cet acte de ratification et assiette signé Henry de Kerampuil, prêtre, Guillaume de Kerampuil, et Dagorne et René du Drésit, notaires royaux, on voit que ledit Henry second de Kerampuil, père dudit Guillaume sieur de Léonville avait un frère nommé Jean, duquel était né ledit Sébastien de Kerampuil, prêtre, et (resté) son fils unique ; on voit de plus par sa signature que ledit Henry s'était fait prêtre ; grosse originale du contrat de mariage passé le dernier jour de novembre 1678, au rapport de Fraval et Dusy, notaires de Pontivy, et signé d'eux, entre messire Guillaume de Querampuil chevalier, s^r de Léonville, majeur, fils aîné et présomptif héritier principal et noble et démissionnaire de messire Henry chevalier, chef de nom et d'armes de Kerempuil, et de dame Catherine le Veyer; et damoiselle Jacquette le Lart fille aînée de feu messire Hervé le Lart, chevalier, seigneur du Roz etc., et de dame Catherine le Clerc, celle-cy stipulante pour elle et pour messire Charles le Lart, son fils aîné, de présent en la ville de Paris, duquel elle s'oblige de faire ratifier le présent contrat, dans lequel stipule également le père du contractant, ainsi que Sébastien de Kerempuil prêtre, son cousin, ladite grosse référant les seings des parties, et ceux de Catherine le Clerc, Sébastien de Kerampuil, prêtre, Henry de Kerempuil, Yves le Lart, Denis-Joseph le Lart, et desdits notaires, est suivie 1º de la procuration du 25 novembre 1678, au rapport de Rospabu et du Drésit notaires royaux à Carhaix, de damoiselle Marie-Renée de Kerampuil, sœur du contractant; 2º de l'acte de ratification dudit contrat passé devant Bigot et Huart notaires au chatelet de Paris, le 13 décembre 1678, par messire Charles le Lart chevalier, seigneur du Roz etc., frère de la contractante, 3º de l'acte de ratification du 16 janvier 1679, de dame Catherine le Veyer, et de damoiselle Marie-Renée de Kerampuil, mère et sœur du contractant, épouse, et fille aînée de Henry de Kerampuil, son père, passé devant lesdits de Rospabu et du Drésit notaires, 4º enfin d'un autre acte du 11 avril suivant rapporté par Fraval et Duzy autres notaires susdits, et contenant l'obligation de messire Phélippes Daen, sénéchal de Pontivy, qui consent de payer aux seigneurs et dame de Léonville en place de la mère de la contractante, la somme de douze mille livres qu'il devait à la mère de ladite le Clerc, et ce en vertu de la délégation en faite par ledit contrat de mariage; dispense de deux bans accordée le 16 décembre 1678, pour la célébration du mariage « inter scutiferum Guillelmum de Kerampuil etc., domicellam Jacobam le Lart » signé Fr. Epus Corisopit. et plus bas Depail presbyter sec. et revétues d'un sceau.

Sur le dixième degré de Henry-Albert de Saisy, père et ayeul des premiers demandeurs, formant la branche aînée, fils aîné de Guillaume second du nom et de Jacquette le Lart, connu jusqu'en 1686 sous le seul nom de Kerampuil, prenant en 1711, les noms de Kerampuil de Saisy, et de Saisi de Kerampuil, et les donnant à son père :

Extrait baptistaire de l'église collégiale de Saint-Trémeur, paroisse de Plouguer-Carhaix de Quimper, en datte du 8 août 1680, référant au jour précédant la naissance de Henry-Albert, fils de messire Guillaume de Kerampuil, chevalier, seigneur de Léonville, et de dame Jacquette le Lart, tenu sur les fonts de baptême par messire Henry de Kerampuil, chevalier, seigneur de Kerampuil, etc. et par dame Catherine Le Clerc, dame du Roz, ses grand-père et grand'mère, ledit extrait délivré le 6 octobre 1776 par Blanchard, recteur de Plouguer-Carhaix, et légalisé le même jour par Le Guillou, sénéchal du siège royal dudit Carhaix ; acte de comparant de tutelle et de prestation de serment des 17 et 18 mai 1686, par lesquels dame Jacquette le Lart est chargée de la tutelle et garde de Henry-Albert de Kerampuil, âgé d'environ 6 ans, de Marie de Kerampuil, âgée de 4 à 5 ans, et de Charles-René de Kerampuil, âgé de 8 jours, ses enfans mineurs, et de défunt messire Guillaume de Quérampuil de Léonville, par l'avis entr'autres parents, de messire Henry de Quérampuil, seigneur de Quérampuil, aieul paternel desdits mineurs, messire Sébastien de Quérampuil, seigneur de Goasanvot, cousin-germain de leur feu père, et de messire Jean Euzenou seigneur de Kersalaün etc., les dits actes par expédition du greffe de Carhaix signée Rochecallé, commis dudit greffe ; grosse originale en vélin, signée Chemin, notaire syndic, et Le Barbier, autre notaire royal de Rennes, du contrat de mariage du 1er octobre 1711, de messire Henry-Albert de Kerampuil de Saisy, chevalier, chef de nom et d'armes desdits lieux, fils aîné héritier principal et noble de défunts messire Guillaume de Kerampuil de Saisi, aussi chevalier, chef du nom et armes, et de dame Jacquette le Lart, seigneur et dame de Kerampuil, avec demoiselle Anne-Perrine de la Biochais, fille mineure de défunt messire Pierre Collin, chevalier, seigneur de la Biochais, vivant conseiller au Parlement de Bretagne, et de dame Anne-Élisabeth de la Mouche, sa veuve, et tutrice de ladite contractante; autre grosse originale du contrat d'acquet d'une charge de conseiller originaire du Parlement de Bretagne, au profit de messire Henry-Albert de Saisy, chevalier, seigneur de Kerampuil, en datte du 22 octobre 1711, au rapport de Chemin et Gohier, notaires royaux à Rennes qui ont signé ladite grosse.

Sur le onzième degré de Charles-Robert de Saisy, fils de Henry-Albert de Saisy, premier demandeur :

Extrait baptistaire du 31 janvier 1714, de Charles-Robert fils de messire Henry-Albert de Saisy, chevalier, seigneur de Kerampuil, conseiller au Parlement de Bretagne, et de dame Anne-Perrine Colin de la Biochais, son épouse, ledit extrait délivré le 27 février 1730, par de Hillerin, vicaire de Saint-Sulpice à Paris; autre extrait baptistaire de Marie-Renée, fille de messire Henry-Albert de Saisy de Kerampuil, chevalier, seigneur dudit lieu, et de dame Anne-Perrine Colin de la Biochais, ledit extrait du 31 décembre 1715, délivré le 5 mai 1717, par Le Michen, curé de Saint-Quijeau, trève de la paroisse de Plouguer-Carhaix; grosse originale du contrat de mariage passé le 20 octobre 1752, au rapport de Péan et Brichet, notaires royaux à Morlaix, entre haut et puissant messire Charles-Robert de Saisy, chevalier, seigneur, chef de nom et armes de Kerampuil, conseiller au Parlement de Bretagne, fils aîné héritier principal et noble de feu haut et puissant messire Henry-Albert de Saisy, chevalier, seigneur, chef de nom et armes de Kerampuil, aussi vivant conseiller audit Parlement, et de feue dame Anne-Perrine Colin de la Biochais, et demoiselle Charlotte-Silvie de Rosmar, dame de Runego, fille unique seule héritière principale et noble de feu haut et puissant messire Jean-Louis, chef de nom et armes de Rosmar,

chevalier etc. et de dame Jacquette-Renée le Lart, dame du
Roz, ladite grosse signée G. Pean et Brichet, notaires royaux;
minu et dénombrement de la terre et seigneurie de Kerampuil,
fourni le 3 décembre 1748 par messire Charles-Robert de
Saisy, conseiller audit Parlement, fils aîné héritier principal
et noble dudit feu seigneur de Kerampuil, signé de Saisy,
G. Pereault, notaire royal et Le Bouédec, notaire royal;
grosse originale d'un procès-verbal du 4 décembre 1777, de
descente faite à la requête du sr Veller de Kersalaün, avocat
et maire de Carhaix, faisant pour haut et puissant messire
Charles-Robert de Saisy, chef de nom et d'armes, chevalier,
seigneur comte de Kerampuil, Goazanvot, etc., par Keringant
et Buet, notaires royaux et apostoliques à Carhaix, en l'église
paroissiale de Plouguer-Carhaix, par lequel les notaires
attestent que dans ladite église est une chapelle prohibitive
nommée la chapelle Saint-Blaise, apartenante au dit seigneur
de Saisy de Kerampuil, au côté de laquelle y joignant est un
vitrage sur lequel ils ont remarqué, ainsi que dans tous les
autres vitrages de la même côtière, les armoiries dudit seigneur
de Saisy de Kerampuil telles qu'elles sont describées cy-devant.

Sur le douzième degré des enfans de Charles-Robert de
Saisy, premier demandeur : sept extraits baptistaires, le
premier tiré des régistres de l'église paroissiale de Pédernec
refferre au 2 décembre 1753, la cérémonie du baptême de
Charles-Marie-François de Saisy, fils de haut et puissant
messire Charles-Robert de Saisy, seigneur, chef de nom et
d'armes de Kerampuil, et de haute et puissante dame Charlotte-
Silvie de Rosmar, dame de Kerampuil, le dit extrait délivré
le 23 août 1774 par Le Fustec, prêtre curé, certifié le 25 du
même mois par le sénéchal de Guingamp, et duement légalisé;
le second en date du 1er juin 1756 refferre la cérémonie du
baptême de Henry-Jacques de Saisy de Kerampuil, fils des
mêmes, ledit extrait délivré, certifié et légalisé les mêmes
jour et an que le premier; le 3e délivré et certifié comme les
précédents rapporte au 15 mai 1757, la naissance et le

baptême de Pierre-Marie de Saisy de Kerampuil, fils des mêmes ; le 4ᵉ tiré des régistres de la paroisse de Saint-Étienne de Rennes, délivré le 16 mars 1770, par de Forsanz, recteur, et duement légalisé refferre au 16 mars 1759 la cérémonie du baptême de haut et puissant Pierre-Anne de Saisy, chevalier, seigneur de Kerampuil, fils des mêmes ; le cinquième en datte du 23 juillet 1761, signé Le Fustec, curé de la paroisse de Pédernec, délivré le 21 décembre 1777, refferre la cérémonie du baptême de Jean-Louis de Saisy de Kerampuil, fils des mêmes ; le sixième délivré le même jour que le précédent par le même, refferre au 19 août 1762, la cérémonie du baptême de Joseph-Joachim de Saisy de Kerampuil, fils des mêmes, et le septième délivré le 30 août 1770, par le même, reffere au 9 juin 1755, la cérémonie du baptême d'Agathe-Marie-Françoise de Saisy de Kerampuil, fille des mêmes.

Sur le dixième degré de Charles-René de Saisy, père et ayeul des derniers demandeurs, frère puisné de Henry-Albert de Saisy, (également père et aïeul des premiers demandeurs), tous deux connus premièrement sous le nom de Kerampuil, comme Guillaume, leur père, auquel nom ils ajoutèrent ensuite la seigneurie de Saisy, lequel Charles-René de Saisy de Kerampuil est employé dans l'acte de comparant et de tutelle des 17 et 18 mai 1686, refferré au 10ᵐᵉ degré dudit Henry-Albert son frère aîné, où l'on voit qu'ils étaient fils de feu Guillaume de Kerampuil sieur de Léonville, et de dame Jacquette le Lart, et que ledit Charles-René était alors âgé de 8 jours.

Extrait baptistaire du 13 mai 1686, de Charles-René de Kerampuil, né le 10 des mêmes mois et an, fils de défunt messire Guillaume de Kerampuil, chevalier et seigneur dudit lieu et de Jacquette le Lart, ledit extrait tiré des régistres de l'église collégiale de Saint-Trémeur, paroisse de Plouguer-Carhaix, délivré le 12 août 1777, par Collin prêtre de Carhaix ; grosse originale du contrat de mariage passé le 24 septembre 1711, au manoir de Kersaint-Eloy, par P. Le Dissez, notaire royal de la sénéchaussée de Carhaix, entre messire Charles-René de Kerampuil, seigneur de Saisy, fils majeur de 25 ans, et puisné de messire Guillaume de Kerampuil, chevalier, seigneur dudit lieu, et dame Jacquette le Lart ses père et mère, et demoiselle Silvie de Rison, fille et autorisée d'écuyer Joseph de Rison et de dame Silvie Vachet, son épouse, sieur et dame de Rison, demeurants audit manoir de Kersaint-Eloy, paroisse de Glomel, ladite grosse signée P. Le Dissez, notaire.

Sur les onzième et douzième degrés de Jean-Baptiste, fils dudit Charles-René, et des enfants dudit Jean-Baptiste, derniers demandeurs :

Extrait baptistaire du 5 février 1730 de Jean-Baptiste, né le jour précédent, fils de Messire Charles-René de Cézy, chevalier, seigneur de Kersaint-Eloy, Goasanvot etc., et de dame Silvie de Rison, dame de Cézy, ledit extrait tiré des régistres de l'église paroissiale de Glomel, délivré le 6 juillet 1756, par G. Le Goff; grosse originale du contrat de mariage du 10 juillet 1750, passé devant Perault et Le Bouédec, notaires royaux à Carhaix, au parloir des dames hospitalières de cette ville, entre messire Jean-Baptiste de Cézy, chevalier, seigneur dudit lieu, fils aîné de haut et puissant seigneur messire Charles-René de Cézy, et de dame Silvie de Rison, dame comtesse de Cézy, son épouse, demeurant au manoir de Kersaint-Eloy, paroisse de Glomel, et demoiselle Pauline-Augustine-Josèphe-Michelle de Penguern, fille et unique héritière principale et noble de messire Joseph de Penguern, chevalier, seigneur de Caméan, et de dame Marie-Christine Maudet, dame de Caméan, en présence et du consentement des père et mère du contractant et du curateur de la contractante, émancipée de justice, ladite grosse signée Le Bouëdec ; extrait baptistaire contenant la cérémonie du baptême faite avec la permission d'un grand vicaire dans la chapelle du château de Kersaint-Eloy, le 27 mars 1759, d'un fils né le 25 du même mois de messire Jean-Baptiste de Cézy, chevalier, seigr dudit nom, et de dame Pauline-Augustine de

Penguern, du château de Kersaint-Eloy, et acte de supplément de cérémonies du 21 avril 1760, par lequel on voit que le fils dudit Jean-Baptiste de Cézy et de la dame de Penguern son épouse, né le 25, et ondoyé le 27 mars 1759, dans la chapelle du château de Kersaint-Eloy, a été nommé Jean-Charles-Marie ; ces deux extraits tirés des régistres de la paroisse de Glomel, et délivrés les 4 et 5 août 1777, par Jos. le Picol, recteur de ladite paroisse ; autre extrait baptistaire d'Emmanuel-Joseph-Marie, fils des mêmes, en datte du 21 mai 1761 ; autre du 28 mars 1763, de Jeanne-Marie-Françoise-Christine, fille des mêmes ; ces deux derniers extraits tirés des régistres de ladite paroisse de Glomel, et délivrés comme les deux premiers, par ledit recteur de Glomel, les 4 et 14 août 1777 ; et tout ce que par lesdits demandeurs a été mis et produit par devers ladite cour ; réquisitoire du procureur sindic des États, et les conclusions du procureur général du Roi pris sur l'état du procès les 12 janvier et 14 février 1778 ; sur ce ouï le rapport de maître du Boisbaudry, conseiller en grand-chambre et tout considéré ;

La Cour faisant droit sur le tout, a rapporté l'arrêt dont est cas du 31 janvier 1669 en ce que Henry de Saisy, noble et issu d'ancienne extraction noble, n'y aurait été maintenu que sous le nom de Kerampuil : ordonne que lesdits Charles-Robert de Saisy, Charles-Marie-François de Saisy, Henry-Jacques de Saisy, Pierre-Marie de Saisy, Pierre-Anne de Saisy, Jean-Louis de Saisy, Joseph-Joachim de Saisy, et Agathe-Marie-Françoise de Saisy, ses enfants puisnés ; et led. Jean-Baptiste de Saisy, Jean-Charles-Marie de Saisy de Kersaintéloy, son fils aîné, Emmanuel-Marie-Joseph de Saisy, et Jeanne-Marie-Françoise-Christine de Saisy, ses enfants puisnés, continueront de porter le nom de Saisy ; en conséquence les a maintenus sous ce nom en la qualité de *nobles et chevaliers issus d'ancienne extraction noble ;* ordonne qu'ils seront inscrits dans le catalogue des nobles sous le ressort de la juridiction royale de Carhaix, diocèse de Quimper, sous ledit nom de *Saisy,* sans néanmoins que cela puisse donner atteinte à la validité des actes qui n'auraient été cy-devant passés par leurs auteurs que sous le nom de Kérampuil, non plus que ceux où les demandeurs ou leurs auteurs auraient signé Cézy au lieu de Saisy ; a décerné acte aux dits demandeurs de ce qu'ils portent pour armes ou écusson : *écartclé aux premier et quatrième quartiers de gueule à trois pigeons d'argent posés deux et un, et aux second et troisième quartiers de gueule à l'épée d'argent armée ou accompagnée d'une hache d'armes et pointée sur une guespe, le tout d'argent.* Fait en Parlement à Rennes, le vingt-huit février mil sept cent soixante dix-huit.

Par duplicata,

L. PICQUET.

IV.

EXTRAIT *de la généalogie de la maison de Kerámpuil à l'article de la généalogie du maréchal de Guébriant en ladite histoire imprimée en 1656. Page quinze des pièces ajoutées à l'histoire dudit maréchal, où il se lit ainsy qu'il suit :*

« Susanne du Rufflay, fille de Tristan, fit une alliance digne de la noblesse de sa maison, en la personne de Jean seigneur de Kerempuil, qu'elle épousa par contract du 2 octobre 1540 (1), auquel elle porta la terre de Boisriou, venue de Marguerite de Kernévené, son ayeulle, qui luy fut donnée en partage le 3 mars 1554. Cette maison de Kerempuil portoit autrefois le nom de Saesi, et, par allusion à son mon et à sa valeur, prit pour devise, *Qui est Saesi est fort.* Par lettres du Roy Charles V, du 22 avril 1376, il paroît de la satisfaction qu'il eut du service qu'Alain de Kerlouet (2), mal appellé

---

(1) Cette date est erronée : c'est *le 24 septembre 1546* qu'il faut lire.

(2) Il faut lire *Jehan de Kerlouët.*

Carlonet comme quelques autres de sa maison, par d'Argentré et autres historiens, S. de Kerlouet, en la paroisse de Pleuvin, et Alain Saesi escuier S. de Kerempuil, son compagnon d'armes, luy avoient rendu en ses guerres, il luy donna 1800 francs d'or, et mille francs d'or audit Alain, qui fut père d'autre Alain, S. de Kerampuil, l'an 1400, père de Guillaume Saesi S. de Kerampuil, qui épousa l'an 1433, Méance de Trémédern, fille de Jean S. de Trémédern, Banneret de Bretagne, et de Jeanne du Plessix, Guillaume leur fils épousa Fleurie le Scanf fille de Charles S. du Dréor, des Vaux, Château d'Acy et Pélineuc. De cette alliance sortit Pierre Saesi S. de Kerempuil, qui s'allia avec Marguerite fille d'Yvon de Renquier S. du Poulguin, et de Catherine du Fou, et en eut autr'autres enfans, Pierre Saesi, qui quitta ce nom pour celuy de Kerempuil, et se maria avec Germaine fille unique de Morice de Kervennec, S. du Bigodou près Morlaix, et de Marguerite Derrien. D'eux naquirent Jean, Hervé de Kerempuil, abbé et restaurateur de l'abbaye de S. Morice, et Jeanne femme d'Yves de Kergoet, S. de Runello et de Kerdanaou. Jean sieur de Kerempuil prit pour femme Marie de Kerprigent, fille et héritière d'Yvon S. de Goazenvot (en Locarn), et de Jeanne de Beaucours, et eut d'elle entre autres enfans, Jean et Pierre. Ce dernier eut de Jeanne de Bothon, dame de Brunolo, Michel de Kerempuil, S. de Brunolo, mary de Catherine Botherel (1), de la maison de Villegeffroy, et père d'une fille unique, Blaise de Kerempuil dame de Brunolo, femme de Bernard le Bihan, escuier S. de Kerouslac, mère de Jeanne le Bihan, aujourd'hui dame de Brunolo, et femme de messire Maurice de la Rivière, sgr de Saint-Germain, duquel elle a plusieurs enfans.

Jean S. de Kerempuil, fils aisné de Jean et de Marie de Kerprigent, épousa Susanne du Rufflay, dame de Boisriou, parroisse de Cavan en l'evesché de Tréguier, et eut d'elle,

---

(1) Il faut lire *Françoise de Boterel.*

Henry seig. de Kerempuil, allié par contract du 12 avril 1600, avec Jeanne Euzeno, fille aisnée de Louis S. de Kersalaün, et de Jeanne de Kersandy, sœur de Pierre S. de Kersandy, et de Penguilly, chevalier, mary d'Anne de Plœuc, sœur de Sébastien marquis de Plœuc et du Tymeur, dont il a eu Moricette, femme de messire Christophle Fouquet, S. de Chalain, de Coetcanton et d'Escures, président à mortier au parlement de Bretagne, gouverneur de Conquernau et de S. Aubin du Cormier ; Pierre S. de Kerempuil fils de Henry, et de Jeanne Euzeno épousa 1. l'an 1625, Jeanne de Kergrist, dame de Treuscoet, 2. l'an 1628, Françoise le Borgne, fille d'Alexandre S. de Lesquifiou, chevalier, et de dame Jeanne de Lannuzouarn, sœur de Jeanne le Borgne, chevalier, S. de Lesquifiou, marié avec Marie de Plœuc, sœur de Sébastien marquis du Tymeur, laquelle Françoise le Borgne se remaria avec messire Guy Autret S. de Missirien, veuf sans enfans de Blanche de Lohéac.

Du 1er lit naquirent Henry aujourd'hui S. de Kerempuil, qui a pour femme Catherine le Vayer, fille de Claude S. du Ster, et de dame Susanne de Pénencoët, de la maison de Kerrouale, père de Guillaume et de Renée de Kerempuil : et Jean de Kerempuil, son frère, mort l'an 1652, et qui a laissé Sébastien et Henry mineurs sous la tutelle de dame Marie-Renée Mocam, fille de René S. du Pérénou, séneschal de Kemper, et de Urbane de la Boexière.

Marie-Josèphe de Kerempuil, fille unique du second lict de Pierre, et sœur desdits Henry et Jean, épousa l'an 1647, messire Guy Autret chevalier, S. de Lesoualch, Lézergué, de Kergaradec, et de la Villeneuve, fils aisné d'Yves S. de Lesoualch, chevalier, et de dame Marie du Menez. De ce mariage sont issuës Françoise-Geneviève et Marie-Antoinette Autret, qui sont sous la tutelle de messire Guy Autret chevalier, S. de Missirien, oncle de leur père, et duquel elles sont présomptives héritières en ses biens paternels : lequel S. de Missirien est fils de Claude Autret S. de Lesoualch et

Lezergué, et de Gillette du Plessix, sœur de Françoise, femme de René S. de la Marche, et mère de Renée de la Marche, femme d'Aufray du Chastel, S. de Mezle et de Châteaugal.

Marie-Josèphe de Kerempuil se remaria l'an 1653, avec messire Pierre du Disquay, chevalier, S. de Kervent, du Plessis, de la Villeneuve, du Stang, et fils aisné de messire Claude du Disquay, S. de Botilio, conseiller du Roi en ses conseils, président au siège présidial de Quimper, et de dame Françoise de Lésodevez, sa première femme. Elle en a des enfans. »

V.

AVEUX ET DÉNOMBREMENT (1).

15 août 1462. *Minu* du rachat de feu Pierre Saisi, décebdé environ le moys de may l'an mil quatre cent sexante ung, escheu par led. deceix dud. feu Pierres au fié lige et proche de Kerahès, que Pierre Saisi, fils aisné et principal hérittier noble dudit deffunct, rend et baille à Alain Pinart, lieutenant et commis de Paul Pinart, receveur dud. lieu de Kerahès, pour en faire la levée des héritaiges dud. deffunct, pour l'an du rachat; scavoir est le manoir de Kerampuill, o ses jardrins, boys et embellissements. Item un grant parc contenant environ seix journaulx de terre, ou y a gaignerie d'avoine et seigle. — Item ung aultre parc d'aultre costé du chemin, contenant environ cinq journaulx de terre. — Item ung aultre parc aboutissant au parc où est lad. avoine, contenant environ six journaulx de terre. — Item ung petit parc, contenant environ trois journaulx de terre, estant d'aultre costé dud. chemin, par devers l'ostel du Dresnay. — Item un grant parc jouxte l'ostel dud. manoir, par devers Perzivien contenant environ dix arpens de terre. — Item ung aultre parc on y a à présent fromant et seigle, au devant de la porte dud. lieu, contenant environ cinq journaulx de terre. — Item

(1) Archives de Kerampuil, et archives de Nantes.

ung aultre parc, nommé parc aux pommes contenant trois journaulx de terre. — Item ung grant parc contenant environ vingt arpens de terre, estant près le pré dud. lieu. — Item le pré de jouxte dudit parc : — quieulx et chacune pièces de terre ont esté et furent priséz et estimez valoir par Pierre Tuovenel Lieutenant de la cour dud. lieu de Kerahès, et commis à l'affaire, la somme de quinze livres monnaie ; quelle chose ledit Pierres Saisi a recogneu et confessé, recognoit et confesse tenir à foy et à rachat, et jamais ne venir encontre sur l'obligation de touz ses biens et par son serment. Donné soubz le scel establi aux contractz de la cour dud. lieu de Kerahès le XVᵉ jour d'aougst, l'an mil IIIIᶜ sexante deux (1462).

Signé : du Rest, passe. — G. du Dresnay, passe. (Arch. Nantes. — Kerampuil — orig. parch.).

1517. — C'est le *mynu* des héritaiges, terres et rentes, desquieulx descéda possesseur et saesy feu noble escuyer Pierres de Keranpuill, en son temps sᵍʳ dud. lieu, baillé par Jehan de Keranpuill, filz aisné, principal hérittier et noble dud. feu Pierres, à Regnault le Bertault, monsieur le recepveur ordinaire de la cour de Kerahès, pour en faire la cuillette des levées d'icelle et rentes, pour l'an du rachapt escheu ès mains du Roy Duc, notre souverain seigneur, par le déceix dud. feu Pierres de Keranpuill advenu puis le moys de may, l'an mil cinq centz dix sept.

Et premier :

Le manoir de Keranpuil, o toutes et chacune ses yssues et appartenances, estant à présent à tiltre de mettairie, valant par chacun an la somme de XII livres ;

Item ung parc et piecze de pré, estant ès mettes du manoir de Kerguen, que tiennent dud. Keranpuill les veuffves Bertram et Jehan Bogar, à tiltre de convenant, pour en poyer par chacun an la somme de XX sols.

Item une aultre piecze de terre, estant ès mettes du manoir de Kerléon, que tiennent dud. Keranpuill Yvon le Marchadour et Mahé le Jocze à tiltre de ferme, pour luy en poyer par chacun an la somme de XXV sols.

Item ung aultre parc estant entre la ville de Kerahès et le village et manoir de Kerénor, que tient à présent à ferme Yvon Beaucours pour en payer pour chacun an XXX sols.

Item ung aultre parc et piecze de terre estant joignant led. parc que tient led. Beaucours, que tiennent à ferme Yvon Glézoan et Yvon le Stanc, pour en poyer par chacun an XXX sols.

Item ung aultre parc et piecze de terre, vers led. village de Kerénor que tient Jehan Hamon, dict Buliffault, à tiltre de ferme, pour en poyer par chacun an XXII sols VI den.

Item ung aultre (parc) et piecze de terre, estant vers led. village et lad. ville, que tient Anthoine Guillaume, à tiltre de ferme, pour en poyer par chacun an la somme de XX sols.

Item ung aultre parc et piecze de terre, que tient Guillaume Tudual pour en poyer par chacun an la somme de XX sols.

Item trois aultres parcs et piecze de terre, que tiennent divers fermiers, pour en poyer par chacun an XXXVIII sols VI den.

Item ung aultre parc et piecze de terre, estant ès apartenances du manoir de Kerven, que tient dud. de Keranpuill à tiltre de ferme Henri Pennec, pour en poyer par chacun an XX sols.

Protestant led. Jehan de Keranpuill, par aultant qu'il auroit obmis quelque chose à meptre ou dit mynu, de croistre et meptre en iceluy lors ce luy vienne a congnoissance et lad. obmission ne luy puisse préjudicier.

Signé : DE KERANPUILL, voir est passe, — DE KERGORVO, passe.

(Arch. Nantes. — Kerampuil — orig. parch.).

vangille en la chapelle de Nostre-Damme en lad. église, tombe enlevée en la chapelle de Notre-Damme, avecques escabeau et escoudouer, avecques tombes basses et garantz d'icelles ; ès églises de Sainct-Quigeau et Sainte-Barbe, sittuées ès forsbourg de lad. ville, armes, armoyries, tombes, enfeux et escabeaux ; et en l'église de la Madalaine, en lad. paroesse, du costé de l'évangille d'icelle a une vitre armoyée de ses armes.

Item a court et juridiction tant de ses terres que des terres de sa compaigne pour eulx et sur leurs hommes, ainsi que les aultres nobles du quartier, et les justicier par leurs officiers en leurs dites courtz, lorsque délict se y trouve. Oultre a lad. damoyselle armes et intersignes de noblesse en la principalle et maistresse vitre en l'église de Locarn en ladite juridiction, tombes, enffeux et escabeaux en lad. église.

Donné thémoin le séel estably aux contractz de notre dicte court ainsix mys. Ce fut fait ou dit manoir de Keranpuil, le vignt-ungniesme jour de juign, l'an mil cinq centz quarante deux.

Signé : L. Euzenou, passe. — J. Hoste, passe.

(Acte sur parch. — très détaillé, 9 pages in-folio — Nantes.)

27 août 1641. — C'est l'adveu et desnombrement des terres et héritages, rentes et revenues que fournist et prête à nosseigneurs les gens des comptes du roy en ce pays et duché de Bretaigne suivant les arrests donnés en la chambre des comptes, et y obéissant, mre Allain Euzeno, seigneur de Kersallaün, le Cozquer, etc., curateur des enfans mineurs de feu escuier Pierre de Kerampuil, vivant sieur dudit lieu Goasanvot, Kerven, Kerléon, et Kergorvo, conseiller du roy, et son sénéchal à Kerhais, qui fils aisné héritier principal et noble estoict de deffunct autre escuyer Henry de Kerampuil

VUE INTÉRIEURE DE LA CHAPELLE DE KERAMPUIL
Rebâtie en 1842

21 juin 1542. — Ensuilt la déclaration que noble escuyer Jehan de Keranpuil et damoyselle Marye de Kerprigent, sa femme et compagne épouze, sieur et dame de Keranpuil et de Goesanvot, tiennent prochement et noblement à foy, hommage, rachapt, rentes et lauds, quand le cas advient, sous Mgr le Daulphin, notre souverain seigneur, duc de ce pays et duché de Bretagne en sa juridiction de Kerahès, à eulx escheuz tant par la succession de feu noble escuyer Pierres de Keranpuil, père dud. présent seigneur, mort et décebdé puix vignt cinq ans derroins, que par la succession de feu noble escuyer Yvon de Kerprigent, en son temps sgr de Goezanvot, père d'icelle damoyselle pareillement décédé puix vignt ans derroins.

1. Le manoir et lieu noble de Keranpuil, maisons, porte, chapelle, vergers, jardrins, courtilz, aire, estable, pourprins, métaeryes, boys de haulte fustaille, rabines, prés, parcs et piéczes de terre de ses apartenances, garaines et faulx à conyns, contenant en tout environ cinquante journaulx de terre chaude, et les prairies portantz par communes années dix-sept charretées de foein; quieulx manoir, lieu noble et métairie et terres de ses apartenances sont à présent nulle-ment arrantés et peuvent valoir par an, quicte de réparation, environ X livres.

2. Item le manoir et lieu noble estant et sittué au vilaige de Perzivien, en la paroesse de Plockaer, ouquel demeurent à présent Pierre le Franc et ses consortz à tiltre de métaerie et convenant sous ledit de Keranpuil, pour en poyer par chacun an, à chacune saint Mahé six mines fourmant, mesure de Kerahès.

(Suit la liste des maisons, terres, etc.)

Item congnoit led. Keranpuil avoir, luy et ses prédécesseurs, de tout temps immémorial tenir et posséder armes et intersignes de noblesse ès églises de Sainct-Trémeur, sittuée en la paroesse de Plockaer Kerahès, savoir du costé devers l'é-

vivant sieur dudit lieu, aussy conseiller du Roy et son procureur audict Kerhais, et par lesd. mineurs tenus noblement souls sa majesté à debvoir de foy hommaige et rachapt, lodes et vantes lorsque le cas advient en sa juridiction royalle de Kerhais, et pour cause desd. lieux manoirs et leurs appartenances cy apprès spécifiez avoir droict de moullin à vant avecq destroict de leurs hommes et subjects, establir receveur pour la cuïllette de leurs rentes, à tour de rolle, comme pareillement appartiennent auxdists mineurs de Kerampuil intersignes de leurs armes « *de gueulle à trois pigeons d'argent* » avecq les alliances de leur maison tant en l'églize tresvialle de Sainct-Quigeau, et chapelles de Sainte-Barbe et de la Magdelaine, avecq tombes enlevées, et autres enfeux à fleur de terre armoiées de leurs armes au cœur de Notre-Dame, en lad. églize de Sainct-Tromeur, comme aussy appartiennent audictz mineurs de Kerampuil droict de fuye et colombier pour retirer pigeons, estangs, rivière, garainnes, glappiers et faux à connins, lesd. lieux, rentes et revenus s'extandants ès parroesses de Plouguer-Kerhais, Trébrivan, Duault, tresves de Saint-Servais et de Quellen, evesché de Cornouaille, ainsin que s'ensuilt...........................

..... Et pour cauze dudit lieu de Kerven lesd. mineurs de Kerampuil ont privilége d'avoir leurs intersignes et armoiries : *d'argent avecq deux barres de gueulle en champ d'argent semé d'hermines,* tant en la principalle vittre de l'église de Saint-Trémeur que pareillement en l'église des Augustins au cœur de la N^re Dame, avecq leurs préminances et enfeuz que en la principalle vittre de ladite chapelle de Saint-Antoine à Kerhais...

Et à cause de lad. seigneurie de Goazanvot apartient auxd. mineurs de Kerampuil privilèges et intersignes et armoiryes : *d'azur avecq une croix d'or patée et quatre macles d'or* comme aussy leur apartient deux tombes et enfeux à fleur de terre dans l'églize tresvialle de Locarn, au devant du marchepied du maistre autel, au mitan des deux costés de l'espitre et de l'évangille.

Faict en la ville de Kerhais au tablier et estude des soubscripts notaires, avecq le seing dudit sieur déclarant et les nostres, avecq le sceau de lad. cour appozé le vingt septiesme jour d'aoust, mil seix cens quarante et un.

ALLAIN EUZENO.

J. BERTRAND noʳᵉ royal, PROVOST noʳᵉ royal.

(Arch. de la Loire-Inf. — B. Jⁿ de Carhaix, par. de Plouguer.)

VI.

JEANNE DE BEAUCOURS
BELLE-MÈRE DE JEAN I DE KERAMPUIL. 1506.

Chronique du mardi gras, 1505 (Revue de Bretagne et de Vendée, février 1857, p. 140). — M. A. DE LA BORDERIE.

« LOUIS, par la grâce de Dieu roi de France, duc de Bretagne, etc. à tous présents et à venir savoir faisons nous avoir recu l'humble supplication et requête à nous faite de la part des parents et amis consanguins de Guillaume de Beaucours, pouvre gentilhomme, juveigneur, natif des parties de Pouchaer (Poher), en l'évêché de Cornouaille, au pays et duché de Bretagne, contenant que comme il qui dès son jeune âge a servi, tant au pays de Nantes que autre part, signantement durant les derroines guerres, en état d'homme d'armes d'ordonnance, feu notre très cher et très-amé cousin et beau-père le duc François derroin décédé, que Dieu absolve, et ensuite notre très-chère et très-amée compagne la Reine, sa fille, duchesse dudit pays de Bretagne, et autrement en maintes bonnes et honnêtes manières ; — comme donc ledit de Beaucours fût allé, un peu avant Carême-prenant derroin passé ès parties de Cornouaille, pour aucunes ses affaires et

18

en intention de visiter ses parens et amis et avec eux faire bonne chère, étant, le jour de Carême-prenant à Rostrenen, s'avisa par joyeuseté, en intention de faire bonne chère, d'aller, ce jour-là, souper et coucher chez une sienne nièce, quelle étoit fille, chef et héritière de la maison dont il étoit natif et issu, et mêmement pour voir Nicolas Garric, (1) mari de sa dite nièce, depuis décédé (comme ci-après sera touché), lequel il avoit désir de voir et festoyer, comme son neveu et allié au moyen dudit mariage. Et avant de partir dudit Rostrenen, prit et acheta, pour porter o lui, un chapon de Cornouaille, vin, et autres vivres. Et lui, tenant chemin d'aller ainsi chez sa nièce, passant assez près de la maison d'un autre gentil-homme nommé Conan de Pontquellec, mari à présent de la belle-sœur dudit Beaucours, mère de sa dite nièce fut mu d'aller voir icelui du Pontquellec et sa femme, pour les saluer et visiter en bonne intention. En laquelle maison dudit Pont-quellec à son arrivée, il trouva d'aventure, entre autres, Nicolas Garric, mari de sa nièce ; dont et de quoi icelui Beaucours fut très joyeux.

Et comme ledit du Pontquellec, sa femme, Garric et autres, étant en icelle maison y fissent bonne chère, buvant ensemble par plusieurs fois les uns aux autres, pour s'entrefestoyer, comme parens, amis et alliés s'entr'aimans font volontiers signantement en celle saison qu'on dit Carême-prenant, il advint, entre autres devises et propos, que Garric dit à Beau-cours qu'il convenait qu'il baillât quelque somme d'argent pour aider au mariage de Marguerite de Beaucours, sa sœur. En l'endroit de quoi ledit Guillaume, juveigneur comme dit est, et qui jamais n'a eu aucun partage de la maison et succession de ses père et mère, de longtemps a décédés, dit et répondit qu'il lui aideroit volontiers, le mieux qu'il pourroit,

---

(1) Garic, sr de Troguern, par. de Trébeurden, montres de 1427 à 1481 : *d'argent au cœur de gueules, couronné d'or.* Une autre famille Garic, sr du Prat et de Lindrez en Plounevez-Moëdec — du Rondour, en Léon — du Bodoun, par. de Lanmeur, réf. et montres de 1427 à 1543 : *d'or à la fasce de gueules, acc. de trois coquilles de même.* (Arm. de Courcy.) Toutes deux familles anciennes. Nous ne savons à laquelle appartenait Nicolas Garic ?

combien que jamais il n'eut rien eu de ladite succession et que Garric eût et possédât le tout, à cause de son mariage avec sa nièce, dont il avoit honneur et grand avantage d'avoir eu et recouvré telle alliance ; et que que soit, paroles de tel effet, sans qu'il dit ni répondit paroles injurieuses. Toutefois Garric, ainsi qu'il sembla quelque peu audit Beaucours, commença à s'en malcontenter et passa sur ce propos, qui ne fut guères plus avant conduit ni parlé entre eux, comme chose que Beaucours ne réputoit que paroles de devise et de peu d'effet. Adonc continuèrent Garric, Beaucours et autres de ladite compagnie à s'entrefaire bonne chère comme devant : en telle manière qu'il fut dit et accordé entre Garric et Beaucours, en ensuivant la première entreprise de celui-ci, qu'ils iroient souper ensemble au manoir de Rochecleuz, environ une lieue et demie, où demeuroient Garric et sa femme (1).

Et eux deux, tirant à cheval droit à Rochecleuz, étant en une forêt sur le chemin et après eux assez éloigné le page de Guillaume de Beaucours, commença Garric à dire à Beaucours, en forme fière et comme dépiteux, *que s'il savoit que celui Guillaume s'avançat, quand ils seroient arrivés à Rochecleuz, de dire à sa nièce qu'elle n'étoit pas bien apparagée en mariage, ayant ledit Garric pour époux, il l'eut bien gardé d'y aller.* A quoi Beaucours répondit, en assez douces paroles, *qu'il ne vouloit ne entendoit faire ni dire aucun rapport à sa nièce qui ne fut honnête, mais qu'il pouvoit bien licitement aller à Rochecleuz, attendu que c'étoit l'un des manoirs et maisons de ses père et mère, et dont il étoit issu.*

Sur quoi Garric dit plus fièrement que devant *que non étoit, et qu'il seul en étoit le seigneur, Beaucours le voulût ou non ;* et en évaginant (dégaînant) une dague renversée en forme de malchus qu'il avoit au côté d'icelle, en celui instant, vint

(1) Ce manoir de Rochecleuz qui fut considérable, est en Peumeurit-Quintin : celui qu'habitait Conan de Pontquellec était celui des Isles, près Kergrist, une des principales seigneuries de la baronnie de Rostrenen, et dont il ne reste plus rien.

soudainement, tant par derrière que de côté, donner et frapper plusieurs grands coups et collées de taille et d'estoc audit suppliant, c'est-à-dire à Beaucours : tellement qu'il le blessa et lui fit sang, plaies et incisures en plusieurs endroits de son corps et de ses habillements, et entre autres lieux environ le cou, par derrière, une plaie de deux doigts de large, et sur la tête tellement qu'il lui coupa bonnet et chapeau, ainsi que encore assez en appièrent les cicatrices. Quoi voyant ledit de Beaucours, et que, ainsi qu'il croit, il eût été tué illec par Garric, ne fut qu'il donna des éperons à son cheval en haussant les bras pour recevoir et se contregarder des coups, lors tira, pour se défendre une moyenne dague qu'il avoit, et d'icelle, voyant les outrages et le mauvais courage d'icelui Garric lui rua et porta des coups, en manière que Garric se trouva aussi blessé en deux ou trois endroits et, entre autres, d'un coup environ le bas du ventre. Sur quoi dit Garric, bientôt après, qu'il étoit blessé, criant fort au Sire du Pont et de Rostrenen, auquel appartient la forêt (1), en disant qu'il étoit mort. Et à tant, déplaisant ledit de Beaucours de ce débat, il dit à Garric que c'étoit lui qui en étoit cause et provocateur, et lors s'entrepardonnèrent sur le lieu, l'un et chacun d'eux à l'autre. Et incontinent Garric tira chemin, criant à la force, droit à la maison d'un nommé Lanvaux, assez près d'illec, ledit suppliant (Beaucours) allant après lui pour savoir comme il était blessé, en intention de le faire panser. Et eux arrivés à ladite maison, disant encore et reprochant ledit de Beaucours comme passionné et très déplaisant, que c'étoit Garric qui avoit été cause et provocateur du débat, outre ce priant et requérant ledit Lanvaux de panser Garric de ses blessures, dit Garric enfin à Beaucours *qu'il lui pardonnoit*, et que que soit, paroles de tel effet. Et sur tant, ledit de Beaucours, constitué en peur et crainte que Garric mourût de ses blessures, et mêmement pour se faire panser des siennes à lui faites par Garric, desquelles issoit grande effusion de sang, se

---

(1) Forêt de Kergrist. — Le Sire du Pont et de Rostrenen était Jean III de Pont-l'Abbé, Baron de Rostrenen, et mari de Catherine de Brosse.

partit et absenta dudit lieu. Et fut averti dedans les deux ou trois jours d'illec prochains que Garric, après s'être confessé et avoir reçu ses devoirs d'église, étoit décédé dès le lendemain environ le vêpre, à cause desdites blessures ou d'aucunes d'icelles, par défaut de bou gouvernement, mauvais pansement, ou autrement. A l'occasion de quoi, ledit de Beaucours craignant d'être à celle occasion, pris et appréhendé par justice, s'est dès onques puis tenu et encore se tient fuitif, en très grand regret et déplaisir de ladite fortune, advenue inopinément, sans aucune haine ni malice préconçue de la part dudit de Beaucours vers ledit Garric, quel il aimoit bien affectueusement et ne cherchoit qu'à faire bonne chère, ce jour de Carême-prenant avec lui et sa femme ; Nous suppliant les parens et amis dudit de Beaucours, en ayant sur tout ce égard, mêmement qu'en tous ses autres faits il a été ci-devant de bon rest et gouvernement, lui impartir nos grâce, rémission et pardon dudit cas, très humblement le nous requérant... »

Les lettres de rémission furent sans peine accordées et scellées le 21 de février 1505 (1506, suivant notre manière actuelle de compter).

Jeanne de Beaucours, veuve de Garric, se remaria bientôt après, non pas comme le dit, tout à fait par erreur, M. de Courcy, dans son Armorial, à Gilles du Matz, maître d'hôtel du feu duc François II, mais à Yvon de Kerprigent, sgr de Goazanvot, près Locarn. C'est une autre Jeanne de Beaucours, dame du Brossay, d'une autre branche, qui épousa Gilles du Matz.

Nous voyons que la veuve de Garric avait, de son premier mariage, au moins une fille, dite Marie Garic, dame de Rochccleuz, dans un acte de partage des maisons de Rochecleuz et de Lopuen, passé entre elle et escuier messire Jean de Kerampuil, seigneur dudit lieu et de Goazanvot, fils aîné, héritier principal et noble de deffuncte damoiselle Marie de Kerprigent, sa mère, dabté le 19e jour de septembre, l'an 1556.

De son second mariage avec Yvon de Kerprigent, s^{gr} de Goazanvot, Jeanne de Beaucours eut deux filles : Marie, héritière principale et noble, femme de noble écuyer Jan de Kerampuil, le 25 septembre 1526, et Madeleine, mariée à écuyer Gilles Euzenou, s^r de Blezrun.

M. de Courcy n'a pas donné les armes de Beaucours. Cette très ancienne famille avait dû avoir une héritière de sa branche aînée, entrée dans l'illustre maison de Malestroit, parce qu'au temps de Jeanne de Beaucours, c'étaient les Malestroit qui occupaient le romantique manoir de Beaucours, près Saint-Nicolas, plus tard possédé par les Loz qui en ajoutèrent le nom au leur (1), en 1785.

Nous avons ici présenté ce vieux et piquant récit, qu'a découvert et publié M. de la Borderie, parce que Jeanne de Beaucours, à cause de laquelle eut lieu la querelle et le meurtre, est une des aïeules de tous les membres actuels de Saisy de Kerampuil.

VII.

TESTAMENT *de missire* GILLES DE KERAMPUIL *sieur* DU BIGODOU, *Chanoine de Kerahès, Recteur de Cletguen, Motreff et Tréaugan.*

(Cartulaire de Bonne-Nouvelle.)
(Archives départementales d'Ille-et-Vilaine, 1, H 5, n° 8.)

24 septembre 1578.

Au nom du Père, du Fils et du Sainct Esprict, noble et vénérable personne missire Gilles de Kerampuil, sieur de Bigodou, Recteur des paroisses de Cletguen, Motreff et Tréaugan, chanoine en l'église collégialle de monsieur Sainct

---

(1) Aujourd'hui au comte de Boisboissel, leur héritier.

Photogr. de M. le Chanoine Abgrall.

ÉGLISE DE CLÉDEN-POHER (Finistère)
(XVIᵉ siècle)

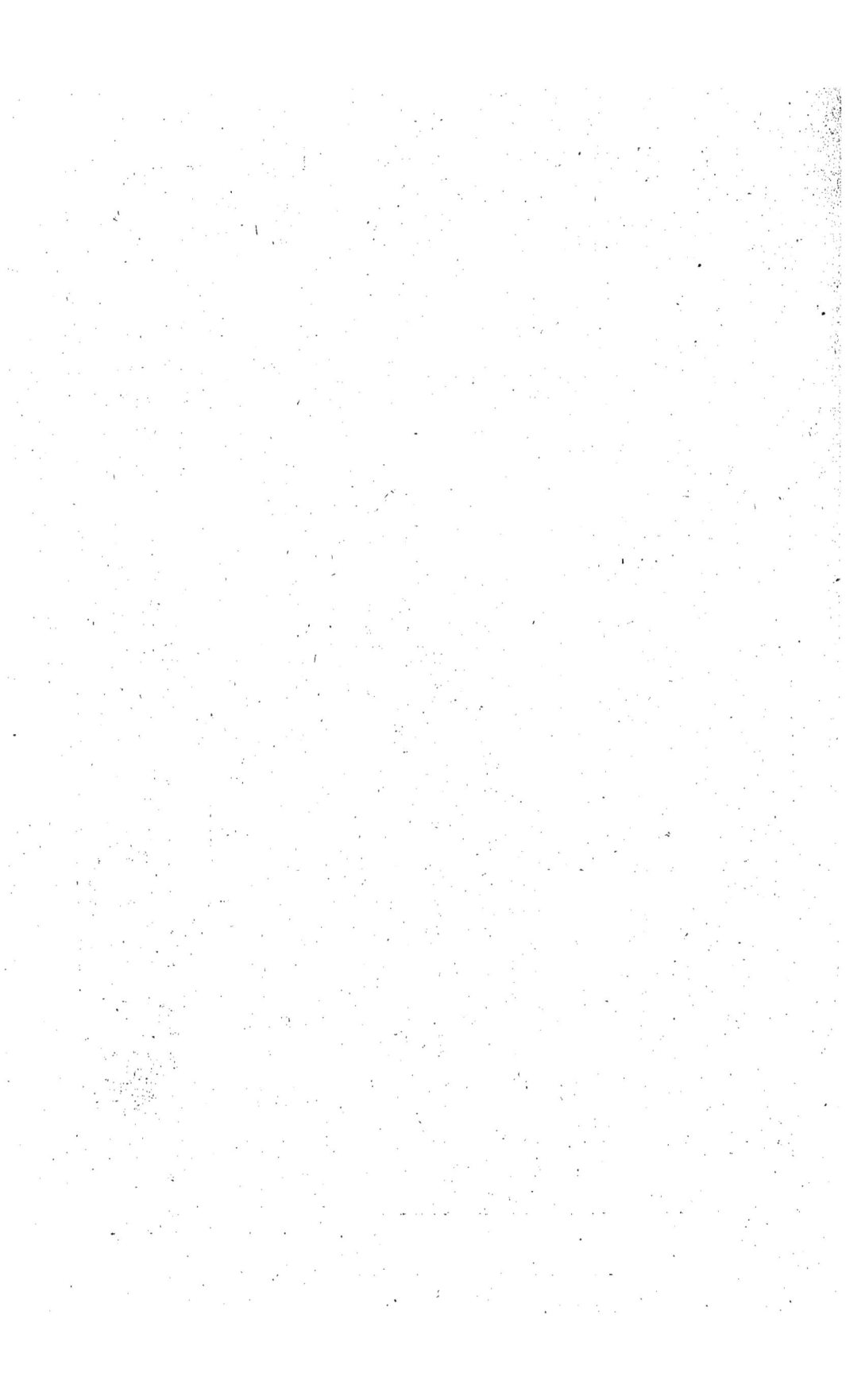

Trémeur en la ville de Kerahès (1), gissant au lict malade, et
se sentant en extrémitté de vye, touttefoys sain et dispos
d'esprict et d'entendement, en la maison de Guillaume Harant,
en la ville de Rennes, vys à vys de l'église Sainct George,
voullant disposer au salut de son âme, de ses affaires et biens
mondains, en dernière volonté a ordonné, statué et légué les
choses cy apprès en forme de testament et codicille, suplyant
et requérant les exécuteurs que commettra à l'exécution du
présant testament à accomplir et exécutter de poinct en aultre
toutz et chacunes les articles que ensuivent, apprès qu'il s'est
soubzmis et par cestes autent que besoign en la court de
Kerahès, la prorogeante sur luy et ses biens.

Premièrement apprès avoyr recommandé son âme à Dieu
et désirant pourvoyr de son corps, a ordonné son dict corps
estre ensepvely, inhumé et enterré au couvant de Notre-Dame
de Bonne nouvelle, devant le grand-autel de Notre-Dame, en
ceste dicte ville de Rennes (2).

Que le jour de son enterrement ungn grand servicze sera
faict avecques une grande maisse chantée à haulte voix, Vigilles
et recommandaison des morts en ladicte esglise, les religieulx
de touts les couvantz de ceste ville assemblés et pour cest
effect a ordonné leur estre baillé, scavoyr, à chacun des
religieux dudict couvant de Bonne nouvelle dix soulz tournoys,

(1) Carhaix (Finistère); Cléden, Motreff, canton de Carhaix; Tréaugan, canton de
Maël-Carhaix.

(2) Le couvent de Bonne-Nouvelle était le plus célèbre de ceux de l'ancienne ville
de Rennes. Jean IV le Conquérant, duc de Bretagne, l'avait fondé en souvenir de sa
victoire d'Auray, et posa la première pierre de la chapelle, le 2 février 1368.
Tout autour, dit Ogée, se groupèrent la maison conventuelle et la grande église, dite
des Jacobins, dont les ruines sont encore debout aujourd'hui, et sont transformées
en magasin militaire. Les ducs de Bretagne, Jean IV, Jean V, Pierre II et Françoise
d'Amboise, François Ier, Arthur de Richemont, François II et Anne de Bretagne,
eurent une grande dévotion à Notre-Dame de Bonne-Nouvelle, et comblèrent de
dons ce couvent dont les religieux étaient des Dominicains. La chapelle, dite du Vœu,
était au flanc nord de l'église et communiquait avec celle-ci par trois voûtes actuellement bouchées.
Les cendres de Gilles de Kerampuil sont-elles encore à la place qu'indique le
testament?...

et à chacun des aultres religieulx cinq soulz tournoys, ce qu'il ordonne estre paraillement faict le jour et an dudict enterrement, et parraille some à ceste fin leur estre baillée à chacun desquelz jours d'enterrement et jour et an sera baillé et donné à cent reáulment (réellement) pauvres et mendians dudit Rennes, à chacun troys soulz tournoys ;

Et ungn obit et servicze avecques une maisse haulte, Vigilles et recommandations des mortz estre solemnement toutz les jours dictes devant ledict autel de Notre-Dame par cincq presbtres religieulx dud. couvant de Bonne nouvelle, depuix le jour de son trépas jusques au boult de l'an, en commémoration des cincq playes de Nostre-Seigneur, et à ceste fin a ordonné estre baillé à chacun desd. religieux la some de vignt cincq livres tournoys.

Oultre dix livres tournoys de rante estre poyés par chacun an à perpétuité aud. couvant de Notre-Dame de Bonne nouvelle, à la charge de dire une maisse haulte chacun an à mesme jour qu'il décebdera, à douze p[bres] religieulx devant ledict aultel de Notre-Dame avecq les Vigilles et recommandations des mortz sur le liéu où son corps aura esté enterré. Et pour assurance les a affecté et hypothecqué sur moictyé de pré appelé Prat an Pennezlech par luy acquise de Moricze le Louarn, de Leffraysay, de Cléguen, évesché de Cornouaille, pour la some dé cent livres monnoye, et deux parcz estantz aux appartenances de Kergonnan aud. Cletguen, par luy acquis de Thomas Nédellec, pour la some de cent livres monnoye, lesquels parcz demeureront paraillement hypothecqués au poyement des vignt cincq livres a une fois poyés qu'il doibt sur l'un d'yceulx à Mahé Le Falcher de Kerlandram, audict Cletguen, et trante cincq livres à Pierre Paccolou, dud. Kerconnan aud. Cletguen, et au cas que les dictes terres ne seroinct trouvez suffizantes au poyement de lad. somme de dix livres affecte, oblige et ypothecque toutz et chacun ses biens meubles après les lègues cy dessus et raportés en cestes, et ce en commémoration des douze appostres.

Si ordonne ungn grand servicze estre faict au jour de la Toussaintz prochaine venante, et ungne grànde maisse estre dicte avecques les Vigilles des mortz en l'église de monsieur Sainct Trémeur, à Kerahès (1), devant l'autel de Notre-Dame et sur les enfeuz de Kerampuil, toutz les presbtres de lad. ville de la paroisse assamblés, à chacun desquelz sera poyé cincq soulz tournoys.

Et au jour et an de son trépas parraille servicze avecq les semblables solempnités estre faictes aud. Sainct Trémeur, et parraille somme estre poyée à chacun desdictz presbtres, que a chacun de cent réaulmcnt pauvres de la dicte ville de Kerahès audict jour de Toussaintz prochain que se fera ledict servicze, deux soulz tournoys.

Que toutz ses meubles, coffres, lictz, et aultres qu'il a en la chambre sur la salle, en sa maison de Cletguen, soient baillez à l'ospital dudit Kerahès.

Toutz les meubles qu'il a en la chambre sur la cuysine en ladicte maison ordonne estre baillés à damoiselle Perrine de Kernéguès, dame de K...., sa niepze (2), accepté ungn coffre et bahut où est sa lingerie de lyt, et un coffre où sont ses habitz avecques lesd. lingeryes et habitz, laquelle lingerye sera deppartye tierzatim (par tiers) entre ses troys nyepces de Kerguydam et Kerampuil et Kerguen (3), *en cancelle* où sont ses habitz avecques lesd. lingeries *rapprouvez*.

Et lesd. habitz estantz aud. coffre long, une robe de cherge (serge) de Fleurance parramantée de velours, une robe d'esta-

(1) Collégiale dont il était chanoine.

(2) La seule sœur de Gilles de Kerampuil, Jeanne, avait épousé noble écuyer Henry de Kernéguès, fils d'Alain et de Catherine de Canaber.

(3) Les nièces dont parle Gilles de Kerampuil étaient, les deux premières, les filles de son frère aîné, Jean de Kerampuil, et de Susanne du Rufflay ; celle de Kervidam, Anne, mariée depuis le 7 mars 1575 à Hervé Loas, sr de Kervidam (en Glomel) ; Jeanne de Kerampuil, non encore mariée, mais plus tard, en 1582, épousa Louis de Penlan, sr de Kermadehoaz, et lui apporta la seigneurie de Bigodou-Saint-Germain (près Morlaix), dont Gilles a porté le nom.

mine aussy parrammantée de velours, estre baillées à monsieur de Goazambot son frère (1)..

Ungn tapys estant au mesme coffre faict en broderye de Flandres estre baillé à monsieur de Kerampuil son frère, et une robe et une saye en forme de juppe de drap du seau (2) estre parraillement baillés aud. sieur de Kerampuil estantz audict coffre.

Ung ristre (ou riste, collet) de chairge (de serge) de fleurance paramenté de panne de soye, et ung aultre ristre long de drap noyr estre baillé audict sieur de Goazanbot, estantz audict mesme coffre.

Ungne harquepouze (arquebuze) toutte neuffve, faczon de Parys, estante en sa dicte maison de Cletguen, estre baillée aud. sieur de Goazambot, oultre ses livres de quelque impression qu'ilz soient estre renvoyés à la maison de Kerampuil pour estre baillés à son nepveu, Henry de Kerampuil (3).

De troys mullons de bled estantz sur son aire en sa dicte maison de Cletguen, ordonne l'un et le plus vieulx estre battu vandu, et l'argent provennant envoyé à Michel de Kerampuil son nepveu, pour son entretenement (4).

Le second estre parraillement battu et baillé en bled sec aux vroyement pauvres et mandians de ladicte parroisse de Cletguen, Kerahès, et Kergloff, scavoyr de la moictyé à Kerahès, et l'aultre moictyé aux deux aultres, et leur estre randuz en leurs maisons.

(1) Pierre de Kerampuil. son second frère, appelé M. de Goazambot, seigneurie en Locarn, apportée par leur mère, Marie de Kerprigent. Ce Pierre devint sᵍʳ de Brunolo, en Motreff, en épousant l'héritière, Anne du Bothon.

(2) D'Usseau, village de Languedoc où on fabrique ce drap (note de M. Saulnier).

(3) Henry de Kerampuil, fils aîné de son frère, Jean de Kerampuil, et de Susanne du Rufflay. Plus tard, en 1600, il épousa Jeanne Euzenou de Kersalaün. Il mourut en 1631.

(4) Michel de Kerampuil, sᵍʳ de Brunolo, fils de Pierre de Kerampuil, combattit pendant la Ligue avec les royaux, épousa Françoise de Botherel de Villegeffroy, et mourut en 1604, en Motreff.

Le tiers estre battu et vandu pour estre employé au poyement de ses obsecques et debtes.

Les bledz que sont en commun pour ceste année entre son curé et luy, dont luy advient pour sa part envyron soixante dix ou soixante douze somes, recourdz à l'acte d'entre eulx, ordonne estre employés à faire ses serviczes et satisfaction de ses debtes, exceptées cinquante deux livres monnoye qu'il a receue à valloyr sur le quartier de la my caresme dernière qui seront rabattuz.

Ungn bahut qu'il a envoyé au pays par le serviteur de Robert Boscher, dans lequel y a une robe de cherge (serge) de Limestre, une saye à long bas, et ungn ristre en drap du seau (d'Usseau) ordonne estre gardés et baillés à Michel de Kerampuil, son nepveu.

De ses chevaulx, le grison estre baillé à monsieur de Kerampuil, son frère, l'aultre à monsieur de Goazambot, son frère.

Les deux pistolets qu'il a à Cletguen estre baillés à monsieur de Launay Mordelles.

Deux chevaulx à haras, deux beuffs et deux vaches qu'il a en sa dicte maison de Cletguen estre vanduz et employés à la satisfaction de ses debtes et funérailles.

Ungne aultre vache qu'est paraillement à Cletguen appartient à sa niepcze de Kerampuil, et ordonne luy estre délivrée.

Trante douzaines de planches et les deux partz boys de chesne qu'il a à Cletguen, à la maison appartenante à la parroisse, ordonne estre randues à la Haye pour estre employé à la rédification dud. lieu, ensemble plusieurs pieczes de boys servantes à édificze estant sur la placze au bourg de Cletguen estre portés à ladicte fin audict la Haye (1).

Toutte la paille qu'il a sur son aire à Cletguen, et ungn mullon de fambroy, estre parraillement portés audict la Haye.

(1) La Haie-Louis, près Cléden, appartient aujourd'hui au comte A. Jégou du Laz, fils d'une arrière-nièce de Gilles de Kerampuil.

Pour le bois appelé boys Livilaines dont il a eu la coppe du sieur de Lyvinot pour unze livres, ordonne estre lessé à monsieur de Kerampuil, son frère, à la charge de poyer lad. some de unze livres, et en cas qu'il ne veuille prendre à ceste charge ordonne qu'il soict vandu pour satisfaire au poyement.

Parraillement le boys de la Haye-vreut dont il a heu la coppe de M. de Kerbiguet (1), pour cent livres, et dont il a vandu l'escorche à Bertrand Huet, de Kernéguès, et Guillaume Moëllou, du Ros, pour quarante livres, estre poyés à la Sainct Mahé prochaine vennante, entend qu'il demeure aud. sieur de Kerampuil, à la charge de poyer le surplus desdictz cent livres, et en cas qu'il ne le vueille prandre sera vandu pour la mesme satisfaction.

Toutte la filiacze qu'il a en ladicte parroisse de Cletguen ordonne estre distribuée à toutz les pauvres d'ycelle, à chacun deux livres.

Ungne piecze de toelle fine qu'il a à blanchir avecq la veuffve Labba, à Kergloff, contennant envyron cincq aulnes (2) ordonne estre distribué entre ses niepzes et Gillette Cocennec, scavoir : ungne moictyé à ladicte Cocennec, et l'aultre moictyé égallement entre ses troys nyepces de Kerampuil.

Et toutz les meubles tant charlictz, coettes, houstis, que aultres utensilles estantz en sa dicte maison de Cletguen, tant en la chambre derrière gallatas que ailleurs, ordonne estre baillés à l'ospital de Kerahès (3).

---

(1) M. de Kerbiguet était Michel Guégant, mari de Françoise Rouxeau, et père de Jean, qui épousa Françoise de Bresal. Kerbiguet était une belle demeure seigneuriale, située dans la par. de Gourin. Il en est parlé dans le guide Joanne, comme offrant de beaux restes, et des souvenirs d'une hospitalité très grande.

(2) Il y a certainement un chiffre oublié là, et précédant celui de cinq, ou bien faut-il lire cent pour cinq ?

(3) L'hôpital de Carhaix était alors celui de Sainte-Anne, dont la chapelle existe encore, fondé à la fin du quinzième siècle par messire Morice du Mené, personnage célèbre dans l'histoire de Bretagne, qui le fonda en expiation de méfaits de guerre. L'autre hôpital, celui des Augustines-Hospitalières, n'a été établi que bien longtemps après le temps où vivait Gilles de Kerampuil.

Toutte la vesselle d'estain en touttes especzes ainsin qu'elle est mercquée de sa merque que sont en nombre d'envyron troys douzaines, ordonne estre distribuée égallement entre Gillette Cocennec, Anne Cocennec, et Perrine de Kernéguès.

Troys charettes qu'il a audict Cletguen ordonne estre baillées scavoyr : le comun à Jan Guillou, du Rest, en Cletguen, lequel a esté son serviteur, le renforczé à monsieur de Kerampuil, et l'aultre qui est pour amasser l'aougst à monsieur de Goazanbot toutz leurs et telz ecquipages.

Ugne robe d'estamine noyr doublée de frize qu'il a en l'un de ses coffres en la chambre sur la cuysine commande estre baillée à Dom Henry Quilerou de Cletguen.

. Ungne aultre d'estame noyr parammentée de daftas qu'il a chez Richard Lauset, au bourg de Motreff, ordonne estre baillé à dom Allain le Louarn à présent se tenant à Rennes.

Une robe de mante bleue qu'il a ordonné estre baillée à Loys de Mordelles, qui est avecque me Yves Bigoignon, à Tréoret, en Motreff, pour luy faire une robe.

Oultre dict avoir ungn mémoire au coffre qu'il a envoyé au pays par le garson de Robert Bocher, suyvant lequel il a achepté à Monsieur de Blezrun les livres y mentionnés, et une voirrine qui sont aud. coffre, lesquelz il ordonne luy estre randuz.

Pour le regard de ses debtes cognoist et affirme debvoyr à monsieur de Kerampuil, son frère, la some de trois centz cincquante escuz.

A monsieur de Penanhech (1) cinquante escuz, fors houict escuz qu'il dict avoyr poyé pour son filz à son pédagogue à Paris.

---

(1) Monsieur de Penanhech qui habitait au manoir de Lalunec, en Poullaouën, était Guillaume Guynement, sr de Penanhech (en Maël-Carhaix), sénéchal et lieutenant de Carhaix, en 1562. Il fut marié à Hélène de Kergariou : leur fille, Jeanne Guynement, épousa messire Pierre le Moyne de Trévigny qui mourut en 1636, avant d'avoir possédé la seigneurie de Kergoët, dont sa mère, Anne de Perrien, mise de Trévigny, était l'héritière.

A monsieur de Kerleau (1) cincquante escuz, fors trante escuz qu'il dict avoir poyé tant pour la panssion que partyes de son filz à Paris, puix la my caresme dernière.

A madamoiselle de Keranclauff cognoit debvoyr soixante livres monnoye.

A Dom Guillaume Phelip de Leinhon, au Moustoir, trante livres.

Oultre cognoict debvoir à sire Robert Tredven par ungne instanze pour son particulier soixante livres, et par aultre instancze pour une robe de daftas qu'il print pour sa nyepcze de Kerampuil pour luy estre envoyé à Quinipyly cincquante livres, lesquelles sommes ordonne poyer sur son bien.

Et quant au proufit prouvennant du bail à ferme de la prébande de Carnoet comme entre luy et le sieur de Keraultem, luy quicte et délesse son intérestz, pourveu qu'il poye les charges d'ycelle.

Dict que entre le sieur de Blezrun (2) et luy il y a ungn compte et appurement par lequel il est demeuré redebvable audict sieur de Blezrun de quelque some de deniers, mais qu'il ne luy souvyent en combien..... veult et entend touttefoys qu'il soict poyé de telle some qu'il dira luy estre debue.

Les bledz qu'ils sont au grenier tant de ceste année que du reste de l'aoust dernier, et les bledz qu'il a baillé à renouveller, dont l'extraict est sur ungn dyal qu'il a en son armoire en sa dicte maison en la chambre sur cuysine à Cletguen, ordonne estre vanduz, et les derniers que proviendront employés à

(1) Monsieur de Kerleau était Arthur de Perrien qui avait épousé l'héritière de Boisgarin, en Spézet, Anne de Kerpérennès. Sa sœur, Marie de Perrien, était femme de Henry de Kernéguès, veuf de Jeanne de Kerampuil. Ils étaient enfants de Sylvestre de Perrien.

(2) Monsieur de Blezrun est noble et vénérable personne messire René Euzenou, chanoine de Cornouaille, cousin germain de Gilles, et nommé ci-après son exécuteur testamentaire. Il était fils de Gilles Euzenou, sr de Blezrun, et de Madeleine de Kerprigent, sœur de la mère de Gilles de Kerampuil.

Il mourut en 1590, date donnée par M. le chanoine Peyron, archiviste du diocèse de Quimper.

faire ses obsèques, poyer ses debtes et ses serviteurs et pour leurs agréables serviczes,

Scavoyr :

A Marye et Isabelle Tanguy, ses servantes, à chacune troys escuz; à Charles le Moel et Jan le Bourchis, ses serviteurs, chacun deux escuz; à Jehan Jouhan, l'un de ses serviteurs de l'Évesché de Sainct-Brieuc, houict escuz.

A monsieur de Broesse pour avoir assisté à ses derniers jours quatre escuz.

A Jehanne du Boys et Jehanne Even, servantes, pour leur paine de l'avoyr governé durant sa maladye, ordonne leur estre baillé ungn teston par jour oultre leur despance à touttes deux, à valloyr en quoy il leur a baillé ungn escu pistole.

Plus dict avoyr receu de monsieur de Plouec (1) aupparavant le commanczement du voyaige qu'il a faict dernièrement à Paris, la some de cent escuz pour debvoyr estre employés en ungn cheval à Monsieur du Brignou, que n'a touttefoys achepté auquel sieur de Plouec il ordonne estre restitué la dicte some de cent escuz, sauff à y rabastre la somme de cincq escuz et demy qu'il auroict baillé au serviteur dudict sieur de Plouec pour faire sa despance se retournant dudict Paris, et paraille some de cinq escuz et demy pour la despance qu'il fict audict serviteur allant audict Paris.

Iceluy cognoit devoyr en cause de prest à Me Yves Baëllec, de la paroisse de Pleyber-Crist, en Léon, la some de cinquante escuz que ordonne paraillement luy estre restituée.

A sire Sébastien Nyvel, marchant libraire de la ville de Parys, demeurant en l'enseigne des Cigoignes, en la rue

(1) Monsieur de Plouec était Vincent de Plœuc, IIIe du nom, sgr du Timeur, du Breignou, du Plessis, de Kervégant, etc., chevalier de l'ordre du Roi, et capitaine du ban et arrière-ban de l'évêché de Léon, fils de h. et pt Charles de Plœuc, sgr du Tymeur. Il assista aux États de 1575. Il mourut en 1598. Monsieur du Brignou, Sébastien de Plœuc, son fils ainé, épousa Marie de Rieux, fille du marquis de Sourdéac.

Sainct Jacques, la some de vingt deux livres dix soulz tournoys pour certains livres acheptés de luy.

A Me Yves Bénéat de la treuffve de Botmel, parroisse de Plusquellec, pédagogue des enffentz de messieurs le bailly de Kerahès, et de monsieur de Bourgerel, la some de vingt deux escuz.

A Me Jan Prigeant, pédagogue de Francoys le Bihan, de Kerahès, la some de unze escuz.

A Me Pierre Yvon, garde seau de Kemper Corentin, pour un parrachèvement de compte comme apparestra par une lettre que le dict sieur de Bigodou a de luy estante en son armoire en la chambre sur ladicte cuysine, la some de deux centz quatre vigntz livres tournoys.

Et pour autre instance audict Yvon, doict par avoyr receu de luy la some de vignt cincq escuz pour expédyer ungn estat de nottaire par résignation pour ungn sien amy appellé Guel-lenthoyr, dont les mémoires ensaignementz et procurations sont par devers le secrettaire Morin, et pour ce que la court partoict de Parys, et que ledict sieur secrettaire Morin ne faisoict diligencze, n'a peu attaindre expédier lesdictes lettres, ne poyer ladicte somme.

Davantaige en considération que dom Allain le Louarn, pbrestre, l'auroict soigneusement goverlné durant la présante maladye jusques à son trépas, en cas d'icelluy ordonne estre baillé et délivré audict le Louarn ungn ristre, ungne paire de chausses, ungn saye et ungn pourpoinct que ledict sieur de Bigodou a à présant avecques luy.

De ses pourceaux estantz en sa maison de Cletguen dont y a trois de deux ans et cincq du moys d'aupril dernier, ordonne ungne cochonne dudict moys d'aupril estre baillé à Monsieur de la Tour, Séneschal de Chateauneuff, Uhelgoët et Landeleau (1).

(1) Charles de Kerguen, sr de la Tour, sénéchal de Chateauneuf, épousa plus tard Jeanne de Kersandy, laquelle était veuve de noble écuyer Louis Euzenou, sr de Kersalaün, et mère de Jeanne Euzenou qui épousa, en 1600, Henry Ier de Kerampuil, neveu de Gilles.

Le reste vanduz pour poyer ses debtes.

Dict avoyr en sa maison de Cletguen ungn obligé sur Jan Rostrenen, dict Bornye, du bourg de Landellau, de la some de quinze livres monnoye dont cognoissant estre bien et loyaulment poyé par ledict Rostrenen le quicte.

Davantaige dict et déclaire quitter, et par cestes le faict, nobles hommes Me Jan de Kerampuil, son frère aisné, de toutes actions de partaige tant des successions directtes collatéralles que aultres actions que luy eust peu et pourroict diriger, intanter et poursuyvre générallement et enthièrement.

Cognoit et confesse estre bien poyé et satisfaict par Me Jan le Michen, et Moricze Cormellec, de touttes les fermes que pourroinct avoir eu de luy de la cure et droitz rectoriaulx de la paroisse de Motreff, et les quicte par cestes générallement et aussy de touttes aultres actions et demandes que leur pourroict faire.

Et paraillement quicte Monsieur de Bronolou (1), de touttes demandes que luy pourroict faire tant en argent presté que aultrement.

Comme aussy faict et quicte dom André Lanezval, du village de Trimiliau, en Cletguen, de touttes fermes et aultres choses que pourroinct avoir entre eulx générallement et enthièrement, sauff à randre compte de la moictyé des fruictz luy debuz pour l'an présant des droictz rectoriaulx de la dicte paroisse de Cletguen.

Et pour meptre à exécution et enthyer accomplissement le présant testament et dernière volonté a comis, nomé et institué par cestes o tout pourvoyr recquis et pertinant Nobles homs Jan de Kerampuil, son frère aisné, sieur dud. lieu de Kerampuil, et noble et vénérable personne, missire Renné Euzennou, sieur de Blezrun.

---

(1) Loys du Bothon, sgr de Brunolou, dont la fille et unique héritière épousa Pierre de Kerampuil, frère de Gilles.

Tout ce que dessus faict et gré, juré, promis, obligé, renonczé, condampné en maire forme par la court de Kerahès, et par devant nous nottaires d'ycelle, soulz le signe dudit sieur de Bigodou, et de nous nottaires susdictz, Me Jan Cranec, nottaire royal de Chateauneuff du Fou, Mes Moricze Bahezre, sieur de Guercarn, et Me Guillaume Olymant (1), advocatz ayant adsisté à tout ce que dessus gré chez ledict Harrant, le vignt quatriesme jour de septembre, l'an mil V ctz soixante dix huict, ainsin signé en l'originall que garde Jan Quéré — Gilles de Kerampuil — M. Bahezre — G. Olymant — L. Pezron — J. Cranec — et J. Quéré.

J. Quéré.

VIII.

27 septembre 1605.

MONITOIRE *lancé par le chanoine* MOREAU *(2), pour Michel de Kerampuil, sgr de Brunolo.*

Joannes Moreau, in utroque jure licentiatus, canonicus et Officialis Corisopitensis, capellanis de Motreff, Ploeker, Kerahes, Plevyn et aliis nobis subditis, in Domino salutem. — Significavit nobis scutifer Michael Keranpuill, dominus temporalis de Brunolou, conquerens contra Egidium Hervé accusatum, quod autoritate curiæ de Kerahes ipse sit permissus et licentiatus ad impetrandum et fulminandum, seu impetrare et fulminare faciendum monitiones generales in

---

(1) Guillaume Olymant, qualifié noble écuyer, sr de Launay, épousa en 1585, damoiselle Catherine de Kernéguès, fille de Henry de Kernéguès, et de Marie de Perrien, sa seconde femme. A la prise de Carhaix, pendant la Ligue, il joua un grand rôle, et fut emmené prisonnier avec ses frères, à Quintin et Moncontour, et rançonné de 1500 écus.

(2) Original écrit et signé de lui, aux archives de Brunolo, à la Ctesse de Réals, au sujet du pillage de Brunolo pendant les guerres de la Ligue.

forma juris, quoad per testes informationem seu legitimam probationem de gestione et portatione cathapultæ super terris dicti conquerentis in pertinentiis et dependentiis sui dicti -manerii de Brunolou et aliarum ejus terrarum a dicto Herve accusato facta, juxta processun expeditum inter dictas partes in dicta curia die decima tertia mensis presentis decembris, his affixum.

Insuper significavit nobis dictus conquerens quod quidam malefactores, forsan sexus utriusque, Deum præ oculis non habentes, sed eorum salutis penitus obliti et imemores, quorum nomina et cognomina saltem probabiliter ignorat, et versus quos non potest habere informationem neque actionem dirigere, huic ab initio bellorum ultimorum in hac patria, literas, contractus, titulos, garantagia et diversa documenta literalia, obligationes, aptilationes? cheduas, papiros, firma, et diversa alia documenta; item diversa alia bona mobilia, ac domus utensilia, ex maneriis de Brunnolou et de Kerhedan, veluti libros et librorum volumina utriusque juris canonici et civilis, etiam et alios libros tam latinos quam gallicos; item arma bellica, culcitras, cubilia lignea operata, lodices, lingerias, veluti linteamina, mapas, mantilia, et alias lingerias, tapetas ad mensas, abacos, vasa argentea et stannea, arcas, fulcimenta verna, plancas et alia ligna, pelves ereas, diversa alia bona lignea, etiam et alia domus utensilia; item blada de diversis speciebus de suis granariis existentibus in dictis suis domibus, etiam et ex uno granario existente in capella de Sancta Barbara in cimiterio de Sancto Quigeau in dicta parrochia de Ploeker; item unam serram ad dominum des Planches aliquando mutuo datam; item unam petram molarem albam ex molendino dicti Brunolou fregerunt et circulum ferreum et cruces ferreas et alia ferramenta molendinorum dicti conquerentis et præfata bona supra mentionata et alia diversa ad conquerentem pertinentia ceperunt, secumque furtive tulerunt, negaverunt, negant et non revelant, nec restituunt, sive ad premissa facienda opem, vim, et consilium prebuerunt et prebent, in gravamen, prejudicium, dampnum ac interesse dicti conquerentis.

Quare vobis et vestrum singulis mandamus quatinus ex parte et autoritate nostris diligenter et canonicè moneatis primò, secundò, tertio, et quartò ex abundantia, omnes et singulas sexus utriusque personas de premissis scientes, videntes, audientes, intelligentes, et non revelantes, quas per presentes Nos monemus ut ipsæ et earum singulæ, ad seu infra octo dies proxime venturos a tempore presentis nostræ monitionis, eis factæ et notificatæ ex parte dicti conquerentis compareant in judicio coram judice competente, ad deponendum et dicendum, et ut dicant et deponant omne id et quidquid de premissis noverint, sciverint, audierint et intellexerint, et que noverint manifestent; alioquin nos ipsi, si in hoc defecerint, lapsisque dictis octo diebus, eas excommunicationem incursuras decernimus; non autem his comprehendimus neque comprehendere intendimus dictum Egidium Hervé accusatum, nec ejus consilium sine dolo et fraude, seu eos excepimus et exceptos esse volumus; nosque certificetis.

Datum Corisopiti die vigesima septima mensis septembris, anno Domini milesimo sexcentesimo tertio.

J. MOREAU, officialis.

(Sigil. official. Corisopit.). F. MAVYE, notarius.

TRADUCTION DU MONITOIRE (1).

Jean MOREAU, licencié en l'un et l'autre droit, chanoine et official de Quimper, aux chapelains de Motreff, de Plouguer, de Carhaix, de Plévin, et autres à nous soumis, salut dans le Seigneur.

---

(1) Traduction de M. l'abbé Le Mené, doyen du Chapitre, à Vannes.

Michel [de] Kerampuil, écuyer, seigneur temporel de Brunolou, plaignant contre Gilles Hervé accusé, nous a signifié
qu'il a obtenu de la cour de Carhaix permission et licence de
demander et de publier, ou de faire demander et publier des
monitoires généraux, suivant la forme du droit, afin d'informer et de constater légitimement par témoins le fait du
transport d'une catapulte (1) sur les terres dudit plaignant,
dans les appartenances et dépendances de son dit manoir de
Brunolou et de ses autres terres, accompli par ledit Hervé
accusé ; et ce conformément au procès expédié entre les
parties dans ladite cour le 13 du présent mois, et annexé
aux présentes.

En outre, ledit plaignant nous a signifié que des malfaiteurs,
peut-être des deux sexes, ayant perdu Dieu de vue et ayant
oublié complètement leur salut, dont les noms et surnoms
ne lui sont pas connus avec certitude, et contre lesquels il ne
peut ni faire information ni diriger une action, lui ont pris,
dès le commencement des dernières guerres de ce pays, des
lettres, des contrats, des titres, des garanties et divers documents écrits, des obligations, des acceptations, des billets,
des papiers, des fermes et divers autres renseignements ; de
même divers biens meubles et ustensiles domestiques des
manoirs de Brunolou et de Kerlédan, comme livres et volumes
de droit canon et de droit civil, des livres latins et français,
des armes de guerre, des couettes, des lits de bois travaillés,
des tentures, des lingeries comme nappes, essuie-mains et
autres linges, des tapis de tables, des bahuts, des vases
d'argent et d'étain, des coffres, des sièges, des planches et
autres bois, des bassins d'airain, et divers objets en bois
et ustensiles de la maison ; de plus des grains de diverses
sortes enlevés de ses greniers situés dans lesdites maisons,
et même d'un grenier existant dans la chapelle de Sainte-
Barbe, dans le cimetière de Saint-Quigeau, de ladite paroisse

(1) Machine de guerre à lancer des pierres.

de Plouguer ; de même une scie jadis prêtée à Monsieur des Planches, une meule en pierre blanche brisée dans son moulin de Brunolou, un cercle de fer, des croix de fer, et divers autres ferrements de ses moulins, enlevés ainsi que tous les biens mentionnés ci-dessus ; lesdits malfaiteurs les ont emportés furtivement et refusent de les rendre, de les restituer ou de les révéler, pendant que d'autres ont donné secours, force ou conseil pour commettre ces vols au préjudice, au tort, au dommage et au détriment du plaignant.

C'est pourquoi, nous vous mandons, et à chacun de vous, d'avertir soigneusement et canoniquement, de notre part et par notre autorité, une première, une seconde, une troisième, et une quatrième fois par surcroît, toutes et chacune des personnes, hommes ou femmes, qui ont su, vu, entendu ou connu quelques-uns de ces faits et qui ne les ont pas révélés, et nous-mêmes nous les avertissons par les présentes, d'avoir à comparaître en justice devant le juge compétent, dans les huit jours qui suivront immédiatement la publication et la notification de ce monitoire, afin de déposer et de dire tout ce qu'ils savent et connaissent et tout ce qu'ils ont su et connu des faits ci-dessus ; et s'ils n'obéissent pas et laissent passer les huit jours, nous déclarons qu'ils encourront l'excommunication ; nous ne comprenons point et ne voulons point comprendre dans cette sentence ledit Gilles Hervé accusé, ni son conseil légal et sincère, car nous les en avons exceptés et les exceptons. Vous nous enverrez un certificat de la publication.

Donné à Quimper le 27 septembre, l'an du Seigneur 1603.

J. MOREAU, official.

(Sceau.)

F. MAVYE, notaire.

IX.

EXTRAITS *d'enquêtes au sujet du procès entre haute et puissante Moricette de Goulaine, dame de Plœuc, et Françoise de Botherel, dame de Kerampuil, de Brunolo, au sujet des droits de la châlellenie de Kergorlay. — Où il est parlé du rôle joué pendant les guerres de la Ligue par Jean et Michel de Kerampuil.*

Archives de Brunolo (1).

4 juillet 1607.

« Le lundy vingt et sixiesme jour de juign, l'an mil six centz et dix, en l'auditoyre du lieu tribunal de la court de Kerahès, devant monsieur le lieutenant de la ditte court y condescendu exprès, sont comparuz damoiselle Françoise de Boterel, veuffve feu Michel de Kerampuil, escuier en son vivant sieur de Bronollou, tutrice des enfants d'elle et dudict feu de Kerampuil de leur mariaige, appelante et demanderesse en exécution d'arrest et commission de la court, par maistre Yves Quéré son procureur solicitteur, et maistre Jacques Geffroy présant affirmant par sermant estre venu exprès de Rennes, pour la solicittation du présant, faict d'une part, et dame Moricette de Goulaine, dame douarière de Plouec (2), tutrice des enfantz d'elle et de deffunct messire Vincent de Plouec, sieur dudict lieu de Plouec, inthimée et deffanderesse par maistre René Olimant, son procureur solliciteur, et noble maistre Valentin de la Bouessière, sieur de Kermarquer, luy affirme aussy par son sermant estre venu exprès de la ville de Rennes pour la suilte dudit présant faict d'aultre, et damoiselle Hélayne Olimant, veuffve de feu noble homme maistre Anthoyne du Rochcazre, vivant sieur de Penfeunteun

---

(1) Communiqué par la Ctesse de Réals. — Archives de Brunolo.

(2) De Plœuc. — Elle était fille de h^t et p^t Claude sire de Goulaine, et de Jeanne de Bouteville.

et maistre Michel Bihan, et Jan Férec, et ledict de la Bouessière faisant pour luy et pour Margueritte Lohou sa femme, et maistre Jan Lohou ; lequel Quéré pour ladicte de Boterel audict nom » etc.

Déposition de Guillaume Olymant.

« Ledict Olymant a dict que ledict feu Michel de Kerampuil sieur de Bronollou estoict à la prinse et ravaige de ceste ville.

A quoy ledict Quéré pour ladicte demanderesse dict protester d'injure disant que si ledict sieur de Bronolou se trouva à ladicte prinse, que ce fut plustost pour servir et faire plaisir aux habitants de ladite ville que pour leur nuire, et sur ce lesditz partyes ouyes ont esté receu à leur valloir et servir où et ainsin qu'elles voiront apartenir et informer ».

Interrogation de Louys du Drésit, de Jan Férec et de Pierre Lohou.

« Recorde scavoir ledict Pierrefort ne sçavoir au vray sy ledict feu sieur de Bronolou estoict à ladicte prinse de ceste ville ou non pour ce qu'il estoit plus long absant d'icelle, mais avoyr ouy par bruict commun qu'il y estoit. Ledict Pierre Lohou dépose que lors de la prinse de ceste ville, lorsque la maison dudict feu maistre Guillaume Lohou fust bruslée, il fust prins prinsonier par les gens de guerre et vid parmy lesdictz gentz de guerre ledict feu Michel de Kerampuil sieur de Bronollou et parla à luy. Ledict Férec dépose avoir ouy dire que ledict feu sieur de Bronollou estoict à laditte prinse, et que le feu sieur de la Tramblaye quy comandoict aux trouppes estoit faché contre luy d'aultant qu'il usoict de courtoysie en l'endroict de partye des habitantz de ceste dicte ville. Et ledict maistre Louys du Drésit recorde avoir ouy communément dire que ledict sieur de Bronollou estoit mal voulu du sieur capitaine de la Tramblaye à cause de la courtoysie qu'il usoit à l'endroict des habitantz de la ville.

Interrogation civille de dame Moricette de Goulaine, dame douairière de Plouec, intimée sur les faictz et articles de damoiselle Françoise de Botherel, dame douairière de Bronolou, aux quallités qu'elle procède appelante à laquelle a esté vacqué par nous Adrien Jacquelot, conseiller du Roy en sa court et parlement, et commissaire en ceste partye après avoir pris et receu le serment de ladicte dame de Plouec de dire vérité, ce qu'elle a promis et juré faire ayant pour adjoinct Gilles Mérault, huissier en ladicte court, les jour et an cy après.

Du quatriesme jour de juillet mil six cent sept.

Sur le premier article contenant faictz et articles sur lesquelz damoiselle Françoise de Botherel, dame douairière de Brunollo, comme elle procède appelante et demanderesse désire s'il plaist à la court faire interroger dame Moricette de Goulaine, dame douairière du Plouec, aussy en la qualitté qu'elle procède inthymée.

Et premier :

Qu'elle a bonne congnoissance comme dès l'an mil cinq cens soixante sept, messire Georges de la Trimouille, baron de Royan (1) fist transport à deffunct Louis de Bothon escuyer sieur de Brunollou, de tous les fieffs, jurisdiction, obéissance en tout, ferme droict généralement que audict sieur baron apartenoict à ceux de Kergorlay, aux parroisses de Motreff et Trémais en Plévin.

---

(1) Georges de la Trémoille, baron de Royan, avait épousé Anne de Laval, fille de Guy XVI de Laval qui mourut en mai 1531, et de Charlotte d'Aragon, princesse de Tarente. Guy XVI, comte de Laval, était descendant de Jean, sire de Gaël et de Montfort, qui devint comte de Laval sous le nom de Guy XIII et mourut à Rhodes, à son retour de Terre-Sainte, le 3 juillet 1435. Il avait épousé, en 1446, Anne, dame de Laval et de Vitré, à la condition de prendre les noms et armes de Laval, fils lui-même de Raoul IX, sire de Gaël, Montfort, Lohéac et la Rochebernard, et de Jeanne de Kergorlay : celle-ci mourut le 1er juin 1497. Elle était fille de Jean de Kergorlay, chevalier, et de Marie de Léon, fille d'Hervé vicomte de Léon, et petite-fille de Jean de Kergorlay, chevalier, seigneur de Kergorlay, mort en 1335, et de Jeanne de Rieux. (Abbé Guillotin de Corson.)
Ces détails généalogiques m'ont semblé très essentiels pour l'histoire du passé de la région, et montrent comment fut transmise des Kergorlay aux Laval et aux la Trémoille cette antique châtellenie de Kergorlay. ·

A dict qu'elle n'entend et nye que ledict du Bothon ait achepté aulcune chose dudict sieur baron de Royan, fors partie des convenans congéables dépendans de la baronnye de Kergorlay.

Sur le deuxiesme article contenant, que en conséquence dudict transport ledit du Bothon acquéreur auroict réuny ladicte féodalitté et jurisdiction à sa terre de Brunollou, scittuée en ladicte parroisse de Motreff, faict exercer tant de ladicte féodalité que jurisdiction par luy ses successeurs et officiers.

Dict n'avoir congnoissance que ledict du Bothon aict exercé ou faict exercer aucune jurisdiction en ladicte parroisse de Motreff, et que scil se connoict quelque tenue de jurisdiction seroict par usurpation.

Sur le troisiesme article contenant que ledict Louys du Bothon a pareillement présenté et expédié la menée de Kergorlay s'extendant en ladicte parroisse de Motreff aux plaidz généraulx de Kerahès et premier jour d'iceux.

Dict que ledit article est entièrement faux.

Sur le quatriesme article contenant, que entr'aultres expéditions de menée, il en auroict esté faict une de la part dudict du Bothon, le sixiesme jour de juillet, mil cinq cens soixante et dix, par deffunct maistre Henry Canaber, en qualitté de procureur fiscal de Kergorlay.

Est faict pareille dénégation, et dict que ledict article est faux.

Sur le cinquiesme article contenant, que ledict Canaber estoict gendre dudict du Bothon acquéreur pour avoir espousé damoiselle Françoise du Bothon sa fille.

Dict qu'elle pense que ledict article contient véritté.

Sur le sixiesme article contenant que ledict Canaber estoict procureur de Kergorlay réuny à Brunollou comme dict est soulz et par ledict du Bothon, et depuis icelluy Canaber a esté sennéchal de ladicte jurisdiction, suivant la provision que ledict du Bothon son beau frère luy en auroict faicte.

Dict n'avoir aulcune congnoissance du contenu audict article.

Sur le septiesme article contenant que ladicte menée a esté présentée plusieurs aultres fois soict durant le temps dudict du Bothon ou deffunct escuyer Michel de Keranpuil, mary de l'appellante, dont les registres et papiers de ladicte jurisdiction de Kerahès estoient chargez.

Dict ledict article estre enthièrement faux.

Sur le huictiesme article contenant que ladicte de Goullaine serment réitéré respond par sa part de paradis sy elle n'a pas veu les registres et papiers de ladicte jurisdiction de Kerahès, aux années soixante huict, et aultres suivantes, jusques au temps du présent procès qui faisoient mention de l'expédition de ladicte menée de Kergorlay, faicte de la part dudict du Bothon ses successeurs et officiers.

Ladicte dame ayant aprez avoir d'elle pris le serment suyvant le contenu audict article, et advertye de dire la véritté, a dict n'avoir jamais veu aucun papier ny actes faisant mention d'aucuns minuz présentez par ledict du Bothon, et que oncques l'on avoict entendu que les sieurs de Brunollou eussent prétendu aulcun droict de menée de Kergorlay, ny aultres, synon depuis la paix dernière que le mary de l'appellante l'auroict voullu troubler en sa paisible possession.

Sur le neuffiesme article contenant que lesdictz papiers et registres ont esté lacérez aux endroicts où il estoict parlé de ladicte menée, et que ladicte de Goulaine les a veu auparavant ladicte lacération et depuis.

Dénye le contenu audict article, et dict que oncques elle n'a veu lesdictz papiers.

Sur le dixiesme article contenant que ladicte de Goulaine

a bonne congnoissance de lad. lascération par qui elle fut faicte et en quel temps et qu'elle en respond.

Dict n'avoir aulcunne congnoissance du contenu audict article.

Sur le unziesme article contenant, que deffunt Pierre Ollimant estoit greffier d'office de lad. jurisdiction de Kerahès, et parreillement de la court et jurisdiction de Thymeur apartenante à ladicte de Goulaine audict nom.

Dict que led. article contient véritté.

Sur le douziesme article contenant que ledict Ollimant pendant les guerres dernières se seroict retiré dans lad. maison du Thimeur comme officier et domestique de lad. de Goulaine, y estoict logé luy et sa famille, et y tenoict tous ses biens, meubles, lettres et tiltres, et mesme les registres et papiers de ladicte jurisdiction de Kerahès.

Dict qu'il est véritable que après les ravages que les gens de guerre avoient faict en la ville de Kerahès entre lesquelz estoict le mary de l'appelante, ledict Ollimant fut mené prisonnier à Moncontour où il fut longuement retenu, et après son retour se retira au Thymeur (1), dit n'avoir congnoissance qu'il y eust faict porter aucuns meubles, lettres, ny tiltres, d'aultant qu'elle ne demeuroict audict lieu du Thymeur lors.

Sur le treziesme article contenant que ledict Pierre Ollimant seroict décédé en ladicte maison du Thymeur, et sesdictz meubles lettres et tiltres y estoient encore lors de son décès, mesme lesdictz registres et papiers de ladicte jurisdiction de Kerahès.

Dit avoir entendu que ledict Ollimant décéda audict lieu du Thymeur, et que lors de son décès, le sieur de Keranpuil procureur du Roy à Kerahès oncle du mary de l'appelante y estoict demeurant, et estoict *gentilhomme d'honneur*, et sy

---

(1) Le château du Tymeur, situé près Carhaix, en la paroisse de Poullaouën, était la résidence des seigneurs de Plœuc de la branche aînée.

homme de bien qu'il eust bien empesché que aulcun désordre eust esté commis pour raison des registres concernant lad. jurisdiction de Kerahès sy aulcunes eussent esté audict lieu, et aussy que les enffans dud. Ollimant majeurs y estoient qui auroient emporté les lettres et tiltres qui pouvoient apartenir à leur dict père sy aulcunes estoient, et qu'elle interrogée n'estoict aud. lieu.

Sur le quatorziesme article contenant que encores aujourd'huy maistre René Ollimant, frère dudict deffunct, et qui est procureur des causes en lad. jurisdiction de Kerahès, est conseil de ladicte de Goulaine en toutes ses causes, et son procureur fiscal à Thimeur.

Dict que ledict Ollimant y dénommé est son procureur fiscal au Thimeur et Kergorlay.

Sur le quinziesme article contenant, que maistre Michel Ollimant, fils dudict Pierre Ollimant, vivant greffier, est aujourd'huy greffier de ladicte jurisdiction du Thymeur appartenant à lad. de Goulaine.

Congnoist led. article estre véritable.

Sur le seiziesme articule contenant, tellemant que ladicte de Goulaine ne peult ignorer l'estat desdictz papiers et registres, ayant eu le moyen de les voir quand il luy a pleu.

Dict n'avoir jamais veu lesditz papiers et registres.

Sur le dixseptiesme article contenant que deffunct maistre Jan Lohou estoict greffier civil de Kerahès aux années mil cinq centz soixante sept, et aultres.

Dict n'avoir jamais congneu ledict Lohou, ny ouy dire qu'il eût esté greffier de Kerahès.

Sur le dixhuictiesme article contenant, que maistre Vallentin de la Bouexière a épouzé Marguerite Lohou, fille dudict greffier, lequel de la Bouexière est solliciteur de ladicte de Goulaine, en ce procès, et pareillement Jan Lohou, filz dud. greffier.

Dict congnoistre ledict de la Bouexière, et qu'il est marié avecq Marguerite Lohou, mais dénye qu'il soict son solliciteur bien dict qu'il l'assiste quelqueffois en ses affaires, et quand à Jan Lohou qu'il est demeurant au logix du sieur Bréal, procureur en la court.

Sur le dixneufiesme article contenant, tellement que lad. de Goulaine a par ce moyen tel crédict que bon luy semble de disposer des registres et papiers dudict deffunct Lohou.

Desnye ledict article et n'avoir jamais disposé ny veu les papiers dud. deffunt Lohou.

Sur le vingtiesme article contenant que le filz puisné de ladicte de Goulaine est gouverneur de la ville de Kerahès, et par ce moien a la force en la main, lequel prend le nom tiltre et qualité de baron de Kergorlay, et à ceste cause empesche que lad. appellante recouvre les actes qui luy donnent la pocession enthière dudict droict de menée.

Dict que durant la guerre il y avoict garnison en la ville de Kerahès, tantost d'un party, tantost de l'autre, qui ruinoient enthièrement le païs, et à ceste occasion la noblesse, et les habitans dud. Kerhais la prièrent de moienner vers les chefz des partiz qui estoient en ceste province que ladicte place de Kerhais demeurast en neutralicté, ce qu'elle obtint, et d'aultant qu'il se présentoict plusieurs qui désiroient estre gouverneurs dud. Kerhais, qui eussent aporté de l'incommoditté et de la despence au pays, lesdictz habitans la prièrent de leur prester le nom de son filz puisné qui estoict pour lors aagé de six ou sept ans, ce qu'elle leur accorda, mais n'a jamais esté audict Kerahais en qualicté de gouverneur ny n'a esté au pays, du depuis fors depuis six mois qu'il est revenu d'Italye.

Sur le vingt ungniesme article contenant que ladicte appelante oudict nom à cause dudict acquest est pareillement fondée aux prééminences d'église de ladicte parroisse de Motreff.

Dict que ledict article n'est véritable.

Sur le vingt deuxiesme article contenant que en consecquence dudict droit ledict deffunct du Bothon fist graver ses armes, et les armes partye de Kergorlay et Brunollou dans la baye du vitraige du grand autel de ladicte église, et dans la ceinture d'icelle par le dedans.

Dict qu'elle n'a congnoissance du contenu audict article, et que sy ledict du Bothon a faict graver quelques armes en ladicte église ç'a esté clandestinement.

Sur le vingt troisiesme article contenant : plus ledict du Bothon fist faire une cloture de cœur tout à neuff en ladicte église aussy armoyée tant en ladicte closture qu'au vitraige desdictes armes, my parties de Kergorlay et de Brunollou, et autres armes dudict Brunollou, tant simples que d'alliances d'autres maisons.

Dict n'avoir congnoissance du contenu aud. article et que ledict du Bothon né doibt porter les armes de Kergorlay n'en estant issu, qu'elle ne maintient point lesdicts droicts leur appartenir.

Sur le vingt quatriesme article contenant lesquelles armes et exploicts pocessoires ledict du Bothon auroict faict du vivant dudict sieur baron de Royan, et à sa congnoissance sans aucun empeschement de luy ny d'aultres qui ayent jamais prétendu d'interrestz.

Dict n'avoir oncques ouy parler du contenu aud. article.

Sur les vingt cinquiesme et vingt sixiesme articles contenantz, que pendant les troubles derniers, la maison de Brunollou fut surprise, et led. deffunct Louys du Bothon faict prisonnier, estant lors aagé de quatre vingtz dix ans, ranczonné de douze centz escus, et sa maison pillée et ravaigée tant en ses meubles joyaux, lettres et tiltres, et mesme la pluspart de ceux qui concernoient les acquests de Kergorlay et droictz d'icelluy.

Dict n'avoir congnoissance du contenu ausdictz articles.

Sur le vingt septiesme article contenant que les soldartz qui firent ladicte prinse et pillaige s'appelloient l'un Kergrom, et l'autre Kerahel, qui estoient des troupes des sieurs de Goulaine et du Faouët, où estoict ledict Kergrom, et complices de la garnison du Brignou, apartenant à ladicte de Goulaine à cause de sesdictz enfans.

Dict n'avoir congnoissance du contenu aud. article bien que la terre du Brignou luy apartient, en laquelle il n'y a eu garnison pendant les guerres dernières.

Sur le vingt huictiesme article contenant, que ladicte de Goulaine a encore aujourd'huy avecq elle pour solliciteur et domestique le frère dud. Kergrom, nommé Kergariou.

Dict que ledict sieur de Kergariou est à son filz le sieur de Pleuc, et a esté avec luy en Italye, et à la court, et n'est son solliciteur.

Sur le vingt neufviesme article contenant que, à cause de lad. prinse et pillaige, ledict du Bothon seroict décédé incontinant après, et que ledict deffunct mary de l'appellante auroict faict plaincte, faict informer et décréter en la jurisdiction de Kerahès incontinant les troubles finiz, desquels décretz lesdictz Kergrom et Kerahel se seroient portez appellans, et faict de ce parlement requeste au conseil en vertu des traictez du sieur de Goulaine.

Dict n'avoir congnoissance du contenu audict article, et ne s'en est enquise comme de chose qui ne luy touche.

Sur le trentiesme et dernier article contenant que, à cause des accidans cy dessus, l'appellante est demeurée spolyée d'une grande partie des actes et tiltres justifficatifz de sa possession pour ladicte menée, et toutefois c'est chose nottoire que l'appellante et ses autheurs ont tousjours continué ladicte pocession depuis le jour de leur contract jusques au présent procès.

Le surplus à la discrétion de Monsieur le commissaire. Ainsy signé — Françoise de Boterel, et F. Girard.

Dénye le contenu en icelluy.

Et sont les responces lesquelles luy leur a dict icellui contenir vérité, et a signé en la minutte.

JACQUELOT.

X.

CHARLES DE KERAMPUIL, DE LA HAYE, 1675.

Pour Madame
Madame de la Haye Kerempuil, religieuse hospitalière à l'hostel-dieu à Carhais, (en Basse-Bretagne) (1).

De Nostre-Dame des Vertus, ce 20e avril 1675.

MADAME,

Après que monsr vostre frère a achevé de son costé ce qui manquoit à la passion de Nostre Seigneur par des douleurs terribles, il a rendu son âme à son Créateur le 17e du mois à 5 heures après midy. Nous fismes le jour suivant son inhumation depuis huict heures jusques midy, avec trois grands messes célébrées par les supérieurs de la maison, et les autres offices et cérémonies que nous devions à son mérite ; toute la maison a tesmoigné de l'affliction dans sa mort, et elle en eust esté d'avantage touchée si elle n'eust receu de luy une grande édification et des marques authentiques d'une heureuse mort ; car il est mort après avoir vescu céans dans

---

(1) Est écrit sur la lettre originale :
Lettre qui marque la mort du frère de madame de la Haye de Kerampuil, religieuse aux Hospitalières.
Charles de Kerampuil, fils de Charles de Kerampuil, sr de la Haye, en Cléden, et de Louise de Kergrist. — Cette branche n'a eu que ces deux générations.

22

la pratique de la pénitence et de l'oraison dont il estoit grandement amateur principalement pandant ce st temps du caresme, et il semble que la divine providence l'a fait demeurer icy pour recevoir les suffrages et les assistances d'une sainte communauté, lorsqu'au milieu de ce saint temps il alloit faire le voyage du pays où il auroit couru risque d'une autre sorte de mort. On a fait un inventaire de toutes les hardes qu'il avoit, et moy je me suis déchargé des 6 louis d'or qu'il m'avoit laissé en despost entre les mains du R. Père Supérieur et de son vicaire, comme estant plus propres et plus intelligents pour faire les expéditions nécessaires que moi qui me contente du seul soin de prier Dieu pour son âme, après avoir eu le bonheur d'avoir de mon possible contribué à l'assister pandant sa maladie, et l'avoir suivy jusques au dernier soupir.

Mais je vous tesmoigne aussy, comme une personne indifférente et désintéressée, qu'il y a de grands frais, car tout ce qu'il peut avoir tant en argent qu'en d'autres choses valables n'est pas suffisant pour en payer la moitié, le médecin est venu d'une lieue tous les jours, le chirurgien ne s'en est presque point séparé mesme pendant la nuict, il a fallu que 2 frères de la maison le veillassent continuellement, et depuis qu'il est tombé dans le délire, il falloit lui changer 2 ou 3 fois le jour de draps dont il a gasté plus de 40 paires. Il doit presque un mois de sa pension, et a quantité de petites debtes. Je n'ay point eu de peine à persuader à ceux de la maison qu'ils ne perdroient rien, car l'estime qu'ils avoient pour luy le leur persuadoit assez.

Pour ce qui est du testamant ils envoyront une copie à monsr Falchier. J'ai fait scavoir sa maladie au R. Père Théophile, et sa mort. Si vous avez quelque chose à me dire ou demander en confiance, vous le pourrez si vous le voulez, je m'en acquitteray fidellement et selon Dieu, et vous en rendray compte lorsque j'iray en ce pays, ce qui sera bientost si Dieu ne m'appelle pour aller tenir compagnie à mon cher amy. Quelques jours devant sa maladie nous fusmes tous deux à Paris pour vous faire un cachest quy est encore chez le marchant, si vous voulez je vous l'envoiray. C'est un escu le prix.

C'est de la part, Madame, de vostre très humble et acquis serviteur,

Fra. Pierre pb^{re}.

XI.

DÉCLARATION et **DÉNOMBREMENT** de la seigneurie de Kerampuil, et des autres biens de messire Guillaume de Kerampuil. 31 août 1682.

Déclaration et dénombrement de la seigneurie de Querampuil, manoirs et mettairies nobles et autres terres et convenantz en dépendants que escuier Guillaume de Querampuil, seigneur de Léonville, tient et possède prochement et noblement du Roy nostre Sire, sous son domaine et recepte de Carhaix, laquelle led. seigneur fournist et présente au Roy devant messire François Martineaux, seigneur de Princé, conseiller du Roy, et maistre ord^{re} en sa Chambre des comptes de Bretaigne, à Nantes, commissaire députté pour la réformation du papier terrier et confrontation des domaines de Quimper-Corentin, Carhaix, Chasteaulin, Conquerneau, Chasteauneuff, Huelgoët et Landelleau, circonstances et dépendances, et messieurs les juges dud. Carhaix pour satisfaire aux ordonnances de messieurs les commissaires, leües et publiées aux prosnes des grandes messes des paroesses du ressort dud. Carhaix, consistants,

Sçavoir :

Le manoir et mettairie noble de Querempuil, contenant en fond soubs led. mannoir, galleries, cour close, jardin, verger, issues, le petit pré neuff, bois de haute fustaye de jouxte, et le vivier, douze cents vingtz cinq cordes, prat nevez contenant deux centz trente cinq cordes, prat bras cincq centz sept cordes, parc an forn trois cents trente et huict cordes, parc an mur cent trente huict cordes, parc lan contenant cent trante cordes, parc an groas bihan deux cents trante cordes, parc guellehen trois cents quarante huict cordes, parc goassech trois cents soix^te cordes, parc an groas bras quatre centz quarante et huict cordes, parc en goarem cinq cents trois cordes, deux parcs nommés parcou an Rousset, contenantz ensemble deux cents quatre vingts dix huict cordes, parc radennec cent soix^te et quinze cordes, parc créis deux cents cordes, parc an botspern cent quatre vingt huit cordes, deux parcs nommés parcou crechangarniel, contenants ensemble deux cents soix^te et dix neuff cordes, goarem an conniflet cent vingt neuff cordes, parc meur bras contenant cinq centz quatre vingtz dix neuff cordes, parc meur bihan contenant cinq centz cinquante cordes, led. (manoir) et ses dépendances cy devant spéciffyées, cerné du levant de terre tenue à domaine congéable par led. seigneur de Querampuil, du village de Persivien, du midi de terre de Poulriou, du couchant du grand chemin menant de Carhaix à Plévin, et du nord de chemin menant de Saint-Quigeau aud. Persivien ;

La mettairie noble située aud. Persivien, contenant soubs maisons, crèches, jardins, courtils, issues, cent soix^te et huict cordes, parc an mengleuff cent cinquante neuff cordes, parc radennec cent vingt cordes, parc forn contenant en fond cent trante une cordes, parc en poul dour cent soix^te cinq cordes, deux prés nommés an pratiguet, contenants ensemb. quatre vingtz six cordes, parc an prat bras quatre vingtz dix neuff cordes, parc an prat bihan soixante et dix ueuff cordes, parc an dréon contenant deux cents douze cordes, parc an menez bihan contenant cent vingt six cordes, parc mar cent traize cordes, deux parcs nommés parcou fortun, contenants deux centz quatre vingtz trois cordes, autre parc nommé an fortun, cent trante et neuff cordes, parc an cleuziou cent soix^te cordes,

deux prés nommés pradiguet an Bescom, contenants nonante
et cincq cordes, prat an Stanley deux centz quatre cordes et
demy, autre pré nommé prat Marie an hir, contenant cent
quatre vingt sept cordes et demy, prat an Chapel à Quer-
courtois vingt et neuff cordes et demy, et une portion d'un
parc nommé parc an Chapel, contenant vingt sept cordes,
cernés du levant de terre dépendant du village de Quer-
gaurant, du midy du chemin menant du grand chemin de
Plévin à Carhaix, du couchant et nord de terre de la mettairie
de Querbihan, lesd. mettairies à présent possédées par Augustin
le Bozec et Jan Clech, mettayers, en l'estendue et proche led.
manoir de Kerampuil est situé la garrin et faux à connils,
et a droit de colombier.

LES TERRES A DOMAINE CONGÉABLE SOUBS LADᵉ SEÏGNEURIE DE QUERAMPUIL.

Le convenant nommé le convenant du Moal, sittué aud.
Persivien, tenu à domaine congéable soubs la seigneurie
de Querampuil par Paul le Roux et consorts, pour en payer
par an par argent trois livres quatre sols tournois, trois
boisseaux froment, trois boisseaux avoine, une poule et les
corvées ordinaires, et un charois de vin, et quatre chapons,
contenant soubs maisons et terres chaudes quatorze journeaux,
et de terre fauchable et arrable soixᵗᵉ cordes.

Item une quarte partie du convenant des Queguen, sittué
aud. Persivien, tenue à domaine congéable soubs lad. seigneurie par Yves Lohou et consortz, pour en payer par
argent trante six sols tournois, trois boisseaux froment, trois
boisseaux avoine, quatre chapons et les corvées, justiffié par
la déclaration.

Autre convenant nommé le convenant du Framet, sittué
aud. Persivien, tenu aud. tiltre de domaine par Guillaume
Emarc et consortz pour en payer par argent la somme de
vingt huict sols, huict sommes de froment, deux sommes
et un boisseau advoine, deux chapons et les corvées, contenant
soubs fonds dix neuff journeaux un quart et deux cordes.

Déclare led. sieur qu'il luy est deub de rente feagère dessus deux pièces de terre nommées Parcou Tanguy, sittuez proche le village de Querampest, entre led. village et la maison et chapelle de monsieur de Sainct Antoine, la somme de quatre livres 15 sols par Guillaume Bocher et consortz, à présent possesseurs deśd. deux pièces de terre, ce qui se justifie par acte du douzième de juin, mil six centz vingt cinq.

Au village de la Villeneuffve, le convenant not. du Bourhis, possédé par Jean Hamon, Guillaume Guellahen et consortz, pour en payer par argent six livres deux sommes froment, une somme avoine avec les corvées contenant...

Autre convenant aud. village, nommé le convenant Bigoignon, dont une moityé est tenue aud. tiltre par Louis le Guyader et consorts, pour en payer par an par argent trante sols, un boisseau froment, un boisseau seigle, un boisseau avoine, deux chapons et les corvées contenant dix huict journeaux et trante une cordes, l'autre moytié appartient en propre aud. seigneur déclarant.

AUD. VILLAGE DE LA VILLENEUFFVE.

Un convenant aud. village, nommé le convenant Fray, possédé aud. tiltre de domaine par Laurans Jacques et consortz, pour en payer les rentes en acquist de la seigneurie de Quergorvo à la fabrique de Sainct Quigeau, contenant...

AU VILLAGE DE KERBANALEN.

Une tenue et convenant nommé la Tenue Emarc ou Pennec, possédé aud. tiltre de domaine par Yves le Simon et consortz, pour en payer par argent la somme de cinq livres six solz, une somme froment, une somme advoine, quatre chapons et les corvées, contenant sous fonds vingt deux journeaux et cinquante une cordes, tant sous terre chaude, froide que soubs prés, et de nouvelle croissance trois livres et deux chapons.

Le convenant Bigoignon, possédé par Guillaume Rivoal et consortz, pour en payer par an par argent cinq livres six sols, une somme froment, une somme avoine, deux chapons et les corvées, led. convenant contenant soubs fonds vingt six journeaux et trois quarts et sept cordes, tant terres chaudes, froides que fauchables.

Le convenant nommé la tenüe Keroman, possédée par Guillaume Lantien et consortz, contenants soubs maisons un journal de terre et roubs terres chaudes, froides et fauchables trente et sept journeaux cinquante sept cordes et trois quarts, pour en payer par an de rentes convenantières neuff livres par argent, une somme avoine, deux chapons et les corvées, comme hommes domainiers sont obligez, et le droit de champart suivant l'usement.

AU VILLAGE DE GOASTALGUEN.

Un autre convenant sittué aud. Goastalguen, appelé le convenant des Rumains, possédé par Vincent Guiomarch, Jean Rivoal et consorts, pour en payer de rente convenantière à lad. seigneurie de Kerampuil, par argent quatre livres quatre sols, deux boisseaux froment, deux boisseaux advoine, deux chapons et les corvées, contenant en fonds vingt sept journeaux trois quarts et dix cordes, tant soubs terre chaude, froide que fauchables.

PENANGOAS.

Le convenant appelé la maison de Borothou, possédé par Sébastien Thomas, René Loriquet et consorts, contenant en fond vingt et sept journeaux et un tiers de cordes, pour en payer par an par argent soix^te six sols, deux boisseaux de froment, une somme avoine avecq les corvées et autres droitz seigneuriaux.

Pour raison de laquelle terre et seig^rie de Kerampuil led. sieur déclarant et ses prédécesseurs ont esté de tout temps immémorial en possession d'avoir préminances et escussons de leurs armes, qui sont « *de gueule à trois pigeons d'argent* »,

avec les alliances de leur maison, tant en l'église collégiale
de Sᵗ Trémeur, en la ville de Carhaix, qu'en l'église treffiale
de Sᵗ Quigeau, et chapelle de Sᵗᵉ Barbe, et de la Magdeleine,
aux tumbes enlevées et autres enfeus à fleur de terre, armoyé
de leurs armes aux cœurs desdittes églises, avec bancs et
accoudoirs.

Le manoir et mettairie noble de Querven, possédé à titre
de ferme par Louis le Bois et femme, contenant soubs
maisons, cours, issues, courtil, jardin, sous aire et une pièce
de terre nommée Coat an Querven, le tout s'entre joignantz
deux centz vingt huict cordes, cernés du levant d'un petit
chemin menant dud. Persivien aud. Kerampest, du midy du
grand chemin menant de Carhaix à Rostrenen, du couchant
et nord de chemin menant de Carhaix au bourg de Trébrivan, parc an Paul contenant nonante et neuff cordes, prat
bras deux centz six cordes, une pièce de terre nommée le
frotage, soixᵗᵉ et neuff cordes, une prée nommée prat Sainct
Laurans, contenant tant en terre fauchable qu'arrable deux
dix cordes, parc Sainct Quigeau Creis cent dix huict cordes,
parc an mengleuff quatre vingtz quatre cordes, parc bihan
Sainct Quigeau soixᵗᵉ deux cordes, parc cam contenant deux
centz cordes, parc merien cent soixᵗᵉ cordes, parc an poulfanc
cent soixante et neuff cordes, parc bihan contenant cent
cordes, parc squer cent soixᵗᵉ et six cordes, parc an caro cent
soixante cordes, parc toulanpors contenant cent cinquante et
une cordes, cernés du levant de terre dépendant dud. Persivien, du midy de chemin menant dud. Querven aud.
mannoir de Kerampuil, du couchant de chemin mennant dud.
Persivien en la chapelle du Monsieur de Sainct Quigeau, et
du nord du grand chemin menant de Carhaix aud. Ros-
trennen, plus deux autres pièces de terres, l'un nommé parc
an Coat et l'autre parc an Image, contenantz ensemble trois
centz quatre vingtz quinze cordes, parc bihan Sainct Anthoine
contenant cent quarante sept cordes, une gareine nommée
la gareine de Quintin, contenant six cents quatre vingtz six

cordes, cerné du levant et midy de terre aux détempteurs
dud. Persivien, du couchant et nord du grand chemin mennant
de Carhaix aud. Rostrenen à Corlay, autre gareine nommée
la gareine de Rostrenen, contenant tant de terre chaude que
froide sept cents quatre vingtz une cordes, et une pièce de
terre y joignant nommée an Beurlechen contenant, tant de terre
arrable que fauchable, cent soix^te cordes, cernés du midy
grand chemin menant de Carhaix à Corlay, du couchant de
terre à demoiselle Marie Desnaux, et du nord chemin menant
de Sainct Anthoine à Kerouazou, plus une issue nommée
le Croistiou bras en esquaire, contenant deux journeaux de
terre froide, cerné des deux grands chemins menant dud.
Carhaix à Rostrenen et Quintin.

A cause duquel manoir de Querven luy appartient une
chapelle prohibitive, en l'église des Révérands Pères Augustins
dud. Carhaix, en la chapelle de Ste Monique, située au costé
méridional de lad^te église, armoyé des armes de Querven et
de Kerampuil, laquelle estoit fermée d'un balustre à cleffs,
l'une au seigneur et l'autre auxd. pères, et situé près le degré
pour monter dans la tour, et au dessus de l'autel de Ste Monique, du costé de l'Epistre, il y a une pierre enclave
dans la muraille, servant pour supporter une image de Nostre
Dame, laquelle pierre est armoyée des armes de lad^te maison
de Querven, en alliance avec celle de Coatquevérant, à un
pied et demy duquel autel dud. costé de l'Epistre il y a une
tumbe enlevée, en forme d'arcade, un pied et demy de terre
de lad. arcade, environ de dix pieds de hauteur, laquelle
tumbe est entourée de trois escussons des armes pleines et
en alliance de lad^te seigneurie de Querven, comme en pareille
la grande pierre servant pour couvrir lad. tumbe est gravée
de deux escussons de lad^te seigneurie de Querven, aussi avec
ses alliances, au dessus de laquelle arcade y doit y avoir une
pierre grise d'un pied et quelques poulces de quarré, contenant un escusson des armes pleines de lad. seigneurie de
Querven, lequel escusson estoit soutenu de deux lyons.

23

Pareillement maintient debvoir avoir ses armes de sad^te seigneurie de Querven en la principalle vitre de l'église de St-Trémeur à Carhaix, du costé de l'évangile, comme aussy doit avoir les armes de lad^te seigneurie de Querven dans la grande vitre et autre vitre à costé de l'évangile de la chapelle Sainct Anthoine lès Carhaix.

EN LA VILLE DE CARHAIX.

Est deub de rente, audit Sieur dessus trois pièces de terre nommée l'une, parc en leur, l'autre, liors dirac an ty, et le troisième, parc Stanghellon situé proche le chemin de Stang-hellon, autrement la ruë de la vigne, tenue à tiltre de censive à la nature des censives de la ville de Carhaix, cernés du levant de terre à Sébastien le Febvre, du midy et couchant de la ruë Neuffve et dud^t chemin Stanghellon, du nord de terre au sieur de Penanhech le Gogal, à présent profitez par Vincent et Pierre Yzéquel qui en ont fournye déclaration pour le papier terrier la somme de neuff livres douze sols.

Le manoir et mettairie noble du Kerléon, contenant soubs maisons, portes, aires, jardins, cour, courtils, vergers, issues, un petit bois de jeunes plançons de chesne quatre journeaux et cincq cordes de terre chaude, la grande pré du Kerléon joignant lad. maison contenant neuff journeaux et trente quatre cordes de terre, cerné du levant et midy de chemin nommé hent Stéleucty et menant de Carhaix aud. Kerléon, du couchant de terres nommées douar quatri, du nord de terres dépendantes des censives dud. Carhaix, parc an leur terre chaude contenant cinq cents six cordes, parc an groas tant chaude que froide trois cents deux cordes, les deux joignants fors la séparation de fossés cernés d'orient sur chemin menant dud. Querléon au mannoir de Rochquaer, du midy de chemin mennant dud. Kerléon à une croix nommée croix an maréchal, du nord de lad^te grande pré, du couchant de terre dépendant de la mettairie dud. croix an maréchal, un parc nommé parc an gollec contenant quatre cents vingt quatre cordes, parc an gouniflet trois cents cinquante et neuff cordes, autre parc nommé parc bras contenant sept cents six cordes, parc marre huelaff, terre froide et chaude, cinq cents quatre cordes, cernés du levant du grand chemin menant de Carhaix au bourg de Motreff, du midy de terre dépendant de la mettairie de Rochquaezre, du couchant dud. chemin menant dud. Kerléon aud. Rochquaire et du nord de l'issue dud. Kerléon, autre parc nommé parc minguen tant chaude que froide contenant quatre cents deux cordes, autre nommé parc marre issellaff contenant trois cents quatre vingt neuff cordes de terre froide, autre parc dit parc bihan pellaff contenant cent-dix-neuff cordes de terre chaude se joignants ensemble et séparés de fossés, cernés du levant de terres dépendant du village de Quergallet, du midy de terres dépendant dud. Rochquaire, du couchant de chemin menant dud. Rochquaire aud. Kerléon, et du nord de terre dépendant dud. croix an mareschal, autre parc nommé parc bihan tostaff contenant cent vingt six cordes de terre froide cerné du levant de chemin qui mène dud. Kerléon aud. Rochquaire, du midy et couchant de terre dépendant dud. croix an maréchal, et du nord de chemin nommé hent croix an maréchal, une pièce de terre froide nommée parc an coat bihan contenant vingt trois cordes cerné du levant de chemin menant de la Magdelaine aud. Quergallet, du midy de prés nommés les prés de la Magdelaine, du couchant du grand chemin menant de Carhaix et Quimper, et du nord de terre au sieur baillif, du Quellenec, par cause duquel lieu led. sieur a ses armes et intersignes de noblesse, en l'église parochialle de Plouguer Carhaix.

Le manoir et mettairie noble de Kergorvo (1) contenant sous maisons, cours, escuries, jardins courtil à chanvre, et le bois y joignant, verger et aire, deux cents quarante quatre cordes de terre chaude, un parc nommé parc meur bras contenant

(1) Kergorvo, auprès de Kerampuil, avait été acquis par Pierre III de Kerampuil et sa femme, Jeanne de Kergrist, vers 1626, au dernier descendant des Kergorvo.

cinq centz soix^te unze cordes, autre dit parc meur huellaff contenant quatre centz vingt et cincq cordes, parc meur bihan deux centz quatre vingt cordes, parc an forn contenant deux cents soix^te et dix-huict cordes, parc hent bras Rostrenen contenant deux cents neuff cordes, et un parc nommé parc bihan contenant quatre vingt dix-neuff cordes tant terres froides et chaudes se joignant ensemble et séparés de fossés, cernés du levant de terres dépendant du village de Querannal et du Goariva, du midy d'une allée nommée l'allée noire, du couchant de chemin menant du grand chemin de Rostrenen à lad^te allée noire et du nord de terres à Mre Jan Marion et Guillaume Guellahen, autre parc nommé parc an verger contenant cent quatre vingt six cordes, par nevéz bras y compris l'applacement de moulin y estant neuff cents quatre vingt sept cordes, autre aussy nommé parc nevéz contenant soix^te et dix-neuff cordes et demy, tous terres froides, un pré nommé prat Quergorvo contenant cinq centz sept cordes, autre parc nommé prat an groas henchou, cent quatre vingt dix-neuff cordes, et finallement un courtil nommé liors canaber contenant onze cordes, tous terres chaudes se joignant ensemble séparés de fossés cernés du levant de terre aud. Marion et à Yves Quéméner, du midy sur lad. allée noire, du couchant de terres au sieur de Kergourtois Geslin, et du nord du grand chemin menant dud. Carhaix aud. Rostrenen.

A cause de laquelle seigneurie de Quergorvo, led. seigneur déclarant a droit et armes en une vitre au cœur de la chapelle de Nostre dame du Rosaire, du costé de l'évangile proche l'autel, et pignon oriental de lad. église, composé de deux jours avec un montant soustenant trois soufflets, où il y a des escussons armoyées des armes de du Chastel, Mesle, Chasteaugal et Baudriec, entourés d'un collier de l'ordre, et couronnés d'une couronne de marquis, au dessous de lad. vitre il y a un arcade, et applacement de tumbe et un escabeau y joignant à deux accoudouers, où il y a deux escussons armoyés de Mezle, du Chastel, Baudriec et Chasteaugal.

Dans l'esglise treffviale de Sainct Quigeau aud. Carhaix, en la maistresse vitre de lad^te église, du costé de l'espitre, cincq escussons portants les armes et intersignes de lad. maison avec ses alliances.

Plus en lad^e esglise treffvialle de Sainct Quigeau aud. Carhaix trois tumbes et enfeux aud. sieur appartenants, deux d'icelles estants au marchepieds du grand autel de lad. église, et l'autre plus bas que led^t marchepieds et joignant icelluy, le tout dud. costé de l'épistre, et en la mazière costière devers le midy de lad. église, une petite vitre contenant seulement les armes et intersignes de lad. maison, et dans la chapelle de Sainte-Barbe estant en l'enclos du cimetière de lad. église treffviale de Saint-Quigeau, une vitre estant au costé de l'épistre de lad. chapelle portant les armes de lad. maison de Kergorvo avec une tumbe estants dud. costé au marchepied du grand autel de la dite chapelle.

LE LIEU NOBLE DE QUERGALET.

Dessus lequel lieu est deub aud. sieur déclarant la somme de cent sols de cheffrante, à cause duquel lieu de Quergallet ledit sieur déclarant est seigneur foncier des convenants cy après, sçavoir.

AU VILLAGE DE LA VILLENEUFFVE.

Le convenant nommé la tenue des Emarcs possédé par Nicolas Coent, Paul Morvan et autres leurs consorts, à domaine congéable pour en payer de rente convenantière sçavoir par argent six livres, une somme de froment, une somme advoine, deux moutons, un poulet et les corvées, led. convenant contenant soubs fonds tant terre chaude, froide que fauchable, trante et sept journeaux.

Le lieu de Pouriou tenu à féage soubs led. seigneur de Kerampuil dans lequel demeure Tanguy Lohennec pour en payer par an aud. seigneur de Kerampuil la somme de trante livres.

La tenue située au village de Querbihan nommé le
convenant Bozec possédée par François Hamon pour en payer
par an soix^{te} cinq sols monnoye, trois chapons, deux boisseaux
de froment, une somme avoine mesure de Carhaix, la dixme
à unzième gerbe et les corvées.

Le moulin à eau de Quergourtois estant sur la rivière de
Daoulas au bout de la rabine et bois taillis dud. Quergourtois,
avec un jardin et l'estang au devant, et une pièce de terre
froide y joignant nommée Rosammel, et deux prés nommés
Pratzjou Vel, tous s'entretenantz et joignantz ensemble contenantz quatre centz soixante et quatre cordes, cernés du
levant de pré aud. sieur de Kerharo Lohou, du midy d'un
bois taillis nommé le bois taillis de Quergourtois, du couchant
d'une montaigne nommée menez meur, et du nord de terre
à Michel Quéméner, cy devant tenue à titre de ferme et
à présent déservie par un vallet.

Lequel manoir de Kerampuil mettairies et convenants en
dépendants et tous cy dessus mentionnés, sont situés en la
treffve de Saint-Quigeau, parroesse de Plouguer Carhaix.

Par cause duquel lieu de Kergalet led. seig^r déclarant
affirme avoir droit et intersigne de Noblesse en la chapelle
de Nostre-Dame, estant en l'église collégiale de Saint-Trémeur,
sçavoir au costé de l'évangile en lad^e chapelle une vitre à
deux jours, avec un montant soustenant trois soufflets orné
des armes du Chastel, de Mezle, et autres alliances, et au
dessous un arcade compris en la muraille, et y joignant, il y a
un escabeau à deux accoudoirs remplis des mêmes armes.

GOAZANVOT.

Le manoir et mettairie noble de Goasanvot contenant soubs
maisons, crèches, cours, courtils, jardins, aire, franchisses
et issues, avec un parc nommé parc an leur, à présent partye
soubs verger, mil soixante sept cordes, parc minguen terre
chaude contenant cent soixante et saize cordes, autre parc

nommé parc a dachen guen terre froide, contenant deux cents
cinquante et trois cordes, parc an menez aussi terre froide
contenant cinq^{te} et neuff cordes, autre parc nommé parc Roz
an mel aussi terre froide contenant cent cinquante cordes,
une rozière nommée Rozmur, tant chaude que froide, deux
centz vingt et une cordes, deux autres parcs nommés parcou
mumu terre chaude contenants ensemble cent cinq^{te} et
quatre cordes, autre parc appelé parc an len contenant cent
quatre vingt douze cordes de terre chaude, parc an cloegou
terre chaude contenant deux cents cinquante et trois cordes,
plus autre parc nommé parc an postou terre chaude contenant
cent soix^{te} et dix-neuff cordes, autre parc dit parc an goarmo
contenant deux cents quarante et deux cordes, de terre
chaude, une pré nommée prat bihan contenant quarante et
quatre cordes de terre fauchable, quatre gareines l'une
nommée goarem an Vendero et l'autre goarem an goas le
tout s'entretenants et joignants contenants ensemble cent dix
cordes de terre froide, autre rosière nommée Rozandret et
une prairie y estant, contenant ensemble quatre vingt sept
cordes tant de terre arrable que fauchable, le fond soubs le
bois de haute fustaye dud. Goazanvot contenant quatre cents
trante et cincq cordes, un parc nommé parc an poulfanc
contenant deux cents soixante et saize cordes de terre chaude,
une prée nommée prat bras Goazanvot, contenant trois cents
deux cordes et demy de terre fauchable, et une petite prée
appellée le Beurlech contenant huict cordes, le tout s'en-
trejoignants et cernés ensemblement du levant de chemin
menant du manoir de Locrist au bourg de Locarn, et sur deux
pièces de terre profité par Pierre et Yves le Moign, du midy
sur la rivière descendante du Pontanvuye au manoir de
l'Estang, du couchant sur terre dépendant du convenant
Lezuffran huelaff, et du nord sur terre à Pierre Guillou, plus
prat an croix hent tant arrable que fauchable contenant en
fond quatre vingt dix neuff cordes, cerné du levant et midy
sur chemin nommé le chemin du Fertuye, du couchant de
pré dépendant de la mettairie de Rennutennic, et du nord

sur la rivière descendante dud. Pontanvuze aud. manoir de l'Estang, et le bois taillis en dépendant nommé coat Daniel contenant quatre journeaux de terre froide.

SUIVENT DES CONVENANTS ET AUTRES TERRES DÉPENDANTZ
DE LAD. SEIGNEURIE DE GOAZANVOT.

Le convenant nommé Lézufiran tenu à domaine congéable par Yvon Jégou, Anne le Bastard et autres leurs consorts contient soubs fonds maisons parcs prés et issues, cinq^{te} huict journeaux et trente et une cordes et demye de terre chaude et fauchable pour en payer par chacun an à lad. seigneurie de Goazanvot quatre livres monnoye, six boesseaux avoine grosse, six chapons et deux gélines, avec les corvées, et obligation de suivre le distroit du moulin.

Le convenant Goar situé au bourg de Locarn possédé par Pierre le Rouzic, Rolland et Marg^{tte} le Rouzic consistant en une maison appentis et grenier, et une aire y joignant contenant quatre cordes de terre, plus trois pièces de terre nommées parcou an coz castel contenants cinq journeaux de terre lesd. trois parcs se joignants ensemb^t sittués proche le village de Crech an vulsun, pour lesquels les détempteurs payent par an dessus lad. maison et ses appartenances trante six sols, trois chapons, un boesseau froment mesure de Carhaix et dessus lesd. trois parcs quatre livres saize sols.

Une tenüe nommée la tenüe de Penanlan profité par Louis le Dilaouen et consorts, contenant vingt trois journeaux et dix sept cordes pour en payer par an de rente convenantière cinquante sols monnoye, deux boesseaux avoine grosse mesure de Carhaix, une géline, deux corvées à bras avec les autres corvées et obéissances que hommes domainiers doivent à leur seig^r foncier.

Deux pièces de terre arrable situées aux appartenances du village de Listrimeur nommées l'un parc Listrimeur et l'autre parc an floch contenants trois journeaux et demye, et un arpent possédé par led. Dilacuen pour en payer par chacun an la somme de six livres tournois.

Item deux parcs nommés parcou coz liorz et parcou quer-feunteun, possédés par François le Joncour et consorts, pour en payer par chacun an trois sols.

Une tenüe nommée la tenue de Goasanhesquer située aud. Goasanhesquer possédée par Jan le Coutellec et consorts contenants soubs maisons cour aire et courtils un demy journal de terre et soubs terre chaude et froide huict journeaux de terre fauchable, cinquante et quatre cordes pour en payer par an quatre livres monnoye, une somme froment mesure. de Carhaix, deux chapons et les corvées suivant l'uzement et à suivre le distraict du moulin.

Autre tenue et convenant nommé la tenüe des Moings, située au village du Cleuziou contenant soubs maisons, granges, aires et issues un journal de terre, et de terre arrable fauchable et froide dix-neuff journeaux et quarante six cordes possédé par Paul et Pierre le Moing pour en payer par an par argent soixte sols deux boesseaux froment, un boesseau avoine mesure de Carhaix, un chapon et une poule de rente convenentière, outre faire les corvées et obéissances comme hommes domainiers.

AU VILLAGE DE QUERDOUALLEN.

Le convenant Cojan profitté par Pierre Connan et consorts contenant soubs maisons cour courtils et aire demy journal de terre et de terre chaude douze journeaux et soixante et deux cordes, un journal et trante quatre cordes de terre froide pour lesd. tenanciers en payer par chacun an de rente convenentière quarante et huict sols tournois, deux bo. froment, deux boesseaux advoine, une poule, et sont subjects au distroit du moulin de lad. seigneurie.

Le convenant nommé la tenue de Derien sittué aud. Querdouallen possédé par Daniel Derrien et consorts con-

24

tenant soubs maisons, courtils, et aire, les deux parts d'un journal de terre, et soubs terre chaude et froide, trante journeaux, et vingt six cordes de terres fauchables trois journeaux et six cordes, pour lesd. vassaux en payer par an quarante huict sols tournois, une somme de froment, deux boesseaux avoine mesure de Carhaix, une géline et faire les corvées et obéissances suivant l'uzement, et suivre le distroit du moulin du lad. seigneurie de Goazanvot.

Autre convenant nommée la tenüe Audren possédé par Yves Jacques Clévédé et consorts contenant soubs maisons courts aires et courtils les trois quartz d'un journal, et dix-sept journeaux et soixante cordes de terre chaude trois journeaux terre froide et de terre fauchable un journal et demy, pour en payer par an quarante sols monnoye, deux bo. advoine grosse mesure de Carhaix, une poule, avec les corvées et obéissances suivant l'uzement, et à suivre le distroit du moulin.

La tenüe nommée la tenüe Talcan possédée par Daniel Derrien et consorts, contenant soubs maisons, angarts, courts, courtils, aire et issues un journal, et soubs terre chaude vingt six journals et demye, un journal et trois cordes terre fauchable, pour en payer par an quarante sols monnoye, une somme de froment, deux bo. d'avoine grosse mesure de Carhaix, une poule, et les corvées suivant l'uzement et suivre le distroit du moulin.

Plus une tenüe nommée la tenüe des Pesrons contenant soubs maisons jardins aire et courtils un journal de terre et soubs terre chaude vingt deux journals, soubs terres froides neuff journals, et de terre fauchable un journal et quarante huict cordes, possédée par Yvon Guéguen, Yvon Guillou et autres leurs consorts pour en payer par chacun an quarante sols monnoye, une somme froment deux bo. advoine grosse mesure de Carhaix, une poule, et les corvées suivant l'uzement et suivre le distroit du moulin de lad. seigneurie de Goazanvot.

AU VILLAGE DE CRECHANVUESUN.

Une pièce de terre nommée parc Bolasechesun contenant trois journals de terre chaude possédé par Paul le Breton, Nicolas Derien et consorts pour en payer par an de rente convenantière quarante sols monnoye, deux chapons, deux poules et deux corvées.

AU VILLAGE DE LEZOURLAIS.

Six pièces de terre froide nommé parcou Jégou s'entre-joignants ensemb^t contenants dix journals, plus un parc nommé parc Coguen Jégou, contenant demye journal possédé par Guill^e Jégou, Yves Parchemin et leurs consorts, pour en payer par an de rente convenantière vingt cincq sols monnoye et deux poulles.

AU VILLAGE DU CLEUZIOU.

Un parc nommé parc an heruen hir contenant un journal et demye, possédé à titre de domaine par Mathieu et Yvon Jégou, pour en payer par an soix^{te} sols avec les obéissances deuës par hommes domainiers.

AU VILLAGE DE LOPUEN.

Une tenuë nommée la tenuë de Portzanquéré sittué aud. Lopuen contenant soubs maisons aire courts et courtils un journal de terre et soubs terre chaude dix-sept journaux et de terre fauchable un journal et demye possédé par Pierre le Lun et consorts, indivise entre led. sieur déclarant et le propriettaire de Lopuen pour en payer par an à lad^e seigneurie de Goazanvot quarante sept sols monnoye.

AU VILLAGE DE QUERGROAS.

Une tenuë nommée convenant Quergroas située aud. Quergroas, contenant soubs maisons, courts, courtils et aire demye journal de terre et de terre chaude vingt quatre journals et quart, dix journals de terre froide, quatre journals douze cordes de terre fauchable lad. tenuë possédée par Jan le Mignon, Catherine Cos, Marie Lencot et consorts, pour en payer par chacun an neuff livres monnoye par argent, quatre bo. de froment rouge, deux bo. advoine grosse mesure de Carhaix, deux poules, six corvées avec les autres corvées et obéissances ordinaires suivant l'uzement et à suivre le distroit du moulin.

GARSTOULANMEN.

Une maison nommée la maison à four avec une petite creiche de jouxte et un jardin, autre maison nommée la maison du Doussen avec un courtil de jouxte contenant la huictiesme partie d'un journal possédé par René Marec et consorts aud. titre de domaine pour en payer par chacun an à ladite seigneurie vingt cinq sols monnoye, un bo. advoine mesure de Callac, deux chapons, et doibvent aussi les corvées et obéissances suivant l'uzement et suivre le distroit du moulin de lad. seigneurie de Goazanvot.

Quatre pièces de terres nommées parcou an Groal et terriennou bihan, parc squer et parc bihan contenants deux journals et demye de terre chaude et quatre et demye de terre froide, possédé aud. tiltre de domaine par Yves le Pengléau et consorts pour en payer par an sept livres dix sols ts, et faire les corvées suivant l'uzement.

Une maison nommée Ty an Gal contenant une corde y compris son issue, la moityé devers le nord d'un parc nommé Guerlech contenant un journal et demie de terre chaude, plus autre parc nommé parc an gohel contenant un journal de terre chaude, lad. maison et terre possédés par Guille et Grégoire Jannou, Vincent Jollin et autres pour en payer de rente convenentière deux bo. froment rouge, mesure de Carhaix, et deux chapons, avec les obéissances suivant l'uzement et de suivre le distroit du moulin sous la banlieu.

Un parc nommé parc bras an Goff contenant trois journals de terre, parc an Roux pellaff parc an Cosquer lech contenants trois journeaux et quatre cordes et demye.

Prat an Roux soix^{te} et dix neuff cordes de terre fauchable profitté aud. tiltre de domaine soubs lad. seigneurie par Jan le Guénégou pour en payer par an de rente convenentière dix livres dix sols et deux chapons.

Un parc nommé Stephan tenu à domaine congéable par les héritiers de Guill^e Jannou, pour en payer par an quarante cinq sols t^s un bo. de froment mesure de Carhaix.

Un parc et courtil nommé parc liorz huelaff possédé autrefois aud. tiltre de domaine par Jan Curou pour en payer par an cent sols monnoye. Autre parc nommé parc huelaff et le courtil guerfanc contenant.....

Une parcelle à la montaigne du Priol...., possédée autrefois aud. tiltre de domaine par les héritiers de Guillaume et Jan le Goff pour en payer par chacun an une somme de seigle.

Item la moityé indivise de deux parcs nommés parcou Saoul se joignants ensemble contenants deux journals de terre chaude tenus aud. tiltre de domaine soubs lad^e seigneurie par Jan le Coz et consorts, pour en payer par an douze sols tournois, et faire les corvées par hommes domainiers deubs et sittués aud. Kergroas.

AU VILLAGE DE BOURGNEUFF.

Un parc nommé parc an feunteun contenant un journal de terre chaude et froide, autre nommé parc an ros contenant un journal et deux cordes de terre chaude, un pré nommé prat an meslin Nevez contenant vingt cordes, autre parc nommé parc poul an meslin nevez, un journal et demye de terre froide possédé aud. tiltre de domaine par Yves le Parchemin, Jan Banéat, et consorts, pour en payer par an vingt quatre sols t^s et deux poussins.

Trois parcs nommés l'un parc poul an fanc et les deux autres parcou an heruet hir contenants trois journels et quart de terre chaude ; item un parc dit an enen contenant un journal de terre chaude, un courtil nommé liortz herniou contenant sept scillons tenue aud. tiltre de domaine par led. Parchemin pour en payer quarante sols monnoye, et faire les obéissances comme hommes domainiers.

AU VILLAGE DE GOAZHARLÉ.

Un parc nommé parc guen ysselaff contenant deux journals de terre froide situé aux appartenances dud. village de Goazanharlé possédé par les héritiers de feu Pierre le Deuff aud. tiltre de domaine pour en payer soix^{te} sols monnoye par an et faire les corvées comme hommes domainiers.

Autre parc nommé parc creis tenu aud. tiltre par les héritiers de maistre Yves Lencot pour en payer par an quatre livres monnoye.

Une tenuë nommée la tenuë de Goazanharlé contenant soubs maisons, creiche avec courtils et issues, demie journal de terre et de terre arrable saize journels et quarante deux cordes, et cinq journels et vingt et sept cordes de terres fauchables, possédé par missire Pierre Lencot, Pierre Claude, Yves et François Lencot et autres leurs consorts pour en payer par an en lad. seigneurie de Goazanvot de rente convenantière et dommainière trente sols monnoye par argent, trois bo. de seigle mesure de Carhaix, deux chapons et trois corvées à bras par une part, et par une autre, huit sols monnoye, outre estre sujects aux corvées et obéissances que hommes domainiers sont obligés suivant l'uzement.

AU VILLAGE DE TRÉGONNAL.

Une tenuë et convenant nommé le convenant an Narmet contenant soubs fonds sça^r soubs maisons, cours, creiches, et un courtil nommé liorz canap contenant dix cordes, un parc nommé parc Connan parc moan, parc toul an reste, contenants trois journels et trois quarts de terre chaude, prat pont an Roux, contenant cinq^{te} et deux cordes possédé par Vincent le Naour et consorts aud. tiltre de domaine pour en payer par chacun an quinze sols dix deniers monnoye, un demie *runée* avoine grosse mesure de Carhaix, une journée et demye de corvées d'un homme, et une poule.

AU VILLAGE DE COSQUER-TOR-AN-MENEZ.

Autre tenue et convenant nommé le convenant de Cosquertoranmenez contenants soubs maisons, creiches, cours, courtils et issues, vingt et six cordes et demie de terre froide et de terre arrable quatre journels et demy, et saize cordes de terre fauchables possédé aud. tiltre de domaine par les héritiers de feu Ollivier Coz et consortz pour en payer par chacun an la somme de soixante sols tournois, un boesseau advoine grosse mesure de Carhaix, deux poules et trois corvées, outre les autres corvées et obéissances suivant l'uzement et suivre le distroit du moulin dud. Goazanvot.

AU VILLAGE DE KERANGOUÉ.

Le convenant nommé le convenant de feu Henry Jamet autrement Botcol contenants soubs maisons, cours, courtils, jardins, aires, issues et franchisses, un journal de terre, et de terre chaude six journals, et soubs terre fauchable un journal et quart possédé à tiltre de domaine par les héritiers de Pierre le Deuff et consortz indivis entre le seigneur de Goazanvot, et le sieur de Keremborgne, pour en payer par chacun an à lad^e seigneurie de Goanzanvot soix^{te} sols t^s et deux reneés de froment, laquelle rente se paye alternativement aud. seigneur de Keremborgne, Goazanvot, et à la seigneurie de Blévin.

A STANGENLEN.

Un convenant nommé convenant Stangenlen contenant soubs maisons, cour, courtil et aire demie journal de terre, et soubs terre chaude vingt et deux journels et quart, de terre froide neuff journels et soix^{te} cordes, de terre fauchable huict journels cinquante quatre cordes et trois quarts de cordes, possédé aud. tiltre de domaine par Me Claude Guillou.

et consorts indivis entre le seigneur de Goazanvot et celui de Blévin pour en payer par chacun an une somme avoine grosse mesure de Carhaix.

AUTRES TERRES tenues à domaine congéable soubs lad^e seigneurie de Goazanvot situé en la parroesse de Trébrivan, au village de Restoury.

Le lieu et convenant nommé le convenant noble des Cadiou contenant soubs maisons, galleries, mazières, four, aire, jardin, cour issues et franchisses avec un courtil de jouxte lad^{te} maison, un demy journal de terre chaude, plus parc leurguer bihan, parc Rosguen, parc an cloastre bras, parc an cloastre bihan, parc coz favennec, parc Roudou, parc Sillon, parc feunteun bihan, trois parcs nommés parcou an cosquer, un pré nommé prat Cadiou, parc Cadiou, parc hent an illis, prat Quermarec, parc an poulpry, parc an toarennou, parc an groas hent bihan autrement parc audret contenants sçavoir de terre chaude mil cinquante et neuff cordes, de terre froide trois cents soixante et dix-sept cordes et de terre fauchable cent soixante et dix-sept cordes, tenus aud. titre de domaine par missire Yves Lozech prestre pour en payer par an de rente convenantière aud. sieur déclarant sçav^r par argent quatre livres saize sols t^s, une somme d'avoine grosse mesure de Carhaix, deux chapons, trois corvées à bras, payer le droit de champart et faire les autres corvées ordinaires suivant l'uzement.

AUDIT RESTOURY.

Autre lieu et convenant nommé le convenant noble du Goaffrec contenant soubs maisons, creiches, angarts, cours, courtilz, jardins, vergers, aire, lieux à fumier, issues et franchises cinquante et deux cordes, item un courtil nommé liortz devoff, parc an leurguer, parc menglen bihan, parc bras, parc bras isellaff, parc les huelaff an feunteun, autre parc len isellaff, parc len bonnuec, parc len bras, par len huelaff, parc an cosparc isellaff parc an cosparc creix, parc

an cos parc huelaff parc an cloastre bihan, parc cam, parc
marre, parc nevez, parc Rosnet pellan terrien, parc ban-
nallou, parc an goguen, parc goguen creix, parc an goguen
huellaff, parc an collen bras, parc an feunteun, parc guen
huelaff, un pré nommé prat goaseas, prat bras, prat creix
prat terrien an pont, prat bihan huelaff, prat hesquer, parc
baëllec, une rosière nommée Rozanbrun, parc hent an illis,
parc Morvan, par an ponthy, par an toennannic bihan huelaff,
parc an bescond et parc beussic, contenants sçav^r de terre
chaude trois mille neuff cents quatre vingts quatre cordes,
de terre fauchable trois cents trente et huict cordes, de terre
froide mil quatre vingts cordes, tenuës aud^t tiltre de domaine
congéable et réparable suivant l'uzement du païs, par N....
................pour lui en payer annuellement de rente
convenantière la somme de quarante sols monnoie deux bo.
avoine, deux chapons, une poulle, trois corvées avec le droit
de champart suivant l'uzem^t et les corvées et obéissances.

EN LADITE PARROESSE DE TRÉBRIVAN AU VILLAGE DE KERNAVALLEN.

Autre convenant nommé le convenant de Kernavallen
contenant soubs maisons, aire, cour, issues, jardins, un
journal de terre, un verger, un journal de terre chaude, parc
forn Grégoire, trois parcs nommés parcou mar bras bihan et
coen ; autre nommé parc an avellen, parc bras, parc huelaff,
parc an menglens, deux parcs nommés parcou guen, trois
prés nommés prat quemener et pratzjou huelaff, autres
pièces de terres appellées Querdeven bihan, deux parcs creix,
deux parcs isellaff, parc an saoullec parc an quay, parc an
feunteun, deux parcs guerdevennou, deux parcs roziou bihan,
contenants toutes ensemble trente journels de terre tant
chaude que froide et soubs pré un journal, cernés du levant
de terre dépend^t du village de la Dien, du midy de terre
dépendant des villages de Kerdavid et de Boessière Barclan,
et du nord de terre dépendant du lieu du Stangmeur, tenus

25

aud. tiltre de domaine congéable par Michel le Doucen, Yves le Breton, Jean-Pierre et consorts pour en payer par an sçavʳ par argent sept livres quatre sols, une somme froment, quatre boisseaux avoine, deux chapons, trois corvées et le droit de champart, avec les autres corvées et obéissances ordinaires suivant l'usement.

Par cause de laquelle seigneurie de Goasanvot led. sieur déclarant dit estre en droit d'avoir armes et intersigne de noblesse en la maistresse victre dud. Locarn, tombes, enfeux, et escabeaux en lad. église.

EN LA PAROESSE DE PLOUNÉVÉZEL.

Le lieu et mettairie noble de Kerambastard, contenants soubs maisons, creiches, cour, courtils, jardins, aire, franchises et issuës avec un parc nommé parc an verger, à présent en partye soubs verger, parc quitinnen et parc an lan, le tout contenant ensembleᵗ quatre cents cinquante et neuff cordes, parc bannal contenant trois cents trante cinq cordes, prat bihan trois cents vingt cinq cordes, prat bras quatre cents cordes, parc meniguen trois cents quarante huict cordes, parc an marchal deux cents quatre vingts dix huict cordes, parc an saoullec querech quatre cents soixᵗᵉ et sept cordes, parc lan an lucou contenant deux cents trante trois cordes, parc bras quatre cents trois cordes, parc an loge contenant cent quatre vingts neuff cordes, parc Carhaix cent quatre vingts cordes, parc an coat deux cents quarante et huict cordes, le bois taillis dud. Querambastard contenant mil deux cents quarante et deux cordes, le tout s'entretenants et joignants ensembleᵗ, fors la séparation de fossés, et cernés d'orient sur terres dépendant du village de la Ville-neuffve, du midy de terre dépendant de la seigᵉ de Lamprat, et sur une pièce de terre nommée Lannenvic, appartenant aud. sieur déclarant, du couchant du bois taillis de Querjégu, plus le bois taillis de Treuscoët, contenant soubs fond neuff centz vingt sept cordes, led. lieu de Kerambastard tenu à tiltre de ferme par Yves Cotty, à présent fermier dud. lieu.

Une garaine et pièce de terre froide communément nommé la grande gareine de Lanvennic, contenants soubs fond vingt et quatre journels de terre froide, cernés d'orient de terre dépendants des villages de Kerbaslannen et de Pervern, du midy de terre dépendant du village de Quermazin, du couchant de chemin menant de Carhaix aud. lieu de Kerambastard, profilté soubs led. seigneur déclarant à tiltre de domaine congéable par les héritiers de Jan Connezre et consorts pour en payer par an de rente convenantière douze livres tournois et le droit de champart.

AU VILLAGE DE TREUSCOET AUD. PLOUNÉVÉZEL.

Une tenuë et convenant nommé antiennem^t le convenant Huelaff, contenant soubs maisons, aire, cour, courtils, jardins et issues, un journal de terre, et soubs terre chaude trente et quatre journaux, de terre froide huict journels, de terre fauchable et arrable huict journels et six cordes, profilté par Guil^e Primel et Math. Bercot, aud. tiltre de domaine congéable, pour en payer par chacun an sept livres quatre sols tournois. par argent, quatre boesseaux de froment comble mesure de Carhaix, quatre boesseaux d'avoine grosse prédite mesure, quatre chapons, et corvées et faire les obéissances que hommes domainiers doivent à leur seigneur foncier.

AUDICT VILLAGE DE TREUSCOET.

La tenuë nommée la tenue Isselaff, contenant soubs maisons, cours, jardins, issues, grange, hangard, aire et courtils un journal de terre, et soubs terre chaude et froide trente et quatre journaux et vingt six cordes, et de terre fauchable et arrable deux journels et trante et quatre cordes, profilté par Math. Bercot et Yves Léon a moityé pour en payer aussi par moityé soixante et douze sols de rente, deux boesseaux avoine, mesure de Carhaix, deux chapons, corvées et droit de champart, et suivre le distroit du moulin dud. Kerambastard et autres obéissances suivant l'uzement.

AUDICT VILLAGE DE TREUSCOET.

Autre convenant nommé le convenant Creis, tenuë par Guille le Golff, Marguerite le Ton et Joseph Janno, contenant soubs maisons, cours, courtils, aire, jardin et angart vingt cordes de terre, un courtil nommé liorz Izabel, autre nommé liorz en ty et liorz en lucou, contenant quarante cordes, et soubs terre chaude et froide quatorze journels et quinze cordes, soubs terre fauchable et arrable un journal et soixte et quatre cordes pour en payer par chacun an de rente convenantière trois livres douze sols, deux boesseaux avoine, six chapons et les corvées ordinaires suivant l'uzement, et suivre le distroit du moulin dud. Kerambastard et autres obéissances accoustumées.

AU VILLAGE DE KERNANEZ AUD. PLOUNÉVÉZEL.

Une tenue convenant nommé le convenant du Guen, contenant soubs maisons, courtils, cours, issues, et les autres parcs et pièces de terre en despandantz de terre chaude vingt et neuff journels, de terre froide trois journels, de terre fauchables et arrables un journel et quarante et neuff cordes, profilté par Vincent le Mar et Jan le Coutellec, pour en payer de rente convenantière par an la somme de soixte neuff sols tournois par argent, un boesseau de froment, une somme d'avoine grosse comble, mesure de Carhaix, foullée et refoulée, une poule, trois corvées à bras et trois sols tournois pour debvoir de charoye de vin, et suivre le distroit du moulin dud. Kerambastard, et faire les autres corvées et obéissances que hommes domainiers doivent à leur seigneur foncier suivant l'uzement de terres de Poher.

AUDICT QUERNANEZ.

Autre tenuë et convenant nommé la tenuë de Querambellec, contenants sous maisons, cour, courtils, aires, jardins, issues et franchises et autres pièces de terre en dépendants, de terre chaude vingt trois journels et vingt cordées, de terre froide quatre journels et soix^te cordées, et de terre fauchable et arrable deux journels et soixante et dix huict cordées, profilté par Me Maurice le Scaffunec, Joseph Janno et autres leurs consorts, pour en payer de rente convenantière par chacun an par argent, par une part soixante et dix huict sols tournois et par autre trente deux sols tournois, une somme d'avoine grosse, mesure de Carhaix, les deux parts de deux boesseaux de froment prédite mesure, une poule, trois corvées à bras, trois sols pour charoye de vin, et suivre le distroit du moulin dud. Kerambastard, et faire les autres corvées et obéissances que hommes domainiers doibvent à leur seigneur foncier suivant l'uzement du terroer de Poher.

AUD. QUERNANEZ.

Le convenant nommé le convenant des Pitaux, contenant soubs maisons, cour, courtils, aire, jardins et autres parcs et pièces de terre en dépendans, de terre chaude et froide trente un journels et quarante cordées, et de terre fauchable et arrable trois journels et quarante et six cordées, profilté par Mathieu Bercot et Joseph Jannou, pour en payer de rente convenantière pour chacun an par an la somme de soix^te et quinze sols, une somme d'avoine grosse, mesure de Carhaix comble, une poule, trois corvées à bras, et trois sols tournois pour charoye de vin, et suivre le distroit du moulin dud. seigneur de Querambastard, et faire les autres corvées et obéissances que hommes domainiers sont tenus faire à leur seigneur foncier suivant l'uzement de Poher.

Lesquelles terres et seigneuries led. sieur déclarant est possesseur sçavoir, comme faisant pour ses enfants acquéreurs (1) de lad. seigneurie de Querampuil, et des autres héritages sittués en la treffve de St-Quigeau, et en la parroesse de Plouguer-Carhaix, acquis judiciellement par messire Pierre

---

(1) Nous avons dit comment la saisie judiciaire fut mise sur Kerampuil et les autres biens de Henry IIe du nom, par suite de la caution donnée à son beau-frère Jean le Veyer, s^gr du Ster.

du Disquay, sieur de Quervent, et retiré par prémesse par led. sieur et la dame sa compaigne au nom de leursdits enfans, et de toutes les autres terres sittués en la treffve de Locarn, parroesse de Duault, en la paroesse de Trébrivan et celles de Plounévézel, comme démissionnaire de noble et discret messire Sébastien de Kerampuil, sieur de Goazanvot, esligeant le partage de tous les droits et prétentions dud. sieur de Goazanvot sur lesdits hérittages sittués aud. Locarn, Duault et Plounévézel, qui appartenoient à messire Henry de Kerampuil, cy devant seigneur dud. lieu de Kerampuil, son père, debteur aud. sieur de Goazanvot, fils de feu Jan de Kerampuil, vivant sieur de Treuscoat, frère juveigneur. dud. seigneur de Kerampuil père ; par cause desquelles seigneuries led. seigneur est en droit de faire percevoir ses rentes par l'un et chacun de ses vassaux à tour de rolle, suivant l'uzement, et le droit de cour et juridiction sur ses hommes desdites seigneuries de Kerampuil et Goazanvot, et les justifier par ses officiers lorsque délit s'y trouve, mais comme l'exercice desd. Cours Juridictions a esté négligé et interrompue depuis plusieurs années, led. seigneur advouant réserve de se pourvoir vers Sa Majesté pour le rétablissement de l'exercice desd. juridictions, et sont lesd. seigneuries tenues à droit de foy, hommage et chambelinage, lodes, ventes, et rachaptz quand le cas escheut, et suivre lad. cour de Carhaix, exempt de toutes autres rentes et charges.

Laquelle présante déclaration led. seigneur de Léonville, demeurant en son manoir de Quérampuil, treffve de Saint-Quigeau, parroesse de Plouguer-Carhaix, présant devant nous notaires de la cour royalle de Carhaix, avec submission, et prorogation à icelle, affirme véritable, au payement et continuation desquels droits et debvoir led. seigneur affecte et hypotecque lesd. droitz, fruits et revenus d'iceux pour sur iceux estre procédé suivant les ordonnances royaux et coustume du pais avec pouvoir à Me Bonnaventure Mével, son procureur au siège royal de Carhaix, chez lequel il a fait eslection de domicille de présenter lad. déclaration devant messrs les commissaires en requérir acte, pour icelle estre receuë et enrollée dans le papier terrier rentier et refformation du domaine dud. Carhaix, et qui a ainsi voulu, consenti, promis, juré, tenir et n'y jamais contrevenir, nous, notaires, l'y avons condemné et condamnons de l'authorité de nos offices. Fait et gréé aud. Carhaix, au tablier d'escuier René du Drésit, soubs le signe dud. seigr, pour soy ô les nostres, ce jour dernier d'aoust, après midy, mil six cents quatre vingt et deux.

Guillaume de KERAMPUIL.

Christofle ROSPABU,   René du DRÉSIT,
    nore royal.   *nore royal.*

XII.

INAUGURATION D'UN MONUMENT *élevé à la mémoire de M. le comte du Botdéru, dans la forêt de Kerjean (Côtes-du-Nord), par le vicomte de Saisy.*

Château de Kersaint-Éloy, près Rostrenen, le 7 mai 1842.

A M. LE DIRECTEUR DU JOURNAL DES CHASSEURS, A PARIS.

MONSIEUR,

J'ai vu chez un de mes amis, abonné à votre journal, que vous comptiez entretenir vos lecteurs de M. le comte du Botdéru (1), le chasseur le plus distingué qu'il y ait eu en Bretagne depuis Jacques du Fouilloux, d'illustre mémoire, dont les vieilles sentences ont encore force de loi dans la vénerie française.

(1) Le comte du Botdéru, Pair de France, était fils de messire J.-Bte René du Botdéru, capitaine de dragons et chevalier de Saint-Louis, et de Jeanne-Renée Thomase de Plœuc.

Lié d'une étroite et ancienne amitié avec M. du Botdéru, j'ai voulu en laisser un témoignage après moi, en élevant à sa mémoire un petit monument au lieu du rendez-vous de chasse d'une forêt que je possède dans les Côtes-du-Nord, sur les confins des trois départements de la Basse-Bretagne. Une réunion de chasseurs, à laquelle assistaient MM. de Cathelineau, le colonel de Cadoudal, de Saint-George, de Pluvié, d'Andigné, et plusieurs autres, en a fait l'inauguration le 18 du mois d'avril dernier, sous les auspices de M. le comte de Fournas du Botdéru, fils adoptif de notre intrépide veneur.

Je vous adresse, Monsieur, la relation de cette cérémonie, et vous autorise à l'insérer dans votre revue, si vous jugez qu'elle puisse intéresser vos abonnés. Dans ce cas, je prends volontiers l'engagement de vous fournir de temps à autre de nouveaux détails sur les faits et gestes de celui qu'à juste titre nous avons surnommé le Nemrod de nos forêts.

Ce monument, construit en forme d'obélisque, s'élève dans le fond d'une vallée arrosée par un ruisseau, qui sert de limites au Morbihan et aux Côtes-du-Nord : à l'est se prolonge la forêt de Kerjean; à l'ouest celle de Conveaux; au midi l'on découvre dans un lointain de deux lieues l'ancienne abbaye de Langonnet, aujourd'hui dépôt d'étalons du gouvernement; au nord repose sur un rocher à la cime dentelée un village appelé Kerlescouarn, dont plusieurs masures en ruines forment un effet très pittoresque; enfin le chemin conduisant à la ville de Gourin passe au pied même de la pyramide, assise sur un tertre de gazon et entourée d'une allée sablée, avec un sapin aux quatre angles. La hauteur du monument est de 6 mètres 60 centimètres; le diamètre du cirque, de 21 mètres; on y pénètre par une allée intérieure, avec entrée d'honneur et entrée ordinaire; une autre entrée est ménagée extérieurement et destinée à attacher les chevaux. Sur l'une des faces de l'obélisque est une plaque de marbre avec cette inscription :

Rendez-vous de chasse.

Du côté opposé, c'est-à-dire au nord, se lisent ces mots :

A la mémoire du comte du Botdéru,
Pair de France,
le Nemrod de nos forêts.

Au jour fixé pour l'inauguration, les personnes conviées à la fête prirent place sur un amphithéâtre circulaire, composé de plusieurs gradins, où s'assit également le clergé venu pour sanctifier par la bénédiction religieuse, ce monument dédié à l'amitié.

Les gardes-chasses se tenaient debout près de l'obélisque, qui, jusqu'alors, était resté voilé. Les piqueurs et les gens de M. du Botdéru occupaient une place réservée dans l'enceinte. La meute du défunt elle-même était rassemblée à cent mètres en deça du rocher, et des groupes nombreux de spectateurs stationnaient disséminés de part et d'autre. Ces rochès à pic, ces vieilles murailles lézardées, ces masures en ruines, couvertes de monde, les arbres les plus élevés de la forêt ployant sous le faix des jeunes garçons du pays qui, pour mieux voir, s'étaient perchés sur leurs branches, formaient le plus ravissant tableau.

Lorsque tous les veneurs eurent mis pied à terre, tandis que leurs chevaux, étonnés de ce spectacle inaccoutumé, s'ébrouaient et piquaient fièrement l'oreille, je donnai l'ordre de découvrir l'obélisque, et m'avançant au milieu de l'enceinte, je m'exprimai en ces termes au milieu d'un profond silence :

MESSIEURS,

Voilà le modeste monument que l'amitié et la reconnaissance se plaisent à dédier au comte du Botdéru, que plusieurs d'entre vous ont eu l'honneur de compter au nombre de leurs amis, et dont la réputation comme chasseur fut pour ainsi dire européenne. Il m'est doux, Messieurs, de vous voir, réunis dans cette circonstance, participer au tribut que nous

26

aimons à rendre au souvenir de celui qui fut l'âme et le chef de nos réunions de chasse, et que nous regardions comme le Nemrod de nos forêts.

Permettez-moi de vous rappeler, par un aperçu court et succinct de quelques-uns des traits de la vie de cet excellent homme, la perte que nous avons tous faite en lui.

Huit années se seront bientôt écoulées depuis qu'il n'est plus !..... Hélas ! la mort éclaircit tous les jours les rangs de la génération qui s'éteint !... de cette génération qui devait assister au drame sanglant de nos troubles civils ! Le comte du Botdéru, bien jeune alors, était capitaine dans le régiment d'Artois, cavalerie. Il suivit l'impulsion que lui prescrivait l'honneur, et, fidèle à la monarchie légitime, il courut la servir et la défendre à l'armée que les princes rassemblaient dans le Brabant : il y combattit jusqu'au licenciement. Il passa en Allemagne une grande partie de l'émigration ; et ce fut dans ce pays, le grand théâtre des chasses en tout genre, qu'il se passionna pour ce noble exercice, et qu'il devint un des plus ardents sectateurs, je ne dirai pas de Diane (le règne de la déesse est passé), mais du bienheureux saint Hubert, le glorieux patron des chasseurs.

Rentré en France après 1800, sa fortune, qui lui avait été, en grande partie, conservée par le dévouement de sa vertueuse mère, lui permit de se livrer à ses goûts et d'être encore utile à son pays en le purgeant des animaux nuisibles qui y exerçaient de grands ravages. Il se créa une meute, et bientôt les forêts retentirent du bruit des cors, des chiens et du tamtam. Le tamtam, instrument en usage dans les chasses de Pologne, n'était pas connu en Bretagne : son effet, dans le principe, fut prodigieux, surtout sur les loups qu'un seul coup faisait déguerpir à l'instant même.

Quoiqu'il aimât de préférence la chasse en forêt, toutes néanmoins avaient des charmes pour lui. A peine rentrait-il du bois, harassé de fatigue, qu'il repartait pour la chasse en plaine : tantôt celle de la perdrix, tantôt celle du lapin qu'il tirait à balle avec une grande adresse lorsque, poursuivi par le furet, il s'élançait du terrier, attirait toute son attention ; une autre fois c'était celle du blaireau qui faisait ses délices ; et il ne paraissait jamais plus heureux que lorsque, couché à plat ventre, l'oreille collée contre terre, par la glace et par la neige, il suivait avec une jouissance incroyable cette menée souterraine que sa meute de bassets-terriers, qui était aussi fort nombreuse, exécutait avec un ensemble et une habileté que donne l'habitude du succès.

Le jour n'était pas assez long au gré de son ardeur, et la nuit le surprenait souvent tendant au renard des pièges dont l'appât ne manquait jamais de l'attirer. Il en prit de même le nombre prodigieux de trois cents pendant le même hiver ; il les eut bientôt détruits au loin, et aujourd'hui encore la rareté s'en fait sentir.

Mais sa chasse favorite fut toujours celle du sanglier. Lors de l'institution de la vénerie, sous l'Empire, le comte du Botdéru fut nommé lieutenant de louveterie du Morbihan, et, quelque temps après, capitaine des chasses de l'ancienne province de Bretagne. Ce fut alors qu'il put donner un libre cours à son ardeur infatigable, et que toutes les forêts de notre péninsule furent explorées, traquées dans tous les sens et dépeuplées de leurs nombreux habitants.

A cette époque, ce chasseur déterminé était vaillamment secondé par des amis auxquels il savait communiquer le feu sacré dont il était animé. Je nommerai le noble marquis de Coislin, son beau-frère ; MM. de Kerouallan et de Guerre de Kersallo, ses camarades d'enfance et ses compagnons d'infortune ; les comtes de Saint-George, aimable vieillard, et ses deux fils ; de Moëlien, digne, par sa valeur chevaleresque, d'être le compatriote des Cadoudal ; de Pluvié, de Cornouailles, de Langle, du Laz, etc. ; mon grand-père, mon père, et moi..... dois-je aussi me nommer ? J'en prends la liberté, Messieurs, car ce fut sous lui que je fis mes premières armes : il fut mon général et mon maître. Ainsi, à l'âge de dix ans, ayant accompagné mon grand-père au château de Kerdrého, j'y tuai mon premier lièvre que l'on me fit partir d'un carré de choux : c'était un mardi-gras. Pour M. du Botdéru, la meilleure manière de fêter le carnaval c'était de le passer à la chasse. Ce même jour nous nous rendîmes à la forêt de Pontkallec, et j'y fus témoin d'un coup double que je le vis faire sur deux grands loups dans la prairie au-dessous de la chapelle de Saint-Albo. L'année suivante, une énorme laie eut la maladresse de tomber sous mes coups, et cet exploit me valut des honneurs que je me rappelle encore avec émotion. C'était aussi un mardi de carnaval, dans la forêt de Conveaux ; je vois encore d'ici la place, où tout haletant, j'étendis morte à mes pieds cette bête, que longtemps après je tenais en joue, afin de la tirer de mon second coup, si elle s'avisait de me charger, comme je l'avais entendu dire des sangliers qui n'étaient que blessés, et, en effet, nous en avons vu bien des exemples. Je n'en citerai que quelques-uns, dont plusieurs d'entre vous, Messieurs, se souviendront comme moi.

Un jour, un vieux solitaire, lancé dans Kervéguen, traverse la forêt de Laz et débuche sur Quilvern. Notre ami Coroler, qui, lui aussi, à payé son tribut à la nature, arrive à la refuite de Toulaëron, précédé ou suivi de près par les plus ardents amateurs. Le sanglier, en ce moment, faisait tête aux chiens et tenait les abois au plus fourré du taillis. Ces messieurs s'élancent à pied, afin de pénétrer jusqu'à lui. Le bruit du tamtam et des fanfares ne peut le détourner du combat à mort qu'il livre à la meute, toute rassemblée autour de lui, et dont il fait un horrible carnage. Aux cris des mourants et des blessés se mêlent bientôt une voix humaine qui retentit dans la forêt : Man Doué ! Lac'hein a rei oll ar chaç (1) ! » C'est le vieux L'ellaou qui, depuis vingt ans, n'a pas quitté la meute. Il a pour chacun de ses chiens la tendresse d'un père pour ses enfants. Il se précipite, le pistolet au poing,

---

(1) Mon Dieu ! il exterminera tous les chiens !

au plus fort de la mêlée. Ce pistolet historique, dont le bruit, semblable à celui du mortier monstre de la citadelle d'Anvers, se fait entendre aux échos les plus reculés, il le tire à bout portant aux oreilles du quadrupède, qui se retourne, bondit vers ce brave homme et le foule aux pieds avant de se décider à battre en retraite... Bellaou se relève : il est blessé, mais son courage a sauvé la meute !

Écoute ! après ! » s'écrie-t-il, et son tamtam résonne de nouveau de ses coups redoublés. Quel beau moment, Messieurs, que celui qui précède la victoire ! Tous les postes sont gardés ; les piqueurs sont au milieu de leurs chiens, et joignent à leur menée de rage la musique incessante de leurs cors : le chasseur seul garde le silence ; il se tapit derrière le buisson, se rapetisse autant qu'il peut, et ose à peine respirer, dans la crainte de détourner la bête de la meute qu'il fait les vœux les plus ardents pour voir se diriger vers lui : c'était là position de chacun de nous à ce moment décisif. Un coup de fusil part dans un chemin creux et étroit ; il est aussitôt suivi d'un second et en même temps du cri perçant : « A moi ! je suis mort !..... » C'était Coroler qui venait de tuer le sanglier. Le monstre, dans l'élan de sa course, était venu tomber aux pieds de son vainqueur et l'avait renversé.

Puisque nous sommes à la forêt de Laz, la patrie de ces républicains sauvages qui tant de fois ont porté le carnage et la mort au sein de la meute de notre Nemrod, rappelez-vous, Messieurs, ce féroce quartannier, surnommé Mina, fléau des hommes et des animaux, qui, lancé dans Keïgnec et poursuivi avec un acharnement remarquable d'un bout à l'autre de la forêt, débucha sur la campagne, du côté de Châteauneuf, éventra trois chevaux qu'il rencontra sur son chemin, renversa et blessa grièvement une femme qui vantait du blé près d'une ferme. Après ces sanglants exploits, excédé de chaleur et de fatigue, il prit la souille dans une mare où il tint les abois. Attirés par les cris de la femme blessée, des paysans accoururent armés de fourches, l'attaquèrent coura-

geusement au milieu des chiens, et parvinrent à le tuer ;
mais il en blessa deux, dont l'un mourut quelques jours après,
malgré les soins que lui prodiguèrent Mesdames Bonté et de
Beauvoir. Ce fut à cette même chasse, si féconde en événements tragiques, que l'un de nos amis, M. du Breignou, eut
le pied traversé d'une balle partie d'un fusil qu'il était occupé
à examiner.

Je pourrais vous citer vingt autres traits dont j'ai été
témoin, ainsi que plusieurs de vous, Messieurs ; mais ce
serait dépasser les bornes que je me suis prescrites et abuser
aussi de votre indulgence. Cependant il en est un que je veux
encore vous raconter, car M. du Botdéru en était le héros.
C'était, autant qu'il m'en souvient, pendant l'hiver extrêmement rigoureux de 1812. Comme vous le savez, notre intrépide
chasseur bravait tous les temps, et semblait trouver du
charme à se montrer supérieur aux tempêtes et aux frimas.
En effet, combien de fois ne l'avons-nous pas vu, par la
glace, par la neige, par une pluie battante, toujours vêtu à
la légère, en hiver comme en été, nous donner l'exemple de
l'immobilité au poste, et y rester toujours le dernier ? Il
chassait dans la forêt de la Hardouinaye. Le rapport des
piqueurs avait signalé des brisées sur plusieurs hardes. Dans
ce temps la race des sangliers était très nombreuse, et c'était
par douzaine et plus que l'on en immolait à chaque chasse.
Le fidèle Jacob, ainsi que l'appelait son excellent maître,
n'était pas encore arrivé. En lui reposait, à juste titre, sa
plus grande confiance. Il paraît enfin, traîné par son limier
qu'il a peine à retenir ; il s'avance, son large chapeau à la
main, avec cet air mystérieux, à travers lequel nous savions
démêler un espoir qui n'était jamais trompé.... M. du Botdéru,
du haut de sa taille gigantesque, a promené un regard de
satisfaction autour de lui : « Hama, Jaco, mad e er youd ? —
Tamic, Autrou (1), fit Jacob avec un sourire où se peignait
le contentement. C'était un monstrueux solitaire qu'il avait

(1) Eh bien, Jacob, la bouillie est-elle bonne. — Un peu, Monsieur.

mis sur pied, et qu'il était parvenu à rembucher à une lieue de là, dans la forêt de Merdrignac, contiguë à celle de la Hardouinaye. A l'instant il est décidé que l'on fera attaquer le vieux matador par la meute entière, et le temps est donné aux tireurs d'aller se poster. Ces deux forêts sont remplies de vagues marécageux qui étaient pris par la glace, et semblaient de vastes étangs au milieu desquels s'élevaient par intervalle de rares buissons d'aulnes et de saules. Ce fut derrière l'un de ces abris que M. du Botdéru fut se placer, à la refuite des bois de Lorfeuil et de Coalan. La nature apparaissait en ces lieux dans toute son horreur, comme si le meurtre de Gilles de Bretagne les eût frappés d'une éternelle malédiction. Les hommes, les chiens, les chevaux furent tellement excédés de fatigue que les amateurs qui assistèrent à cette chasse et les gens de M. du Botdéru en ont conservé un souvenir néfaste; et, quelque mal que l'on éprouvât par la suite, l'on en revenait toujours à dire : « Ah! c'était bien autre chose à la Hardouinaye ! »

La brisée était saignante, aussi la meute n'était pas toute découplée que la bête était lancée. Il gelait à fendre les pierres ; mais le ciel était serein ; le calme de l'air favorisait la musique qui retentissait au loin dans toute sa majesté. Les piqueurs suivaient à l'envi et mêlaient le son des fanfares à la menée des chiens vraiment royale. L'un d'eux est toujours au milieu de la meute, l'animant de la voix et du cor : c'est l'intrépide Alliot, Vendéen qui a fait ses preuves ailleurs qu'à la chasse du sanglier. Monté sur le vigoureux Hercule, tantôt il paraît au sommet des rochers, tantôt il franchit un précipice et un ravin avec autant d'aisance que s'il piquait en plaine.

L'une des hardes signalées au rapport fuit épouvantée, traverse la voie de la bête de meute, fait prendre le change à quelques jeunes chiens, et voilà deux chasses qui se dirigent de côtés opposés. Bientôt les coups de fusils se font entendre : un feu roulant annonce ou la maladresse ou la précipitation avec laquelle on tire. Cependant plusieurs hallalis sont immédiatement sonnés, mais sans être accompagnés de la Royale ; c'est que le solitaire du fidèle Jacob n'a pas été atteint. Poursuivi à outrance par les experts de la meute qui semblent multiplier leurs voix, il s'est dirigé comme une balle vers la Hardouinaye, dont il connaît depuis longtemps les forts sauvages ; il se jette à corps perdu dans les plus épais halliers de ronces et d'épines. Les chiens n'y peuvent passer que l'un après l'autre par la voie qu'il leur a ouverte, et des hurlements d'impatience font croire aux piqueurs qu'il tient les abois. Ils entourent aussitôt l'enceinte inaccessible et réunissent tous leurs efforts pour dégager la meute. Enfin elle est parvenue à franchir les obstacles, mais l'animal a pris de grandes avances, et déjà il touche à l'extrémité de la forêt. Il paraît au bout du marais glacé, où M. du Botdéru n'a pas perdu un seul instant le bruit de la chasse ; il arrive bientôt à portée, marchant d'assurance, et essuie un premier coup de fusil qui ne l'a pas atteint. Le sanglier s'arrête, regarde autour de lui et aperçoit son ennemi qui, tout étonné d'avoir manqué, contre son habitude, se dispose à prendre sa revanche. Le sanglier se précipite vers lui ; sa crinière est hérissée ; ses défenses cotissent dans sa hure et son œil étincelle : la même pensée de mort anime ces deux terribles adversaires. Enfin le monstre des forêts s'élance sur ce roi des chasseurs, et reçoit en l'air le coup mortel qui fait décerner à son vainqueur les honneurs de la journée.

Je n'en finirais pas, Messieurs, si j'énumérais tous les succès que je l'ai vu obtenir ; j'aurais à passer en revue toutes les forêts de la Bretagne, car je n'en connais pas une qui n'ait été le théâtre de ses exploits.

Ces exploits furent souvent chèrement achetés. Ainsi, une fois, dans la forêt de Quimperlé, vingt-deux de ses meilleurs chiens, une autre fois, en 1832, onze restèrent sur le champ de bataille. Il était rare que chaque chasse ne fût pas marquée par quelques pertes cruelles. Dans ces sortes de combats, corps à corps, ce sont toujours les plus vaillants qui succombent; mais ils ne moururent pas sans vengeance. Après trente-quatre ans d'une guerre à mort, la race des sangliers fut détruite, et il semblerait que son extinction tînt à l'existence de notre illustre ami. Deux mois avant sa fin, en mars 1834, pour terminer dignement sa carrière de vénerie, il voulut donner une dernière chasse dans les Montagnes-Noires. Six laies pleines et un gros sanglier tués à Kerjean en furent les glorieux trophées. Depuis l'on n'entend plus parler de sangliers.

Mais je m'aperçois, Messieurs, que d'après la manière dont je parle du comte du Botdéru, les personnes qui ne l'ont pas connu pourraient croire que, tout adonné aux plaisirs de la chasse, il était chasseur et rien de plus. Bien que ce soit principalement comme tel que je me sois proposé de vous le faire envisager aujourd'hui, je commettrais une injustice si je ne mettais sous vos yeux l'esquisse rapide des services qui lui ont valu d'être élevé à la première dignité du royaume, et des qualités privées qui le distinguaient si éminemment.

Membre du conseil général de son département depuis 1811, il s'y fit remarquer par sa haute capacité et son aptitude à discuter les affaires d'administration et d'intérêt départemental. Dévoué aux principes monarchiques, il vit arriver la Restauration des Bourbons avec bonheur, et gémissait souvent de voir les fautes qu'on lui faisait commettre, et qui devaient quinze années plus tard, la renverser du trône.

L'arrondissement de Pontivy disputa aux autres collèges électoraux du Morbihan l'honneur d'avoir le comte du Botdéru pour représentant à la Chambre des députés. Il fut de celle de 1815 et constamment réélu jusqu'en 1827, époque à laquelle il fut élevé à la dignité de Pair de France. Inspecteur des gardes nationales de son département, il fut promu au grade de maréchal de camp en 1825, et attacha son nom, comme commissaire du roi, à l'érection du monument de Quiberon, cette tardive expiation d'un grand crime, qui

27

révéla au monde l'héroïsme des victimes et la férocité des bourreaux.

Dans toute sa carrière législative le comte du Botdéru se montra constamment le courageux défenseur des bons principes, et sa devise politique fut toujours : Dieu et le Roi ! Les services qu'il rendit, non seulement à l'arrondissement de Pontivy, mais au département du Morbihan, mais à tous ceux qui imploraient son appui, ont dû lui attirer bien des bénédictions de la part des hommes dans le cœur desquels la reconnaissance n'est pas éteinte.

Ainsi, aimé, honoré de tous ceux qui le connaissaient, il jouissait des avantages que semblaient devoir lui assurer sa haute position sociale, quand arriva la catastrophe inouïe de 1830, dont l'histoire des siècles n'offre pas d'exemple. Elle lui causa un profond chagrin, et aurait suffi pour abréger ses jours, quand bien même cette chute de cheval qu'il fit sur la chaussée d'un des étangs du Pontkallec ne fût pas venue en avancer le terme.

Mais s'il perdit ses dignités à cette révolution, comme il avait perdu sa fortune en 93, il conserva du moins ses amis !... Eh ! qui méritait plus que lui d'en avoir ! J'en appelle à vous, Messieurs, qu'ainsi que moi il honora de sa constante amitié : jamais aucun de vous a-t-il eu à se plaindre de ses procédés ? Qui recevait avec plus de cordialité, avec plus de courtoisie chevaleresque, sans rien perdre de cette dignité dont la nature l'avait doué ? J'en appelle à vous aussi, serviteurs fidèles : n'est-il pas vrai qu'il vous combla de ses bontés, qu'il fut pour vous le meilleur des maîtres, et qu'il fut aussi le meilleur de vos amis ? Vos larmes, après huit années de séparation, sont plus éloquentes que les paroles. Braves gens, vous étiez dignes d'un tel maître !... En quittant la vie, il ne nous a pas abandonnés ; vous le retrouvez dans celui qu'il adopta pour son fils, parce qu'il le jugea digne de cet honneur.

Son espérance n'a pas été trompée. Vous l'avez noblement réalisée, M. le comte de Fournas, en suivant les traditions que vous puisâtes à l'école de votre oncle et père adoptif. Vous saviez que le nom du Botdéru, qui était celui de votre mère et que vous portez aujourd'hui, jouissait d'une honorable popularité dans notre Bretagne, et qu'il ne fallait pas qu'il dégénérât, et nous, nous savons aussi que vous avez le cœur trop haut placé pour ne pas continuer à marcher, jusqu'au bout, dans le chemin que parcoururent glorieusement vos aïeux.

Une circonstance heureuse, Messieurs, a amené à cette cérémonie, auprès de ce monument, que la bénédiction religieuse qu'il va recevoir du respectable pasteur de cette paroisse, consacrera désormais à la vénération de la contrée, a amené, dis-je, les descendants de Cathelineau, le saint de l'Anjou, et le brave colonel de Cadoudal, digne frère de Georges. Je m'en féliciterai toute ma vie ; et s'il m'était donné de compter encore des jours heureux, celui-ci en commencerait la série !... A ces grands noms, devenus synonymes de l'héroïsme et du dévouement ; à ces noms, environnés de l'auréole immortelle de la gloire la plus pure, qui ne se sent le besoin de faire éclater son admiration, et de s'écrier :

Honneur aux fils, honneur aux frères des héros !

Honneur à vous aussi, mon noble ami ! honneur à votre mémoire ! Oui, vous fûtes digne d'être aimé, car vous sûtes apprécier et honorer l'amitié ; l'amitié à son tour vous est restée fidèle au delà du tombeau. Votre souvenir vivra éternellement dans mon cœur, à côté des êtres qui me furent les plus chers !... Acceptez ce faible témoignage de mes sentiments pour vous. Dans ces lieux isolés et sauvages, le voyageur, apercevant cette pierre surmontée du signe du chrétien, s'en approchera, y lira votre nom et adressera pour vous une prière à l'Éternel. Puisse cette prière attirer sur votre âme les miséricordes de Dieu, si elle en avait encore besoin, et hâter sa délivrance.

Immédiatement après ce discours eut lieu la bénédiction du monument, qui fut accompagnée de prières pour l'âme de celui auquel il était consacré. Cette pieuse solennité, achevée à onze heures du matin, fut suivie d'une chasse dans la forêt de Kerjean. Un chevreuil fut forcé après une brillante menée de deux heures, malgré la sécheresse et la chaleur. La meute de M. le comte de Fournas du Botdéru prouva qu'elle aussi n'avait pas dégénéré. Les deux jours suivants elle fit encore des prodiges ; mais les loups, qui cependant étaient nombreux, s'esquivèrent, grâce à la bonté de leur nez et à la vitesse de leurs jambes. Le jeudi 21, nous nous réunîmes de nouveau au rendez-vous de Kerjean, que l'on appellera désormais *Rendez-vous du Botdéru.* A la suite d'un laisser-courre remarquable où les équipages menèrent quatre heures des loups que nous ne pûmes tirer, et des chevreuils que l'on épargna, nous nous réunîmes autour du monument où nous attendait un déjeûner. La chasse était terminée ; le moment des adieux approchait, je repris la parole en ces termes : « Messieurs, réunis derechef autour de ce monument, j'éprouve le besoin de vous exprimer combien j'ai été touché de tout ce que vous m'avez dit de flatteur, au sujet de son érection. Recevez-en, je vous prie, mes sincères remercîments. Confus autant que reconnaissant de vos bienveillants suffrages, je vois avec regret venir le moment de notre séparation. Laissez-moi du moins l'espoir que ce lieu de nobles souvenirs sera encore visité par vous, ainsi que le manoir où j'ai été assez heureux pour vous offrir l'hospitalité, et permettez-moi de me compter au nombre de vos amis : ce sera ma plus douce récompense. »

Rolland Gouranton, premier piqueur de M. le comte du Botdéru, s'est alors approché, et m'a présenté une fanfare de sa façon, composée en l'honneur de son maître. Elle a d'abord été chantée par lui sur notre invitation, et sonnée ensuite en partie par les amateurs et les piqueurs. Enfin une décharge générale de toute notre artillerie et des cris : Vive la mémoire de M. du Botdérû ! ont couronné cette fête de famille, à laquelle tous les environs ont pris une part bien touchante.

Agréez, je vous prie, monsieur le Rédacteur, l'assurance des sentiments distingués avec lesquels j'ai l'honneur d'être,

Votre très humble serviteur,

Vᵗᵉ DE SAISY.

XIII.

LETTRES DU COMTE DE CHAMBORD, HENRI DE FRANCE, à *Emmanuel-Joseph, comte de Saisy, et Paul, vicomte de Saisy, son fils.*

Frohsdorf, le 29 octobre 1855.

Je partage bien vivement, monsieur le Comte, votre joie paternelle à l'occasion du mariage de votre fille avec Paul de Champagny. Cette union est pour eux le gage de tout le bonheur qu'ils méritent si bien l'un et l'autre, et que je leur souhaite du fond de mon cœur. Je sais qu'ils transmettront religieusement à leurs enfants les saintes traditions de fidélité qu'ils ont eux-mêmes reçues de leurs pères. Je n'ai pas besoin de vous dire qu'ils seront les bienvenus au milieu de nous. Soyez, en attendant, mon interprète auprès de votre fille et de tous les vôtres. Nous avons eu grand plaisir à revoir votre fils. Il est si excellent et si dévoué ! Pour vous, monsieur, je suis charmé de pouvoir joindre ici à mes félicitations bien sincères la nouvelle assurance de ma constante affection.

HENRI.

Frohsdorf, le 16 juillet 1862.

J'ai bien regretté, mon cher Comte, d'avoir été privé du plaisir de vous voir à Lucerne. C'eût été pour moi une douce consolation de pouvoir vous exprimer de vive voix toute la part que je prends aux cruelles épreuves qui viennent de vous atteindre. Soyez, dans cette circonstance, auprès de toute votre famille, l'interprète de ma douloureuse sympathie. Je vous adresse ma réponse à la lettre qui était jointe à la vôtre, et je vous prie de la faire parvenir à sa destination. Je vous envoie également l'autographe que vous m'avez demandé pour Melle Marie Fourton. J'aurais été charmé de faire connaissance avec M. Imbart de la Tour. Dites lui combien je suis touché de ses nobles sentiments, et quel est mon regret de n'avoir pu l'en remercier moi-même.

Recevez avec la nouvelle assurance de ma sincère gratitude celle de ma constante affection.

HENRI.

A M. le Cte de Saisy.

Vienne, le 31 janvier 1869.

Je reçois, mon cher Saisy, la lettre par laquelle vous m'annoncez le cruel malheur qui vient de vous frapper, et je veux vous dire ici toute la part que je prends à votre douleur filiale. Vous perdez un père chéri, et moi un de mes plus fidèles amis, dont je n'oublierai jamais, croyez-le bien, le noble caractère, l'inaltérable dévouement, et les sentiments si élevés ; je n'oublierai pas non plus les nombreux services qu'il n'a cessé de rendre à la cause du droit, à laquelle sa vie entière a été consacrée. Combien les dernières paroles qu'il vous a chargé de me transmettre m'ont profondément touché. Vous puiserez dans les pensées de la foi, et dans le souvenir des hommages unanimes rendus à la mémoire de celui que vous pleurez, les seules consolations qui puissent adoucir l'amertume de vos justes regrets. Je sais, et vous l'avez prouvé par votre belle conduite, que vous vous faites toujours gloire de marcher sur ses traces : je vous en félicite et vous en remercie. Soyez dans cette triste circonstance mon interprète auprès de votre famille, et comptez plus que jamais sur ma vive gratitude et sur ma constante affection.

HENRI.

A M. le Vte Paul de Saisy.

Frohsdorf, le 12 juin 1870.

La douleur profonde où me plonge la perte cruelle que je viens de faire ne m'empêche pas, mon cher Saisy, de m'associer aux joies de mes amis. C'est vous dire la part bien vive que ma femme et moi nous prenons à votre bonheur à l'occasion de votre mariage avec Melle du Plessis de Grenédan. Vous savez la juste affection que je vous porte et que vous méritez si bien par votre noble conduite et votre inaltérable dévouement, vous ne devez donc pas douter des vœux que nous formons pour vous dans cette circonstance. Je suis heureux de voir s'unir ainsi deux familles où la fidélité est héréditaire. Nous serons charmés de vous revoir lorsque vous viendrez nous présenter madame de Saisy.

Recevez, en attendant, la nouvelle assurance de ma constante affection.

HENRI.

A M. le Vte P. de Saisy.

NOTICES GÉNÉALOGIQUES

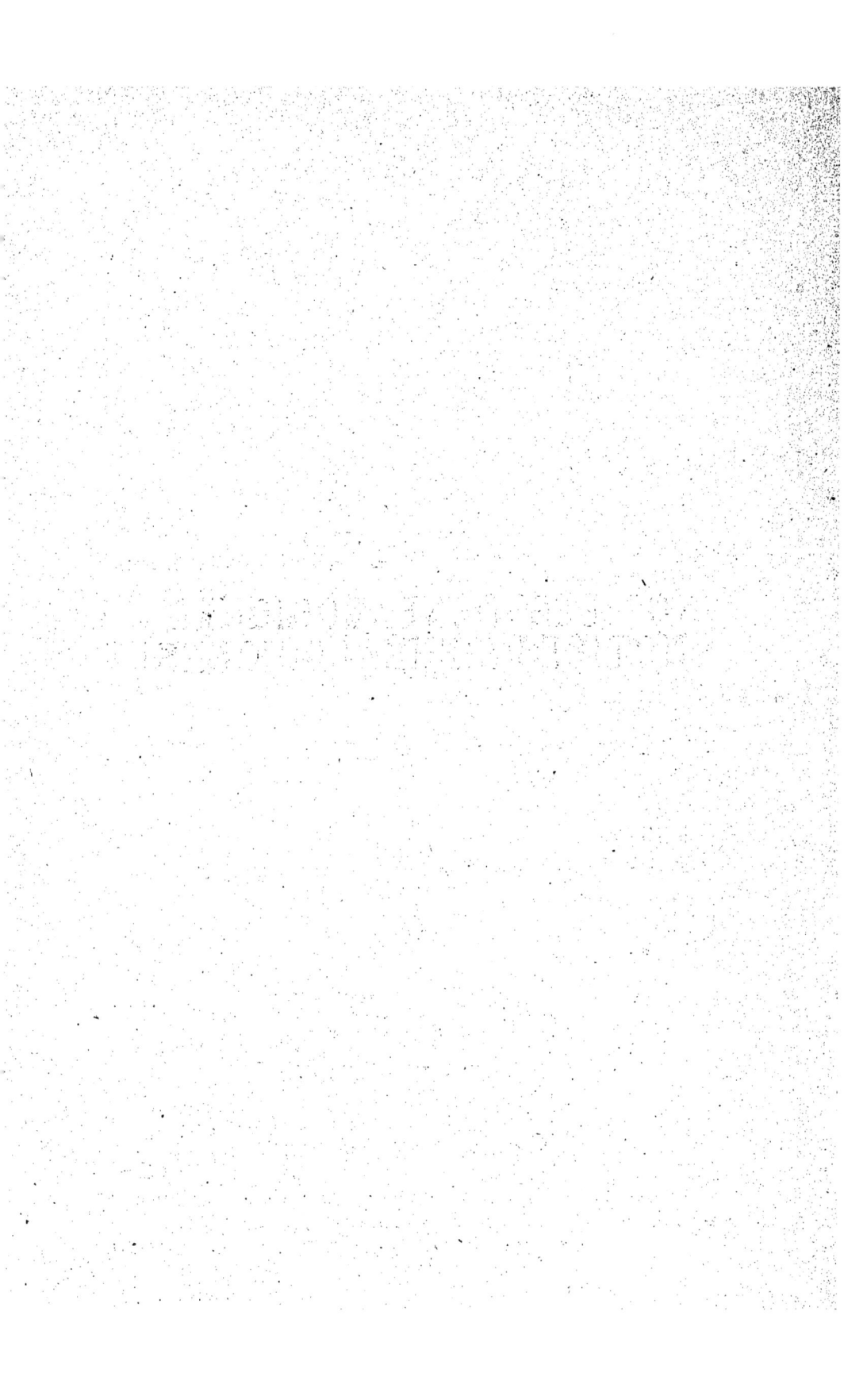

I.

DE TRÉMÉDERN.

Méance de Trémédern.
(*Voir page 19.*)

Bandé d'or et de sable de six pièces.
Fondu dans Malestroit et Montrelais.

Jeanne de *Trémédern*, héritière de sa maison, épousa Jean de *Malestroit*, seigneur de Kaër et de Beaumont, fils de Jean de Malestroit, sᵍʳ de Kaër, et de Jeanne de la Feuillée. Elle se remaria à Yves de Plusquellec, et contemporaine de *Méance de Trémédern*, elle devait être ou sa propre tante, ou sa cousine germaine.

Le baron de Kerwyn de Lettenhove, dans sa table analytique des noms de Froissart, dit Jean de Malestroit, vicomte de Combourg.

On le trouve dans toutes les guerres de l'époque.

Le 26 avril 1379, Alain, Jean et Louis de Malestroit et beaucoup d'autres bretons jurent de mourir pour la défense de cette ville et de ne la remettre qu'au légitime héritier de Bretagne, et choisissent pour capitaine Amaury de Fontenay.

Un manuscrit de la Bibliothèque nationale nous a conservé, dit ce même auteur, la lettre suivante que Jean de Malestroit adressait à sa femme :

« *A ma très-chière et très-amée seur et compaigne*
Jéhanne de Trémédern.

» Très-chière et très-amée seur et compaigne, veuillés sçavoir que, la merci Nostre-Seigneur, je suis en bon point fors que je me deus encore de mon bras, et aussi tous vos enffans par deça, lequel octroie que ainsi soit de vous. En oultre touchant mes causes des assignés, je n'y ay eu guères à besoigner, car Rosselet m'y est venu, ne envoyé, et le doyen du Champ demande à traitter. Item touchant mes comptes de par deça, je y suis commancé et les tiens, et quand est des nouvelles de France, Monseigneur et connestable ne se tient point à sûr, et apeticent ses sens de jour en jour. — Aultre chose pour le présent ne sçay que vous escripre fors que je yrai à vous le plus tost que je pourrai, mes comptes achevés, et que vous mesnagés fort contre mon aller.

» Très-chière et très-amée seur et compaigne, je me recommans à vous, priant Nostre-Seigneur que vous doint bonne vie et longue.

» Escript à Vennes le VIᵉ jour de janvier.

» Vostre amy

» *Jehan de Malestret.* »

Jean de Trémédern, chevalier Banneret, qui figure parmi les Bannerets appelés aux Parlements généraux des années 1451 et 1455 sous Pierre II, duc de Bretagne, ne peut avoir été que le frère, ou le neveu de Méance de Trémédern, fille d'autre Jean de Trémédern, Banneret.

II.

LE SCANFF, Sᵍʳ DU DRÉORTZ.

Fleurine le Scanff du Dréortz.
(*Voir page 20.*)

D'argent à la croix engreslée de sable.
Ramage de Beaumez.

Alain, moine de Prière, témoin au testament d'Hervé de
Léon, en 1363 (1).

I. Alain I le *Scanff,* sᵍʳ du Dréortz (en Priziac) (2), fils d'autre
le Scanff, sᵍʳ du Dréortz, et de N... de Montfort (d'après la
généalogie de Talhoët), meurt, d'après elle aussi, en 1424.
Il figure dans l'état de la maison du duc Jean V, dressé par
le duc de Bourgogne (son tuteur), le 13 janvier 1403.

Clémence de Lespervez, dame du Dréortz, qui figure
dans un acte du 20 mai 1435, de la seigneurie de Paule,
paraît avoir été la femme d'Alain le Scanff, d'où : Charles qui
suit,
et Henry le Scanff, frère juveigneur de Charles, qui se trouve,
de 1426 à 1428, parmi les gens d'armes et de trait. En mai
1427, il est capitaine des archers du corps.

II. Messire Charles le *Scanff,* chevalier, sᵍʳ du Dréortz et
de partie de la seigneurie de Paule, fut écuyer du duc Jean V,
qui lui donna en récompense de ses services, par acte du
29 octobre 1423, les biens de Morice de Plusquellec, confisqués
pour rébellion ; mais le 27 mai 1425, restitution en fut faite

(1) Cette filiation est établie d'après nos titres très nombreux sur cette famille et
où l'on trouve la signature de plusieurs de ces seigneurs du Dréortz et leur sceau.

(2) Les ruines considérables du château des le Scanff sont toujours là : ce sont des
ruines romantiques.

par le duc de Bretagne, avec compensation donnée à Charles le Scanff. (D. Morice, Pr. II, p. 1141 et p. 1172.) Ce seigneur fut un personnage considérable : dans un compte de mai 1427 (D. Morice), il figure parmi les chambellans du Duc.

En 1430, il est capitaine de Vannes, et se voit parmi les pensionnaires du Duc, tous de haut parage. (Pr. II, 1231.) Il se trouve également dans des comptes de 1434, avec les seigneurs qui reçoivent des étrennes du Duc, entre autres, avec le sire de Rostrenen. (Pr. II, 1261 et 1270.)

Il mourut en 1448.

Il avait épousé Jeanne Boutier, fille de Jean Boutier, sgr de Chateaudacy, et d'Aliénor de la Jumelière, et petite-fille de noble écuyer, Jan Boutier, sgr de Chateaudacy, et de Jeanne de Saint-Gilles. Devenue veuve, Jeanne Boutier épousa, en secondes noces, Jean de la Chataigneraie, sgr de Marzan.

De son mariage avec messire Charles le Scanff naquirent Alain qui suit, et *Fleurine le Scanff*, qui fut la femme de Guillaume de Saisy, sgr de Kerampuil, lequel était fils aîné de Guillaume de Saisy, sgr de Kerampuil, et de Méance de Trémédern.

III. Alain II le *Scanff*, sgr du Dréortz, en Priziac, et de Brécilien, en Paule, eut pour curateur et garde noble escuyer Henry le Scanff, frère de son père (1). On voit, en 1450, d'après les titres de la seigneurie de Paule, qu'il avait pour femme, Thomase de Kerautem. Il mourut en 1488, ayant pour fils :

IV. Jehan le *Scanff*, sgr du Dréortz et de Brécillien, qui dut avoir pour femme l'héritière des Vaux (par. de Dingé, év. de St-Malo), d'où :

V. Gilles le *Scanff*, sgr du Dréortz, de Chateau-d'Assis et de Brécillien (qualifié ainsi dans des actes de 1498 et 1500), épousa, d'après les titres mêmes de la seigneurie de Paule, Anne du Cormier. Il mourut avant elle, en 1531, père de :

---

(1) Archives de la seigneurie de Paule, entre nos mains.

VI. Pierre le *Scanff*, s⁰ʳ du Dréortz, du Pélinec, des Vaux et de Brécillien, qui épousa Jeanne du Juch, fille de hᵗ et pᵗ Hervé du Juch, s⁰ʳ de Pratanroux, capitaine de Quimper, mort le 4 septembre 1501, et de Marie de Guernarpin, qui mourut le 3 février 1539. Pierre le Scanff eut par échange tout le reste de la seigⁱᵉ de l'Aule qui appartenait à sa belle-mère, et mourut en 1565 ayant pour successeur son fils Tristan, et fut aussi père de Pierre, s⁰ʳ de Kerloguennic, en Paule, et de Marie, femme, en 1546, de messire Guillaume Boutier, s⁰ʳ de Séven et de Launay-Blot.

VII. Tristan le *Scanff*, s⁰ʳ du Dréortz, Pélinec, Brécillien, ainsi qualifié dans des actes des 3 mars 1567 et 29 janvier 1570, épousa Claudine de Guer, fille de Jean Iᵉʳ de Guer, s⁰ʳ de la Porte-Neuve (en Riec), et de Françoise de Kervégant, sa seconde femme, d'où :

VIII. Yves le *Scanff*, s⁰ʳ du Dréortz, Pellinec, Brécillien, etc., succéda à son père, en 1577, et mourut sans hoirs, en octobre 1591, victime probablement des guerres dela Ligue.

Françoise le Scanff, sa sœur aînée, dernière du nom, lui succéda : elle avait épousé, vers 1564, Jean de Talhoët, s⁰ʳ de Kerservant et de Crémenec, qui prit une part importante aux guerres de la Ligue, et y périt en 1591. Leur fils, Nicolas de Talhoët, s⁰ʳ de Kerservant, du Dréortz, de Paule, de Crémenec, etc., chevalier de l'Ordre du Roi, gentilhomme ordinaire de sa chambre, fut un des célèbres capitaines des guerres de la Ligue.

III.

du RUFFLAY.

Susanne du Rufflay.
(*Voir page 33.*)

D'argent au chevron de gueules accompagné de trois trèfles de même.
— Le Laboureur (Histoire du M^{al} de Guébriant), — page 14 des généalogies — établit la filiation de cette famille comme suit :

I. Guillaume du *Rufflay*, chevalier, épousa Aliette Cadoret,
fille de Henry Cadoret, chevalier, s^{gr} de Lesponguen,
d'Estuer, de la Ville-Cadoret, etc., et de Catherine Budes,
laquelle était fille de Guillaume Budes, chevalier, s^{gr} d'Uzel
et du Plessis-Budes, et de Jeanne du Guesclin, propre tante
du Connétable, d'où :

II. Louis, seigneur du *Rufflay*, qui fut père de

III. Louis du *Rufflay*, qui épousa Isabeau de Penhoët,
fille de Guillaume de Penhoët, s^{gr} de la Villeauroux, et d'Alix
de Beaumanoir, d'où :

IV. Philippe du *Rufflay*, qui épousa Marguerite de Robien,
fille de Guillaume de Robien, chevalier, et de Béatrix de la
Motte, fille de Louis de la Motte, chevalier, s^{gr} de Bossac, et
de Mahaut de Rieux, d'où :

V. Tristan du *Rufflay*, chevalier, qui épousa Marguerite de
Kernévené, tante de François de Kernévené ou Kernévénoy,
autrement dit Carnavalet, chevalier de l'Ordre du Roy, grand
escuyer de France, gouverneur du Roy Henri III, lieutenant
de sa compagnie de gens d'armes, gouverneur d'Anjou, de Bour-
bonnais et de Forez, fils de Philippe de Kernévenoy et de
Marie du Chastel, qui épousa, en premières noces, Anne
Hurault de Vueil, dame d'honneur de la reine Marie Stuart,

et en deuxièmes noces, Françoise de la Baume, comtesse de Montravel, dame d'honneur des Reines de France, Louise de Lorraine, et Catherine de Médicis, mort en 1571, et inhumé à Saint-Germain l'Auxerrois.

Marguerite de Kernévěnoy, était fille de Charles, de Kernévénoy et de Jeanne Hemeri, dame de Coëtenlen et du Lotton. De son mariage avec Tristan du Rufflay naquit :

VI. Pierre du *Rufflay,* qui épousa Perrine de Langueouez, d'où entre autres :

VII. Susanne du *Rufflay*, qui épousa par contrat du 2 octobre 1540, Jean, seigneur de Kerampuil, auquel elle porta la terre de Boisriou (paroisse de Cavan), venue de Marguerite de Kernévénoy, son aïeule, qui lui fut donnée en partage, le 3 mars 1554. Elle mourut en 1568.

IV.

EUZENOU DE KERSALAUN.

Jehanne Euzenou de Kersalaün.
(*Voir page 38.*)

Marie-Jeanne-Pélagie Euzenou de Kersalaün.
(*Voir page 81.*)

Écartelé d'azur et d'argent, l'argent chargé d'une feuille de houx de sinople sur chacun des quartiers.

Payen Euzenou croisé en 1248 (1).

I. Conan Euzenou, sr du Quellenec et des Landelles, marié à Marguerite de Kerméno, vivait en 1380, d'où :

---

(1) Nous établissons cette filiation d'après le manuscrit de la réformation, e ensuite d'après MM. Saulnier et de Rosmorduc auxquels est dû tout le reste de la généalogie.

II. Noble écuyer Raoul Euzenou, s^r des Landelles, marié à Plézou de Keroignant, d'où :

III. Noble écuyer Charles Euzenou, marié à Marie de Kaër, sans enfants, et Henry Euzenou, s^r des Landelles, marié à Marguerite Richard, d'où :

IV. Noble écuyer Charles Euzenou, s^r des Landelles, marié à Catherine du Quellenec, d'où :

V. Henry Euzenou, s^r du Quellenec, marié en 1545 à Marie de Coëtgoureden, d'où :

VI. Louis Euzenou, s^{gr} de Kersalaün, marié à Jeanne de Kersandy, fille de nobles gens Jean de Kersandy et Marthe de Penguilly, d'où :

VII. Henry et Charles Euzenou, morts sans alliance.

Jehanne Euzenou mariée en avril 1600, à noble écuyer Henry de Kerampuil, s^{gr} du Boisriou ;

Alain Euzenou, s^{gr} de Kersalaün, marié en octobre 1625, à Julienne de Kerlazrec, dame du Cosquer, en Combrit, d'où entre autres :

VIII. Nicolas Euzenou, s^{gr} de Kersalaün et du Cosquer, marié en février 1650, à Claude Guégant, fille de Jean, s^{gr} de Kerbiguet, (en Gourin), et de Françoise de Bresal, d'où :

IX. Jean Euzenou, chevalier, s^{gr} de Kersalaün, marié à Anne-Corentine le Lagadec, qualifiée veuve douairière, en 1703, morte âgée de 84 ans, et inhumée le 31 mai 1744, en la cathédrale de Quimper, d'où :

X. Messire Jean-Joseph Euzenou, chevalier, s^{gr} de Kersalaün et du Cosquer, chevalier de Saint-Louis, major-général garde-côtes, né vers 1687, mort à Quimper, à Saint-Mathieu, le 18 janvier 1773, marié à Marie de la Pierre, décédée en Saint-Mathieu de Quimper à environ 83 ans, le 3 octobre 1771.

Claude-Jeanne Euzenou, sa sœur, née le 22 septembre 1680, fut mariée à Saint-Mathieu de Quimper, le 19 janvier

1703, à messire Jean-François de Gourcuff, chevalier, s͏ᵍʳ de Tréménec.

XI. Jean-François Euzenou, marquis de Kersalaün (1), fils de Jean-Joseph et de Marie de la Pierre, pourvu le 27 juin 1739 d'un office de conseiller au Parlement de Bretagne, y reçu le 23 novembre suivant, né au château du Cosquer, en Combrit, le 12 septembre 1714, y décéda le 14 juin 1740, marié à Catherine de la Pierre, fille de messire François-Marie de la Pierre, s͏ᵍʳ du Hénan, conseiller maître en la Chambre des comptes de Bretagne, et de dame Jacquette Rallet, née. à Nantes en 1728.

Vincent-Jean Euzenou, chevalier de Kersalaün, son frère, dont nous reprendrons l'article.

Une de leurs sœurs, Jeanne-Charlotte Euzenou, née vers 1717, décédée au château du Cosquer, en Combrit, le 20 juillet 1759, fut mariée le 4 septembre 1741 à messire Alain-Marie le Gentil, chevalier, s͏ᵍʳ de Rosmorduc, de la Ville-Fréhour, de Kerazan, etc., lieutenant des vaisseaux du Roi, chevalier de Saint-Louis, fils de messire Yves-René le Gentil, chevalier, s͏ᵍʳ de Rosmorduc, etc., capitaine de dragons au rég͏ᵗ de Bretagne, chevalier des ordres de N.-D. du Mont-Carmel et de Saint-Lazare, et de dame Marie-Anne-Josèphe Drouallen de Kerazan.

XII. 1. Jean-Joseph Euzenou, chevalier, comte de Kersalaün, baron du Hénan, etc., né à Quimper le 18 août 1746, fils de Jean-François et de Catherine de la Pierre, fut marié au château de la Mancellière, en Baguer-Pican, le 19 août 1774, à Marie de Ranconnet, décédée à Rennes, en 1779.

2. Jean-Vincent Euzenou de Kersalaün, né au château de Kersalaün, en Leuhan, le 20 juin 1753, mort à Quimper, le 1ᵉʳ maî 1823, conseiller au Parlement de Bretagne, le 14 août 1775, en remplacement de Charles-Robert comte de Saisy de Kerampuil, démissionnaire non marié.

---

(1) Par lettres royales de 1775.

3. Marie-Pélagie née le 16 octobre 1747, baptisée le lendemain à Combrit.

4. Jeanne-Françoise née à Quimper le 25 février 1749, épousa en 1772 Jacques-Charles du Marhallac'h.

5. Marie-Françoise épousa Jean-Pierre-François de Guernisac, chevalier, sᵍʳ du Stang, de Gouarlot, etc.

XIII. N.... Euzenou, marquis de Kersalaün, fils de Jean-Joseph et de Marie de Ranconnet, marié à Anne-Caroline-Pauline de Chatenay de Fontenoy, morte à Hennebont, à 81 ans, le 17 octobre 1862, d'où :

XIV. Marie-Jean-Hippolyte Euzenou, marquis de Kersalaün, né en 1804, décédé en février 1895; général de brigade, marié à Henriette-Joséphine de la Salle, d'où :

XV. Edmée-Séverine-Jeanne Euzenou de Kersalaün, mariée à Paris, le 21 mars 1865, à M. Alexandre-Louis-Henri Despontys de Sainte-Avoye, lieutenant de cuirassiers à cette époque.

XI. Vincent-Jean Euzenou, chevalier de Kersalaün, fils cadet de messire Jean-Joseph Euzenou, sᵍʳ de Kersalaün et du Cosquer, et de Marie de la Pierre, capitaine des vaisseaux du Roi, chevalier de Saint-Louis, naquit en Saint-Mathieu à Quimper, le 5 mars 1729, et fut marié à Charlotte du Main, d'où :

XII. *Marie-Jeanne-Pélagie Euzenou*, née à Brest vers 1766, décédée à Quimper, le 5 juillet 1833, mariée à messire Jean-Charles-Marie de Saisy de Kerampuil, suivant contrat du 15 avril 1789, mort en Paule, le 5 novembre 1817; d'où deux fils morts en bas âge (1).

(1) La notice Euzenou de Kersalaün est due à M. Saulnier, conseiller à la Cour d'appel de Rennes, et aussi à M. le Comte de Rosmorduc.

V.

LE BORGNE DE LESQUIFFIOU (1).

D'azur à trois huchets d'or liés et virolés de même.

Françoise le Borgne de Lesquiffiou.
(*Voir page 41.*)

I. Guillaume le Borgne, marié à Havoise le Provost, dame du Parc, ratifie le traité de Guérande en 1381.

II. Jean le Borgne, s⁹ʳ de Kerguidou, épouse vers 1420, Marguerite de l'Isle, dame de Kerguidou.

III. Jean le Borgne, s⁹ʳ de Kerguidou, épouse Isabeau Pinart, fille de Paul, s⁹ʳ du Val, et de Catherine de Kerloaguen, d'où :

IV. Jean le Borgne, s⁹ʳ de Lesquiffiou, épouse Marguerite de Kerguennec, héritière de Lesquiffiou (en Pleybert-Christ), fille d'Hervé de Kerguennec, s⁹ʳ de Lesquiffiou et de Marguerite le Clerc, dame de la Tour, d'où :

V. Alexandre le Borgne, s⁹ʳ de Lesquiffiou, mort sans alliance, Adrien qui suit, et Yves le Borgne qui épouse Jeanne Tugdual, auteur de la branche des le Borgne de Keruzoret, et de celle des le Borgne de la Tour, subsistante encore aujourd'hui.

Adrien le Borgne, s⁹ʳ de Lesquiffiou, après le décès de son frère aîné Alexandre, épousa en août 1558, Marie de la Motte, dame héritière de la Motte, fille d'Yves de la Motte et d'Isabeau du Bois, dame et héritière de Kergadiou, d'où :

---

(1) Cette notice due d'abord à M. le baron de Carné, a été complétée aux archives du château de Lesquiffiou, par le précieux et bienveillant concours de M. le marquis de Lescoët.

VI. 1. Alexandre le Borgne, s^{gr} de Lesquiffiou, épousa 1º Jeanne le Moyne de Trévigny, d'où 2 filles; 2º Marie du Perrier, douairière d'Ancremel; 3º Jeanne de Lanuzouarn, par contrat du 4 février 1587, laquelle continue la filiation; 4º Guillemette de Perrien veuve de Gilles de Quélen.

2. Jean le Borgne, s^{gr} de Coatilézec, épouse Marie de Keraudy, dame et héritière de Lohennec.

3. Louis le Borgne, s^{gr} de Kerfraval, épouse N... de la Boëssière, dame héritière du Quellenec.

4. Adrian, s^{gr} de Kerguennec, épouse Isabeau de Kersaint-Gilly.

5. Françoise épouse Guillaume de Lésormel, s^{gr} dudit lieu.

VII. 1. Jean le Borgne, s^{gr} de Lesquiffiou, de Kervennec, de Kerguidou, de Keralio, de Kervégant, des Salles, de la Motte, de Mézouguen, chevalier de l'ordre du Roi, fils d'Alexandre s^{gr} de Lesquiffiou, et de Jeanne de Lannuzouarn, épousa le 18 mai 1613, Marie de Plœuc, fille de haut et puissant Vincent de Plœuc, chevalier de l'ordre du Roi, s^{gr} du Tymeur, et de Moricette de Goulaine.

2. Autre Jean le Borgne, prêtre.

3. Jeanne, femme de Pierre de Lescorre, s^{gr} de Gliviry (en Lanmeur).

4. *Françoise le Borgne* épousa par contrat du 30 juin 1628, Pierre de Kerampuil, IIIe du nom, d'où une seule fille, Marie-Josèphe, femme en premières noces de Guy Autret, s^{gr} de Lézergué, etc., et en secondes noces de Pierre du Disquay, s^{gr} de Botilio.

Ladite Françoise le Borgne se remaria en secondes noces à messire Ollivier de Lamprat, s^{gr} de Lésaudy, et en troisièmes noces à messire Guy Autret, s^{gr} de Missirien, chevalier de l'ordre du Roi, et n'eut pas d'enfants de ces deux mariages.

5. Anne le Borgne, femme de messire Bernard de Canaber, s^{gr} de Kerlouët, en Plévin.

VIII. Vincent le Borgne, s^{gr} de Lesquiffiou, vicomte de Trévalot, s^{gr} de Keralio, de Kervidou, de la châtellenie de Kervégant (1), chevalier de l'ordre du Roi, gentilhomme ordinaire de sa chambre, et capitaine au rég^t de Champagne, fils aîné de Jean et de Marie de Plœuc, né en mai 1614, épousa Marguerite Budes du Tertrejouan, fille de Christophe et de Renée du Bouilly, d'où 2 filles : Renée le Borgne femme 1º de Robert du Louet, conseiller au Parlement, et 2º du comte de Béthune, chef d'escadre, et Françoise-Alexandrine le Borgne, femme de messire Pierre de Lesparler, s^{gr} de Coëtcaric.

En secondes noces, Vincent le Borgne épousa Françoise de Rosmar, fille de noble et puissant messire Claude de Rosmar, s^{gr} de Kerdaniel, et de Jeanne Huon, dame de Kerauffret, par contrat du 28 janvier 1672.

Françoise le Borgne, sœur de Vincent, épouse messire René de Canaber, s^{gr} de Kerlouët, après son frère, Bernard de Canaber, mari d'Anne le Borgne, tous deux fils de Jean de Canaber, s^{gr} de Kerlouët, et de Louise Huby.

IX. François le Borgne, s^{gr} comte de Lesquiffiou, fils unique du mariage de Vincent avec Françoise de Rosmar, né le 9 août 1673, marié par contrat du 6 février 1691, à Claude-Barbe de Kersauson, fille de noble et puissant messire Prigent de Kersauson, s^{gr} baron dudit lieu, Coëtméret, etc. et de dame Françoise le Cozic, héritière de Kerloaguen, d'où :

X. Françoise-Perrine le Borgne de Lesquiffiou, dernière de sa branche, et fille unique, mariée par contrat du 26 novembre 1714, à messire Claude-Alain Barbier, comte de Lescoët, fils aîné de feu messire Sébastien Barbier, chevalier, s^{gr} comte de Lescoët, et de Louise-Julie de Cleuz du Gage.

---

(1) Lettres-patentes portant union des terres et fiefs de Trévalot et de la châtellenie de Kervégant, données en faveur de Vincent le Borgne, s^{gr} de Lesquiffiou, au mois d'octobre 1644, enregistrées au Parlement de Rennes le 5 décembre 1665.

VI.

MOCAM, Sʳ DU PÉRENNOU.

Marie-Renée Mocam.

Articles Jean et Sébastien de Kerampuil.
(*Voir pages 43 et 44.*)

René Mocam, sʳ du Pérennou (en Plomelin), près Quimper, fut pourvu de l'office de sénéchal de Quimper par lettres du 17 novembre 1617, et reçu le 11 janvier 1618, en remplacement d'Hervé de Kersulguen, démissionnaire.

D'une ancienne famille de Quimper dont le nom, s'écrivait autrefois Moam ou Moeam, il était second fils de n. h. François Mocam, procureur du Roi au présidial de Quimper, et de damoiselle Françoise Martin, dame de Saint-Laurent (1). François Mocam mourut en 1612. Son frère aîné, noble homme Pierre Mocam, sieur de Saint-Laurent, avocat en la cour, dans son testament du 30 novembre 1614, demanda à être inhumé en l'église paroissiale de Mʳ Saint-Mathieu, en la tombe de noble homme François Mocam, son père, en son vivant procureur du Roi au présidial de Quimper, et institua pour exécuteur testamentaire escuier René Mocam, sʳ du Pérennou, conseiller du Roi et magistrat criminel au siège présidial de Quimper, son frère cadet, demeurant pour l'exercice de sa charge en sa maison, rue du Rossignol, terre au Duc (pˢˢᵉ Saint-Mathieu). Il y fait différents legs, à Saint-Mathieu — les Capucins — les Cordeliers — aux 4 hôpitaux

---

(1) Communication de M. le chanoine Peyron. Cette notice lui est toute due, ainsi qu'au savant érudit, Monsieur Trévédy. — D'après ce dernier, François Mocam était héritier et probablement fils de Jacques Mocam, sʳ du Pérennou, procureur du Roi à Quimper, en 1576. C'est de lui que parle le chanoine Moreau (*Histoire de la Ligue*, page 7).

de la ville — aux chapelles de N.-D. de la Cité (Guéodet),
— Locmaria — N.-D. de Paradis — et N.-D. du Pénity.

René Mocam épousa Urbaine de la Boixière, dont plusieurs
enfants, nés et baptisés soit à Saint-Mathieu de Quimper,
soit à Plomelin.

Nous ne citerons que ceux qui figurent dans ce livre :

Catherine Mocam, baptisée le 28 mars 1621 — parrain,
Urbain de la Boixière, sgr de Mollien — marraine Catherine de
Rioualen, dame de Logan, épouse de n. h. Jacques du Fou.
— Mariée à Jean le Veyer, sgr du Ster (en Cléden-Poher).

Marie-Renée Mocam, née le 17 août 1626, eut pour parrain,
messire Guy Autret, sgr de Missirien, et pour marraine Renée
l'Honoré, dame de la Marche.

René Mocam baptisé le 12 juillet 1630, plus tard sr du
Pérennou, épousa Marguerite Jacob. Il en eut une fille
Yvonne Mocam, dame du Pérennou, qui, le 21 avril 1681, se
maria à Baptiste de Grassi, sr de la Motte.

Une autre Jeanne Mocam, dame du Pérennou, probablement sœur de la précédente, épouse à Saint-Mathieu
François-Claude Costé du Puy, le 18 janvier 1690.

René Mocam, sénéchal de Quimper, s'était démis de sa
charge, et avait été remplacé par Claude de Visdelou, sgr de
Bienassis et Pratanras.

Ce fut en 1648 que sa fille, *Marie-Renée Mocam*, épousa
Jean de Kerampuil, sgr de Treuscoët, juveigneur de sa maison.
Deux fils, dont le second mourut jeune, naquirent de cette
union. Voici l'acte de baptême de l'aîné, Sébastien de
Kerampuil, qui fut prêtre, et mourut le 30 mars 1690 (1).

« Ce jour 23 d'apvril 1656 a été baptisé Sébastien de
Querampuil, fils de légitime mariage de feu nobles homs Jean

---

(1) Cet acte est dû à M. le chanoine Peyron qui vient de le rétrouver aux archives
de l'Évêché.

de Kerampuil, s^{gr} de Treuscoët, et de dame Marie-Renée
Mocam etc., parrain et marraine ont esté messire Sébastien
chef de nom et d'armes de Rosmadec, s^{gr} marquis de Molac,
comte de la Chapelle, s^{gr} de Kergournadech, Tiouerlen,
Bodigneau, Tréanna, l'Estang, le Brunot, Lostanhouet, etc.,
et dame Jeanne de la Boixière dame du Parcoz, Kersabiec,
l'Estang et autre, — et fust né le 2me jour de novembre, l'an
mil six-cent-cinquante.

Par moi soussigné rect^r de Saint-Mathieu à Quimper.

Ont signé :

Sébastien DE ROSMADEC, François DE LAUNAY,
Jeanne DE LA BOIXIÈRE, Françoise DE GRASSY,
Marie-Renée MOCAM, Jeanne DE LESTANG,
Vincent DE GRASSY, Jacquette LE LAGADEC,
DU CLEUZIOU vicaire.

VII.

LE VEYER (1).

Catherine le Veyer.
(Voir page 45.)

D'or à 3 merlettes de sable.

I. Rolland le Veyer épouse Marguerite de Kerléan, dame
de Kerandantec, d'où :

II. Jean le Veyer, s^r de Kerandantec, épouse Catherine de
Kerouartz, d'où :

III. François le Veyer, s^r de Kerandantec, épouse Jeanne
de Hirgars, d'où :

---

(1) M. le baron de St-Pern a fourni les 9 premiers degrés de cette notice : tout le
reste est dù à Madame de Réals à laquelle je dois tant de documents pour ce livre,
pris dans ses propres archives de Brunolo.

IV. Jean le Veyer, s^r de Kerandantec, épouse Louise le Vayer de Feuntenisper, d'où :

V. Jean le Veyer, s^r de Kerandantec, épouse Jeanne de Keroignant, d'où :

VI. François le Veyer, s^r de Kerandantec, épouse Catherine de Kerdreffec, dame du Ster, (en Cléden-Poher), d'où :

VII. Ollivier le Veyer, s^r de Kerandantec, du Ster, etc., épouse Jeanne de Penmarch, d'où :

VIII. Claude le Veyer, s^r de Kerandantec, du Ster, etc., épouse Susanne de Pénancoët, fille de Guillaume, s^gr de Keroualle, et de Gillette Barbier de Kerjean, d'où :

IX. Jean le Veyer, s^r du Ster, épouse Catherine Mocam, fille de René Mocam, s^r du Pérennou, sénéchal de Quimper, et d'Urbane de la Boixière, laquelle étant morte, il se fit prêtre.

Catherine le Veyer, sa sœur, épousa par contrat de mariage du 3 février 1646, Henry s^gr de Kerampuil, fils aîné de Pierre, et de Jeanne de Kergrist. Elle mourut en 1679, et son mari se fit prêtre.

X. Les enfants de Jean le Veyer et Catherine Mocam furent :

Jean-François le Veyer qui ne paraît pas avoir été marié, et qui figure comme parrain de sa nièce, Marie le Veyer; le 18 juillet 1671, et sur l'acte paraît René-Maurice le Veyer, sans doute l'un de ses frères.

François le Veyer, s^r du Parc (en Rosnoën) et de Coëténez, épousa Marie-Françoise de Penmarch avant 1662, fille de messire François de Penmarch et de dame Marie Mahault. Il mourut âgé de 66 ans, au Parc, le 31 mai 1704. Dans l'acte de décès (registres de Rosnoën) sont mentionnés Gabriel le Veyer, s^gr de Coëtenez, Catherine-Barbe le Veyer, et

Gabrielle le Veyer, dame de Kermorgant et du Vieux-Castel, ses enfants.

XI. Gabriel le Veyer, sgr de Coëténez, le Parc, etc., épousa Marie-Péronnelle de Kerléan, fille de René de Kerléan, et de Roberte de Kernezne (1), d'où :

Roberte le Veyer née le 10 avril 1697, fut baptisée à Rosnoën où elle eut pour parrain noble et discret missire René de Kerléan, et pour marraine Roberte de Kernezne, dame de Kerléan. Roberte le Veyer épousa Claude-René de Guer, marquis de Pontcallec après son célèbre frère aîné, Clément-Chrysogone, décapité à Nantes en 1720, pour la défense des libertés de la Bretagne. Il mourut le 31 décembre 1744, laissant deux fils qui ont été les derniers de leur nom.

Gabriel le Veyer mourut âgé d'environ 64 ans, le 22 août 1724, et Marie de Kerléan mourut le 7 avril 1725, tous deux inhumés en l'église paroissiale de Rosnoën où l'on voit encore leurs inscriptions sur leurs tombeaux.

Noble et discret missire Jan-Baptiste le Veyer, frère de Gabriel, prêtre, chanoine de Lesneven, évêché de Léon, mourut âgé de 30 ans, le 26 février 1697, et fut inhumé en l'église de Rosnoën, le lendemain, en présence de messire François le Veyer et Marie-Françoise de Penmarch, seigr et dame du Parc, ses père et mère, de Gabriel le Veyer, son frère, et de René le Veyer, son oncle, Marie le Veyer, Catherine-Barbe et Gabrielle le Veyer, ses sœurs (Registres de Rosnoën).

Noble et discret missire François le Veyer, missionnaire royal, mort le 3 mars 1704, inhumé à Rosnoën, fut aussi

---

(1) René de Kerléan était fils de Jacques de Kerléan et de Renée du Val, et Roberte de Kernezne, fille de Charles IIe du nom, mls de la Roche, vte du Curru, comte de Gournois, baron de Laz, chevalier de l'ordre du Roi, gouverneur de Quimper par brevet du 16 mars 1663, et de Robine de Marbœuf. (Généalogie manuscrite de Kernezne, par le comte de Keranflech-Kernezne.)

fils de François le Veyer et de Marie-Françoise de Penmarch. Catherine-Barbe le Veyer, leur sœur, épousa le 8 janvier 1707, Charles-René de Kerléan, sᵍʳ de Chef du Bois.

Marie le Veyer, née le 18 juillet 1671, mourut le 16 juin 1702, sans alliance.

VIII.

LE LART DU ROZ (1).

Jacquette le Lart du Roz.
(*Voir page 50.*)

De gueulle semé de billettes d'argent sans nombre.

I. Guillaume le Lart, sᵍʳ de Kerverzer, épouse Olive de Dollo, dame du Roz (en Merléac), trève du Quillio, d'où :

II. Ollivier le Lart, sᵍʳ du Roz, épouse Madeleine du Houlle, d'où :

III. Guillaume le Lart, sᵍʳ du Roz, épouse Roberte de Mur, d'où :

IV. François le Lart, sᵍʳ du Roz, épouse en décembre 1536, Françoise de Kerraoul, d'où :

V. Charles le Lart, sᵍʳ du Roz, épouse, en 1571, Françoise de la Chesnays d'Estimbrieux,
d'où :

VI. Charles le Lart, sᵍʳ du Roz, gouverneur de Corlay, épousa, en mai 1620, Jacquette le Coniac, après la mort de laquelle il se fit prêtre.

Marie le Lart, sa sœur, fut femme d'écuyer Jacques Raoul, sᵍʳ du Poul (en Mellionec).

---

(1) Cette notice a été établie avec le concours et les recherches de M. le comte de Keranflech-Kernezne, ainsi qu'avec les miennes au Quillio.

Moricette le Lart, également sa sœur, fut femme de René de Boisgelin, sʳ du Bot.

VII. Hervé le Lart, sᵍʳ du Roz, fils aîné de Charles et de Jacquette le Coniac, fut sénéchal de Pontivy, et eut pour femme Catherine le Clerc.

Marc le Lart, sʳ de Saint-Honoré, son frère, épousa à Naizin, le 18 février 1651, Anne le Veneur, fille d'écuyer Toussaint le Veneur et de demoiselle Françoise de Québriac.

Guillaume, sʳ de Kerbardoul.

François, sʳ de Saint-Emonde.

VIII. Charles le Lart, sᵍʳ du Roz, né au Roz, le 4 mars 1650 (1), épousa le 11 juin 1696, dans la chapelle de Saint-Sébastien (dépendante du Roz), Jeanne-Marie de Coëtlogon, fille de messire François de Coëtlogon, chevalier, sᵍʳ de Kerberio, la Villegicquel, la Touche-Hilary, et de dame Renée Fiacrette de Kerverder ; cette dernière était morte depuis le 15 septembre 1687.

Eusèbe-François-Yves, et Denys le Lart du Roz furent aussi fils d'Hervé et de Catherine le Clerc.

Denys fut recteur de Taulé (Finistère), et son acte de décès (extrait des registres de Taulé) formera son article (2) :

« Noble et circonspect missire Denys du Roz, le Lart,
» sieur recteur de la paroisse de Taulé, entien syndic du
» clergé de Léon, après avoir gouverné sa paroisse pendant
» cinquante huit ans, mourut dans son presbitaire le vingt
» et troisième feuvrier mil sept cent quarante six ; son corps
» fust inhumé le lendemain dans le cimetière de l'église
» paroissiale dudit Taulé près la croix, par le ministère de

(1) Baptisé au Quillio, le 14 décembre 1652, il eut pour parrain Charles le Lart, son grand'père, et pour marraine Marguerite le Lart, dame de Rosmeur. Étaient présents : Jacquette le Coniac, Anne le Veneur, Marie le Lart, Moricette le Lart, Marc le Lart, Jacques Raoul. (Registres du Quillio.)

(2) Il est dû à M. Alphonse Cazin d'Honincthun, qui en outre a bien voulu photographier plusieurs des gravures de ce livre.

» M^r l'abbé la Touche, recteur de Saint-Mathieu de Morlaix,
» y assistants M^{rs} les prestres de Taulé et trèves, les soub-
» signants et plusieurs autres. »

Jacques le Bihan de Pennelé fils. — G. Merer, recteur de Loquénolé. — de Kerdréan Lucas, chanoine de Quintin. — de Kerdréan Lucas. — de Régomier de la Chapelle. — R. de la Chapelle , — Vérrier — Langonnaval Guégot — J. G. Guihéry la Touche, recteur de Saint-Mathieu de Morlaix. »

Jacquette le Lart, fille également d'Hervé et de Catherine le Clerc, naquit au Roz, le 18 octobre 1648, fut mariée, le 23 janvier 1679, à messire Guillaume de Kerampuil, fils aîné de Henry de Kerampuil et de Catherine le Veyer.

Ce mariage fut célébré par Sébastien de Kerampuil, prêtre, dans la chapelle de Saint-Nicodême, trève du Quillio.

Marie le Lart, sœur des précédents, née le 24 mars 1650 (1), au Roz, fut mariée le 29 décembre 1689, dans la chapelle de Kerampuil, par Sébastien de Kerampuil, prêtre, à messire Marc-Claude du Leslay, s^{gr} de Keranguével, fils d'écuyer Louis du Leslay, et de Marguerite de Poulmic.

IX. Eugène le Lart, s^{gr} du Roz, fils de Charles et de Jeanne-Marie de Coëtlogon, né au Roz, le 18 octobre 1704, épousa le 23 avril 1732, demoiselle Jeanne-Vincente le Tenours, fille de messire François le Tenours et de Jeanne-Hélène Cadier (paroisse du Moustoir-Remungol). Il est dit dans l'acte : fils de défunts messire Charles le Lart, chevalier, s^{gr} du Roz, de Quistinit, etc., et de dame Jeanne-Marie de Coëtlogon, de la trève du Quillio, paroisse de Merléac, évêché de Quimper. Il se remaria le 18 janvier 1735 à demoiselle Marie-Jeanne de Lantivy (paroisse de Guénin, Morbihan).

Jacquette-Renée le Lart « fille de messire Charles le Lart, chevalier, s^{gr} du Roz, et de dame Jeanne-Marie de Coëtlogon,

---

(1) Baptisée au Quillio, le 27 mars 1650, elle eut pour parrain m^{ire} Thomas Fabrony, écuyer s^r de la Prégenterie, conseiller du Roi au présidial de Rennes, et Marie le Lart, fille aînée du Roz.

née le huictiesme avril, mil sept cent, fut nommée par messire René-Joseph de Coëtlogon, sgr de Kerjan, et dame Jacquette le Lart, dame de Kerampuil, et les cérémonies suppléées dans l'église du Quillio le 17e mai, an susdit 1700. »

Elle épousa messire Jean-Louis de Rosmar, fils de Claude-François de Rosmar sgr de Runegoff, et de Madeleine de Kerrivoal. Elle mourut au presbytère de Taulé, chez son oncle, noble missire Denys le Lart du Roz, le 19 octobre 1742, ne laissant qu'une fille qui devint héritière du Roz, les autres enfants de Charles et de Jeanne-Marie de Coëtlogon n'ayant pas laissé de postérité, laquelle fut :

Sylvie-Charlotte de Rosmar, née le 27 août 1737, à Taulé, chez son grand-oncle, et mariée le 4 janvier 1753, à messire Charles-Robert de Saisy de Kerampuil.

IX.

COLIN DE LA BIOCHAYE (1).

Anne-Perrine Colin de la Biochaye.
(*Voir page 53.*)

D'azur à trois merlettes d'or.

Simon, croisé en 1248 (Armorial de Courcy).

I. Julian Colin, 1er du nom, chevalier, capitaine de cent hommes d'armes, sgr de la Briaye, de la Herbetières et d'Ardennes, fonda en 1400 la chapellenie de Sainte-Catherine, qui se desservait en l'église paroissiale de Saint-Julien de Vouvantes, dont la terre de la Briaye est distante d'une demi-

(1) Nous devons cette notice, extraite des archives du château des Nétumières, à M. Joseph de Poulpiquet du Halgoët, et à M. Saulnier, conseiller à la Cour d'appel de Rennes, qui l'a complétée.

lieue : il s'en réserva le droit de présentation et nomination pour luy et ses successeurs portant son nom. Il était mort en 1401, comme il se voit par l'acte de présentation à ladite chapellenie, faite cette même année par noble femme Catherine de Saint-Didier, sa veuve, comme tutrice de leur fils André (1).

II. André Colin épousa en 1415 demoiselle Jehanne de Saint-Didier, sa cousine au troisième degré. Il comparut le 22 juin 1420, en qualité de chevalier, aux revues de Raoul, siré de Coëtquen, pour le recouvrement de la personne du duc. Il était mort en 1448.

De 1400 à 1448 on rencontre plusieurs membres de cette maison, mais on ne connaît pas leur filiation :

— 1414. Pierre Colin — noble attaché à Mgr Richard duc de Bretagne.

— 1415. 24 janvier. Ollivier Colin escuyer à la revue d'Antoine du Pelle.

— 1418. Jehan Colin, escuyer à une montre de Jehan Perceval.

— 1420. Milon Colin escuyer à une montre de Jean de Penhouet.

— 1421. Thomas Colin escuyer de la retenue de Bertrand de Dinan.

— 1425. Jehan Colin accompagne le duc de Bretagne à son voyage d'Amiens vers les ducs de Bedfort et de Bourgogne.

III. Noble Robert Colin, sgr de la Briaye, etc., rendit aveu de ses fiefs le 23 novembre 1480, à haute et puissante dame Françoise de Dinan, comtesse de Laval, baronne de Châteaubriant. Il épousa en mai 1477, Clémence de Rocas. Il rendit aveu le 18 mai 1496, et mourut avant 1507.

---

(1) Voir dictionnaire d'Ogée, article Saint-Julien-de-Vouvantes.

IV. Julian Colin II⁰ du nom, sᵍʳ de la Briaye, etc., épousa en 1508, Magdeleine Jamet. Il partagea son frère, le 3 mai 1507. Sa postérité s'éteignit à la VII⁰ génération dans Julian et Amaury Colin de la Briaye tués dans les guerres de Flandre.

Jacques Colin, fils puiné de Robert et de Clémence de Rocas, reçut en partage le 3 mai 1507, la terre de la Biochaye qui est peu éloignée de celle de la Briaye. Il épousa, suivant contrat du 22 juillet 1510, Guillemette Huet, fille de messire Jacques Huet, chevalier, sᵍʳ de la Bellière, d'où :

V. Robert Colin, sᵍʳ de la Biochaye, épousa 1° demoiselle Renée de Bollon qui décéda sans hoirs, 2° Bertrande Picaud du Parc, dont :

VI. Guillaume Colin, baptisé à Saint-Julien de Vouvantes, présenté le 15 avril 1580 à la chapellenie de Sainte-Catherine, par droit attaché aux descendants de n. h. Julian Colin, sᵍʳ de la Briaye, fondateur de ladite chapellenie en 1400.

Il épousa, suivant contrat du 12 janvier 1578, Françoise Bouvet de Crameseul, et mourut en août 1598, dont :

VII. Jacques Colin, sᵍʳ de la Biochaye, baptisé à Nantes, (par. de Sainte-Croix) le 5 juillet 1583, présenté à la chapellenie le 6 février 1610. Il épousa 1° Julienne Rahot dont un fils, Roland, mort en bas âge; 2°, suivant contrat du 4 janvier 1612, Françoise Macé de la Roche dont il a eu onze à douze enfants :

VIII. Nicolas Colin, sᵍʳ de la Biochaye, de la Rivière, etc., épousa N... de Moucheron (1) d'où :

IX. Pierre Colin, sᵍʳ de la Biochaye, d'abord conseiller au parlement de Metz de 1673 à 1677, puis, de 1681 à 1698,

---

(1) Ce degré VIII faisait défaut dans la généalogie que nous tenons de M. du Halgoët : il a été rétabli par M. Saulnier, le savant généalogiste, qui ajoute que ce Nicolas Colin de la Biochaye fut débouté en 1669, faute des pièces.

Cependant on peut juger de l'importance et du passé de cette famille, que l'armorial de Courcy fait sortir comme ramage de la maison d'Ingrande.

conseiller au parlement de Bretagne, épousa en 1692 demoiselle Anne-Élisabeth de la Mouche, qui était veuve en 1721 ; elle était fille de Pierre, conseiller d'État et prévôt des marchands de Paris.

D'où 2 enfants qui suivent :

Nicolas Colin, abbé de la Biochaye, titulaire de la chapellenie de Sainte-Catherine, mort en 1699.

X. François Colin, sᵍʳ de la Biochaye, né à Rennes, par. de Saint-Jean, le 7 novembre 1692, y baptisé le 27 janvier 1693, reçu Président des requêtes au parlement de Bretagne, le 10 janvier 1716, épousa en 1720, Jeanne-Louise Charpentier, fille de Jacques et de demoiselle Louise Loret de Villeneuve, sᵍʳ et dame de la Villeroux.

Anne-Perrine Colin de la Biochaye, baptisée en Saint-Jean de Rennes sous le seul nom de Perrine, le 9 mai 1694, née le 27 avril précédent, épousa le 22 octobre 1711, à Saint-Germain de Rennes, messire Henry-Albert de Saisy, chevalier, sᵍʳ de Kerampuil (1), et mourut au château de Kerampuil, le 26 décembre 1721.

---

(1) Nous devons à M. Saulnier l'acte de mariage non trouvé lorsque s'imprimait la généalogie de Saisy de Kerampuil, et que voici :

Acte de mariage de Henry-Albert de Saisy et Anne-Perrine Colin de la Biochaye, 22 octobre 1711.

Registres de la paroisse Saint-Germain de Rennes, 1711, fᵒ 64, verso.

« Le vingt et deuxième octobre mil sept cent onze, du consentement du sieur curé de Saint-Etienne, en l'absence de monsieur le recteur en date du vingt, nous, docteur de Sorbonne et rectʳ de cette paroisse de Saint-Germain de la ville de Rennes, avons administré la bénédiction nuptiale à messire Henry-Albert de Saisy, chevalier, sᵍʳ de Kerampuil, de la paroisse de Toussaints, majeur et disposant de ses droits, et damoiselle Anne-Perrine Colin de la Biochais, de la paroisse de Saint-Etienne, après un ban fait canoniquement et sans opposition dans les paroisses des parties, suivant les certificats des sieurs curés des 20 et 21ᵉ de ce mois, signés Gillot, prêtre, curé de Saint-Etienne, et Kermasson, curé de Toussaints de Rennes, et dispense des deux autres bannies données par messieurs les grands vicaires du chapitre le jour d'hier, signé Dumans vic. gén. et J. le Gault, vic. generalis, et deuement insinuée et enregistrée au greffe des insinuations ecclésiastiques led. jour d'hier, signé Jul. Henry pour Mʳ Ruffé, absent, la cérémonie en présence des soubsignants, ladite demoiselle épouse autorisée de justice par décret au siège présidial de Rennes. Signé : — Henry-Albert de Saisy de Kerampuil. — Anne Colin de la Biochaye. — A. E. de la Mouche de la Biochaye — Fr. Colin de la Biochaye — Barrin — Gillonne Rabeau — Renée-Françoise Feydeau — Yves-Marie de la Bourdonnaye — Claude-Marie du Plessix — Guy Monneraye — Jacques Huart de la Grand rivière — de la Croix — de Montalembert.

XI. 1º Louis-François Colin, sgr de la Biochaye, fils de François et de Jeanne-Louise Charpentier, né en Saint-Etienne de Rennes, le 29 avril 1721, mort avant le 8 avril 1778, date des provisions de l'office de Président conféré à son fils, après son décès, fut reçu le 13 juin 1646, président au Parlement de Bretagne, par la démission de son père, qui se fit recevoir Président honoraire en 1746; il épousa, en mars 1748, Mauricette Saget de la Jonchère, fille d'écuyer René-Georges, sgr d'Eancé et de Coesmes, et de Pélagie-Pauline du Tiercent. Leurs enfants sont énoncés au degré XII.

2º Jean-Hyacinthe Colin de la Biochaye, prêtre, docteur de Sorbonne, abbé commendataire du Tronchet, grand chantre, premier dignitaire et chanoine de l'église cathédrale de Dol, de 1758 à 1778; vicaire général et official de ce diocèse en 1758, titulaire de la chapellenie de Sainte-Catherine, dernier abbé de Bonrepos, mort à Jersey pendant l'émigration, le 18 septembre 1796.

3º Pierre-Marie-Auguste Colin de la Biochaye, capitaine des vaisseaux du Roi en 1772, chevalier de Saint-Louis, depuis 1763, obtint le rang de brigadier des armées du Roi en 1778. Il épousa Jeanne du Tertre de Montalais, fille de messire René-Séraphin, chevalier sgr comte de Montalais, capitaine des vaisseaux du Roi, et de Claude le Ny de Kerélec, d'où : 1º Louis-Séraphin-Marie ; — 2º Louis-Henry-Marie ; — 3º Louise-Marie ; 4º Jacquemine.

Louis-Séraphin-Marie, page du Roi, puis officier aux gardes françaises, né à Brest, le 14 août 1770, fusillé à Vannes, le 8 fructidor an III (25 août 1795) (1).

XII. 1º Christian-Marie-Louis Colin de la Biochaye, fils aîné de Louis-François et de Mauricette Saget de la Jonchère, officier au régiment Royal-artillerie, puis en 1778, après la mort et en remplacement de son père, président des requêtes au Parlement de Bretagne, démissionnaire en 1785, né à

(1) V. *Les débris de Quiberon*, par M. de la Gournerie, 2ᵉ édition, p. 110.

Châteaubriant en 1750, mort à Rennes en 1813, avait épousé en 1778, Pauline-Charlotte Martin de Boistaillé, née en 1750, morte à Rennes, en 1826, d'où : Pauline, Louis et Victoire, morts sans alliance.

2º Pierre-Marie Colin de la Biochaye, né en Saint-Jean de Béré, près Châteaubriant, marié en la paroisse de Plumergat, le 17 juin 1788, à Françoise-Marie-Anne de Frédot du Plantys, née en cette paroisse, en 1757, fille de Gabriel-Marie de Frédot sr du Plantys, et de feue Marie-Françoise-Jeanne Gillet de Perrouze, sa seconde femme, mariés en cette paroisse, le 5 juin 1748, d'où : A. Jeanne, sans alliance, B. Pierre-Gabriel-Adélaïde-Marie qui suivra.

3º Jeanne-Hyacinthe Colin de la Biochaye.

4º Adélaïde-Bathilde Colin de la Biochaye épousa 1º M. de Goyon ; 2º le comte de Goulaine, maréchal de camp.

5º Jeanne-Louise Colin de la Biochaye.

XIII. Pierre-Gabriel-Adélaïde-Marie Colin de la Biochaye mort en 1828, épousa Emilie-Modeste Hochedé de la Guémerais, morte en 1832, dont :

XIV. Bathilde-Louise-Marie Colin de la Biochaye, née à Nantes, le 16 février 1823, épousa au château des Hayes, le 4 mai 1841, Joseph de Poulpiquet, vicomte du Halgoët, décédé en 1862, dont postérité.

2º Marie-Emilie-Louise Colin de la Biochaye épousa en 1844, Isidore-Paul-Victor Hay comte des Nétumières, mort en 1869, d'où postérité.

Dans ces deux familles, de Poulpiquet du Halgoët, et Hay des Nétumières, se sont éteints les Colin de la Biochaye.

X.

DE ROSMAR.

Silvie-Charlotte de Rosmar.
(*Voir page 57.*)

D'azur au chevron d'argent accompagné de trois molettes de même.

Alain de Rosmar, archer dans une montre reçue par Even Charuel en 1356 (1).

I. Noble écuyer Rolland de Rosmar, fils de Jean, s^{gr} de Runegoff (en Pédernec), épousa dam^{elle} Thomasse Guyomarc'h, d'où :

II. Noble écuyer Rolland de Rosmar, s^{gr} de Runegoff, épousa damoiselle Plézou du Bot, d'où :

III. Guillaume de Rosmar, s^{gr} de Runegoff, épousa damoiselle Jeanne de la Bouexière, d'où :

IV. Jean de Rosmar, s^{gr} de Runegoff, épousa damoiselle Olive Denis, dame du Collédou, en Pédernec, d'ou :

V. Arthur de Rosmar, s^{gr} de Runegoff, épousa 1° Catherine de Plouézoch et 2° damoiselle Julienne Fleuriot, fille de Kernavalet et de Kermabon, d'où :

VI. Du premier mariage : Jean de Rosmar, s^{gr} de Runegoff, qui épousa le 3 mars 1559, Jeanne de Kergorlay, et ne laissa pas d'enfants (2).

---

(1) La branche des Rosmar, s^{grs} de Kerdaniel, dont nous avons la filiation également, a fourni quatre chevaliers de l'Ordre du Roi (voir *les chevaliers de Saint-Michel*, du baron de Carné).

(2) Nous possédons le contrat de mariage, daté du 3e mars 1559, entre Jehan de Rosmar, s^{gr} de Runego et de Runandrez, et Jeanne de Kergorlay, fille d'Amaury,

Du second mariage : Guillaume de Rosmar, sᵍʳ de Runegoff, épousa damoiselle Anne de Penfenteniou, fille de Jean de Penfenteniou, sʳ de Kermorus, et de sa seconde femme, Françoise de Mesnoalet.

VII. Vincent de Rosmar, leur fils juveigneur, sᵍʳ de Runegoff, épousa damoiselle Suzanne Foger, d'où :

VIII. Jacques de Rosmar, sᵍʳ de Runegoff, épousa Françoise Olymant, fille de la maison de Kernéguez (Carhaix).

Il mourut le 11 janvier 1671, âgé de cinquante-cinq ans, et fut inhumé en l'église de Pédernec le jour ensuivant, en présence de messire Rolland le Gualès, chevalier, sᵍʳ de Mézaubran, son cousin germain.

Ils eurent trois enfants :

1. Charlotte-Louise de Rosmar qui épousa le 19 septembre 1675, dans la chapelle de Runegoff, messire Jean de Kerlech du Chastel, sᵍʳ de Kergadiou.

2. Marguerite, femme en 1ʳᵉˢ noces d'Yves de Kergariou, sᵍʳ de Portzamparc, en secondes noces de Maurice de Trogoff, sᵍʳ de Kerberio, et en 3ᵐᵉˢ noces de Claude de Trogoff, sᵍʳ du Govelic. Chez elle, au manoir de Portzamparc, mourut Françoise Olymant, sa mère, en novembre 1688, et elle-même mourut en 1701 sans enfants.

---

sᵍʳ du Cluzdon. Le dit Jehan de Rosmar était fils unique, dit l'acte, d'Arthur de Rosmar et de Catherine de Plouezoc'h.

En 1582 et années suivantes, Jeannette de Kergorlay est dite veuve de noble Jan de Rosmar, sᵍʳ de Runangoff. Il est probable qu'ils moururent sans hoirs, et que Guillaume de Rosmar, autre fils Arthur et de Julienne Fleuriot, sans doute seconde femme, devint héritier de Runego. Nous avons suivi de point en point la filiation que donne l'arrêt de la réformation, très sommaire, qui ne cite pas Jan de Rosmar et Jeanne de Kergorlay.

Nous possédons aussi le testament daté du 14 février 1532, de Guillaume de Rosmar, sᵍʳ de Runego, par lequel il partage Jacques, Tudual, Anne, Marguerite et Louise de Rosmar, ses enfants ; il faut croire que Jean, fils aîné de Guillaume, n'y est pas compris vu ses droits d'aîné.

A partir de Jacques de Rosmar (degré VIII), toutes les dates et mentions d'actes concernant les Rosmar sont dues à M. l'abbé Le Gall, vicaire à Maël-Carhaix, et d'après ses indications, l'acte de mariage de la dernière des Rosmar avec Charles-Robert de Saisy de Kerampuil a été trouvé à Plougonven, par M. Charles de Parcevaux.

3. Claude-François de Rosmar qui suit :

IX. Claude-François de Rosmar, sᵍʳ de Runegoff, y naquit le 16 septembre 1655, et fut baptisé en l'église de Pédernec, le 27 février 1656, ayant pour parrain messire Claude de Rosmar, seigneur de Kerdaniel, et pour marraine dame Françoise le Gualès, dame de R... Il eut pour tuteur messire Rolland le Gualès, sᵍʳ de Mésaubran, dont la fille aînée épousa Éléonor Marie du Maine, comte du Bourg, alors Maréchal de France, et ses sœurs, plus âgées que lui et citées plus haut, eurent pour tuteur messires Jean d'Acigné, sᵍʳ de Carnavalet, et Charles d'Acigné, sᵍʳ de Kernabat.

Il épousa Magdeleine de Kerrivoal, et il mourut à la Rochederrien, dit l'acte de décès, où il s'était retiré depuis dix-huit mois, âgé d'environ trente-trois ans, le mercredi cinquième jour de mai 1688, et fut inhumé en l'église de la Rochederrien le lendemain, et en présence de nobles gens : Pierre de Kerrivoal, sᵍʳ du Cozquer, son beau-père, Jean de Kerrivoal, son beau-frère, Marguerite de Rosmar, dame de Porzamparc, sa sœur, etc. (1), d'où :

X. Pierre-François, sᵍʳ de Runegoff, né le 9 juillet 1683, et baptisé à Pédernec, le 21ᵉ dudit mois. S'il fut marié, il ne laissa toujours pas d'enfants. En 1743, il était encore sᵍʳ de Runegoff.

Jean-Louis de Rosmar, sᵍʳ de Runegoff après son frère aîné, y était né le 17ᵉ jour d'août 1685, baptisé le 11 septembre suivant, à Pédernec, ayant pour parrain noble homme Jean de Kerrivoal, sᵍʳ dudit lieu, son grand-père, et pour marraine dame Charlotte-Louise de Rosmar, dame de Kergadiou.

Officier de marine au département de Brest, chevalier de Sᵗ-Louis, il mourut à Runegoff le 15 août 1752 (2).

---

(1) Registres de Pédernec.

(2) Voici son acte de décès. — Registres de Pédernec.
« Écuyer Jean-Louis de Rosmar, chevalier, seigneur de Runego, chef de nom et d'armes, âgé d'environ soixante et dix ans, mourut dans la communion de

De son mariage avec Jacquette-Renée le Lart du Roz, fille de messire Charles le Lart, sᵍʳ du Roz, et de Jeanne-Marie de Coëtlogon, morte le 19 octobre 1742, à Taulé, il laissa une fille unique qui fut la dernière du nom de Rosmar.

XI. *Silvie-Charlotte de Rosmar*, née le 27 août 1737, au presbytère de Taulé, chez son grand-oncle, noble et discret messire Denys le Lart du Roz, recteur, et mariée le 4 janvier 1753, dans la chapelle du château de Kerloaguen, en Plougonven, à messire Charles-Robert de Saisy, comte de Kerampuil, conseiller au parlement de Rennes (1). Elle mourut âgée de 27 ans, à Kerampuil, le 4 août 1764.

---

notre mère la sainte Église, le quinze d'août, mil sept cent cinquante et deux, muni de tous ses sacrements, et fut enterré le lendemain dans la chapelle du saint Rosaire de l'église paroissiale de Pédernec, dans ses prééminences, par le soussigné Recteur, en présence de M. le prieur de Bégar et de plusieurs autres qui signent :

Du Garzpern, Rᵗʳ de Louargat — Fabien-Sébastien Capitaine, Prieur de Bégar — Hingant de Kerisac — de Kermel-Kermesen — du Cleuziou — de Ploësquellec — de Trolong du Halgoët — du Bois de la Roche, le fils — Bertrand Trovel, prêtre, Rᵗ de Pédernec.

(1) Registres de Plougonven. — « Messire Charles-Robert de Cési, haut et puissant seigneur et comte de Kerampuil, conseiller au parlement de Rennes, majeur d'âge, chef de nom et d'armes, de la paroisse de Sᵗ-Germain de la ville de Rennes, et haute et puissante demoiselle Charlotte-Silvie de Rosmar, de la paroisse de Pédernec en l'évêché de Tréguier, mineure d'âge, fille unique, dame de Runego, fille de deffunt haut et puissant seigneur messire Jean-Louis de Rosmar, chevalier de l'Ordre militaire de Sᵗ-Louis, et Lieutenant des vaisseaux du Roy, et de dame Jaquette le Lart, son épouse, vu la dispense de parenté au troisième degré de consanguinité, et de l'affinité spirituelle d'entre les dits messire Charles-Robert de Cési comte de Kerampuil, conseiller au parlement de Rennes et y demeurant, et demoiselle Charlotte-Silvie de Rosmar de la dite paroisse de Pédernec en ce diocèse, accordée par notre Sᵗ Père le Pape Benoit quatorze, expédié à Rome à Sainte-Marie-Majeure, le 21ᵉ novembre 1753...

Vu aussy la permission de faire les fiançailles et noces le même jour dans la chapelle du château de Kerloaguen en cette paroisse de Plougonven, le 24ᵉ dudit décembre 1752 par M. l'Official de Tréguier, et M. le promoteur, vicaire général, comme aussy ayant vu la dispense de deux bannies tant en la paroisse de Pédernec, qu'en la paroisse de Sᵗ-Germain de Rennes, comme il est constaté par les certificats de messʳˢ les Rᵗʳˢ de Pédernec du 3ᵉ décembre 1752, et de Sᵗ-Germain, aussi du 3ᵉ décembre 1752, signés Bertrand Trovel, prêtre, recteur de Pédernec, et Bonnier, recteur de Sᵗ-Germain, évêché de Rennes, et la dispense de deux bans de monsʳ le grand vicaire de Rennes, du premier janvier 1753, signé de Guersanz, vu aussy le décret de mariage de la dite demoiselle Charlotte-Silvie de Rosmar par la juridiction ducalle de Guingamp du onze septembre 1752, signé Legendre, commis juré ayant eu la commission dudit sʳ Rᵗ de Pédernec de faire les noces, je soussigné Recteur ay conjoints en mariage les dits seigneur et demoiselle dans la dite chapelle du château de Kerloaguen, et leur ay donné la bénédiction nuptiale le quatrième jour du mois de janvier mil-sept-cent-cinquante-trois, ayant la permission de les épouser aux avents présents.

Charles-Robert de Césy de Kerampuil — Charlotte-Silvie de Rosmar — Charles-René de Cézy — J. J. de Kersauson — Jean-Baptiste de Cézy — Théophile le Guichoux, recteur de Plougonven.

XI.

DE LA BOËSSIÈRE.

Marie-Julie de la Boëssière.
(*Voir page 60.*)

De sable au sautoir d'or.

I. Guillaume de la Boëssière, vivant en 1390, marié 1º à Constance Droniou, 2º à Marie du Coskaer, d'où :

II. Guillaume de la Boëssière, écuyer de la compagnie du sire de Tournemine, à Mantoue, en 1421, reçut du duc François Iᵉʳ, en 1445, une coupe d'argent pesant trois marcs.

Seigneur dudit lieu de la Boëssière, paroisse de Plusquellec, évêché de Cornouailles, il est mentionné dans la réformation de 1445. Il épousa 1º Marguerite Quillihouch : d'où Morice de la Boëssière, auteur de la branche de Chambord fixée hors de Bretagne, dès la fin du XVᵉ siècle. Il était maître d'hôtel ordinaire du roi Charles VIII.

2º Perronnelle de Kerdrein, d'où :

III. Bertrand de la Boëssière, sʳ de Keraslouant (en Botmel), épousa Aliette de Kerliviou dame de Keraslouant, fille d'Olivier et de Marie Huon de Kerflec'h, d'où :

IV. Charles de la Boëssière, sʳ de Lennuic et de Keraslouant, mort vers 1550, marié à Marie l'Arbalestrier, dame de Lannuic, d'où :

V. 1. Yves de la Boëssière, sᵍʳ de Lannuic et de Keraslouant, mort en 1559, marié par contrat du 19 septembre 1541, à Marie Forget, fille de Jean Forget, écuyer, sʳ de Kerlan ;

2. François de la Boëssière, sʳ de Troïleur et de Keraslouant qui épousa 1º Françoise Guéguen, fille de Nicolas Guéguen,

écuyer, sʳ de Troïleur, 2° Anne de Coëtquiriou, veuve en 1572, d'où Louis de la Boëssière sʳ de Rosvéguen.

3. Maurice qui épousa, en 1583, Anne de Coëtanezre.

D'Yves de la Boëssière, sgʳ de Lennuic et de Keraslouant, et de Marie Forget de Kerlan naquit :

VI. Louis de la Boëssière, sgʳ de Lennuic et de Keraslouant, marié en 1581 à Françoise Loas, dame de Coëtmeur, en Plévin, fille d'Hervé Loas et de Louise de Quélen, d'où :

1. Yves de la Boëssière, sgʳ de Keraslouant, de Lennuic et de Coëtmeur, époux de Jeanne de Kerouartz, père et mère de Charlotte de la Boëssière, fille unique et héritière, dame de Lennuic et de Keraslouant, qui épousa 1° Jean de Cleux, sgʳ du Gage, le 9 janvier 1630; 2° Paul du Botdéru. 3°, en 1663, Julien le Séneschal, sgʳ de Tréduday.

2. Henri de la Boëssière, sieur du Relaix, qui épousa Jeanne le Vicomte, d'où sept enfants, dont l'aîné fut :

VII. Marc-Antoine de la Boëssière mort en 1648, marié par contrat du 20 mai 1644, à Anne de Boisboissel, fille d'Alain sgʳ du Fossé-Raffray, et de Jeanne le Long, dame de Coëtriou, d'où :

VIII. Marc-Antoine de la Boëssière qui épousa Anne le Brun de Kerprat, fille de Jacques, sʳ de Kerprat, et de Béatrix Couppé, d'où :

IX. Bertrand-Gabriel de la Boëssière qui épousa, le 27 mai 1694, Marie-Gabrielle de Gouyon, fille de Jean de Gouyon de la Palue, et d'Anne-Marie du Louët de Coëtjunval, d'où :

X. Marc-Antoine-François de la Boëssière-Lannuic qui épousa, le 6 décembre 1740, Renée-Louise de Bahuno, fille aînée de François-Guillaume de Bahuno, mⁱˢ du Liscoët, et de dame Pétronille le Borgne, d'où :

XI. Bertrand-Pierre-Marie de la Boëssière-Lannuic, né le 7 novembre 1741, décédé le 16 octobre 1787, épousa 1°, le

2 décembre 1762, Marie-Jeanne de Tavignon, fille unique de Paul-Antoine de Tavignon (1), et de Jeanne-Marquise de Barrin, et 2° Thomase-Jeanne du Boisberthelot, fille de Pierre-Augustin comte du Boisberthelot. Du 1er mariage sont issus :

XII. 1. Marc-Antoine-Hyacinthe, général marquis de la Boëssière, né au château de Keranno, près Guingamp, le 11 décembre 1766, maréchal de camp le 9 mai 1815, député du Morbihan sous la Restauration, mort au château de Malleville, le 11 août 1846 (2).

2. Pauline-Renée-Marie, mariée à Christophe-Marie comte de Goësbriant.

3. Marie-Marguerite-Françoise-Julie, mariée à Jacques-Yves marquis de Quemper de Lanascol.

4. *Marie-Julie,* mariée le 14 juillet 1788, à Guingamp, à Charles-François-Marie comte de Saisy de Kerampuil, et morte à Paris le 23 février 1850.

Du deuxième mariage :

5. Marc-Hilaire-Bertrand-Thomas comte de la Boëssière, marié en 1799 à Charlotte-Marie-Josèphe Raison du Cleuziou, d'où 6 fils et 4 filles.

6. Louis-Paul-Auguste vicomte de la Boëssière, marié en 1811 à Angélique-Marie le Mallier de Chassonville, fille de Daniel-Henri-Louis-Philippe-Auguste le Mallier comte de Chassonville, officier au régt de Royale Pologne Cavalerie, et de Jeanne-Pauline de Cornulier, née le 25 décembre 1789, morte le 8 mai 1860.

7. Marie-Thomase, mariée à Ambroise-Marie comte de Carné.

---

(1) Paul-Antoine de Tavignon était fils de Marc-Antoine et de Jacqueline le Gualez de Mézaubran.

(2) Dont la postérité est aujourd'hui en Belgique et, par suite de l'alliance d'Antoine de la Boëssière, son fils, avec Mlle de Thiennes, a pris le nom de la Boëssière de Thiennes.

XII.

DE TROGOFF.

Hélène-Claudine de Trogoff de Coatalio.
(*Voyez page 65).*

D'argent à trois fascts de gueules, qui est Lanvaux ; aliàs : accompagné au chef d'un lambel d'azur (Sceau 1409.)

I. Olivier baron de Lanvaux (11..-1238) épouse Adelice de Hennebont, dont :

II. Geoffroy I de Hennebont, chevalier (12..-1265) épouse Catherine de Rohan, dont trois enfants, entre autres :

III. Alain I de Lanvaux, chevalier (1241-1267), épouse N... de la Forest dont, entre autres :

IV. Geoffroy II de Lanvaux, chevalier (1258-78), épouse Tiphaine de Rohan, dont 5 fils, entre autres :

V. Alain II de Lanvaux, chevalier (1288-1314), épouse l'héritière de Trogoff, et en prend le nom, dont :

VI. Pierre de Trogoff, chevalier (1356), épouse 1º Marie de Lanvaux ; 2º Jehanne de Callac. Il fut père de :

VII. Yvon de Trogoff, chevalier, sgr de Trogoff, de Callac, etc. mort en 1400, marié à Marguerite Léon, de la maison de Kergaff, (sans rapport avec la grande maison de Léon), dont sept enfants, entre autres :

1. Bertrand, auteur de la branche aînée ;

2. Alain qui suit ;

3. Pierre, auteur de la branche de Kerlessy et de ses ramages ;

4. Jean, auteur de la branche de Kergolleau.

VIII. Alain de Trogoff, chevalier, s⁹ʳ de Pellinec (1403-64), épouse Jeanne du Houlle. Il fut père de :

IX. Jean de Trogoff, chevalier, s⁹ʳ de Pellinec (1463-99), époux de Marguerite de Rochmelen, dont 3 fils, entre autres :

1. Guillaume qui suit ;

2. Jean, auteur de la branche de Boisguezennec.

X. Guillaume de Trogoff, écuyer, s⁹ʳ de Rochmelen, (1483-1543), épouse Isabelle de Kernechriou, dont cinq enfants, entre autres :

XI. Pierre I de Trogoff, écuyer, s⁹ʳ de Rochmelen, épouse en 1531, Barbe Le Merdy, dont 2 fils :

1. Raoul qui suit :

2. Pierre, s⁹ʳ de Pontenès (1571-1620), doyen des conseillers au parlement.

XII. Raoul de Trogoff, écuyer, s⁹ʳ de Rochmelen (1561-94) épouse Mauricette de Perrien, dont sept enfants, entre autres :

1. Pierre qui continue la branche de Rochmelen ;

2. Jacques qui suit ;

6. Jean, auteur de la branche de Kerdrogon.

XIII. Jacques de Trogoff, écuyer, s⁹ʳ de Kerangoff (1568-1617) épouse Marguerite de Kergrech, dont trois enfants, entre autres :

1. Guillaume qui continue la branche de Kerelleau ;

2. Maudet qui suit.

XIV. Maudet de Trogoff, écuyer, s⁹ʳ de Coatalio et de Kergoff (1631-1658) épouse Françoise de Kerderrien, dame du Bot, dont cinq enfants, entre autres :

XV. Louis de Trogoff, écuyer, s⁹ʳ de Coatalio et de Kergoff (1644-93), épouse 1° Catherine Thépault, dont deux enfants, et 2° Marguerite Loz, dont huit enfants, entre autres :

XVI. François-Augustin de Trogoff, chevalier, s^{gr} de Coatalio (1682-1732), épouse Marguerite Le Gastric, dame de Kerdouric, dont cinq enfants, entre autres :

XVII. Pierre-François-Marie de Trogoff, comte de Coatalio (1710-84), épouse Renée-Christine de Tromelin, dont trois enfants, entre autres :

XVIII. Olivier-Louis de Trogoff, comte de Coatalio (1735-93), épouse Marie-Anne-Louise Labbé de Pennalen dont :

1º Pierre-René-Marie qui continue cette branche ;

2º *Hélène-Claudine de Trogoff*, épouse le 21 novembre 1801, Pierre-Marie de Saisy de Kerampuil, troisième fils de Charles-Robert et de Silvie-Charlotte de Rosmar. Elle mourut à Landerneau, le 21 novembre 1801 (1) sans laisser de postérité.

XIII.

DE PENFENTENIOU ou PENFEUNTENYO (2).

Véronique-Jeanne de Penfenteniou.
(Voir page 65.)

Burellé de dix pièces de gueules et d'argent.

Hervé, bailli de Léon en 1308, témoin dans un accord entre le vicomte de Léon et les moines du Relec en 1310.

I. Jean Ier du nom, s^{gr} de Kermorus, paroisse du Minihy St-Pol, réf. de 1443, épousa, d'après M. de Courcy, Catherine Heussaff, vers 1430, et d'après une filiation des Penfentenyo, ce serait Catherine Tugdual.

---

(1) Cette filiation est tirée des origines et généalogie de la maison de Trogoff, par M. le Vte Urvoy de Porzamparc. Nous ne nous l'attribuons en rien.

(2) Cette notice est due au baron de St-Pern, et à M. H. le Forestier de Quillien, en grande partie.

Il eut pour fils :

II. Guyomarch de Penfenteniou qui épousa le 30 novembre 1461, Olive de Kersauson, d'où :

III. Jean II, sr de Kermorus, épousa le 9 mai 1496, Marguerite, aliàs Béatrix de Coëtelez.

IV. Jean IIIe du nom, sr de Kermorus, épousa le 2 janvier 1519, Annette de Coetquis de Kernéguez, dont il eut 8 enfants. L'un d'eux Christophe, né au manoir de Penfenteniou dans la paroisse de Sibiril, près St-Pol-de-Léon, entré dans l'ordre des frères mineurs au couvent de St-François de Cuburien, près Morlaix, devint par ses grands talents et sa supériorité, général de son ordre en 1571. Il mourut à Rome, le 26 mai 1595, au couvent de St-Pierre in Montorio, et y fut inhumé. Ses restes furent plus tard transportés dans la chapelle du manoir de Kermorvan, en St-Pabu.

V. Jean IV de Penfenteniou, sr de Kermorus, aîné de la famille, contracta trois mariages :

1o Avec Perrine Barbier de Lescoët, le 5 novembre 1538, qui mourut sans postérité ;

2o Avec Françoise de Mesnoalet, fille de Valentin et de Béatrice de Kerlozrec, le 25 janvier 1552, dont dix enfants ;

3o Avec Marie le Scaff, dont aussi postérité.

VI. Jean, l'aîné des enfants du second mariage, épousa Marguerite de Tyvarlen, héritière de Kerharo, et mourut sans enfants.

François, le second, épousa en 1593, Marie de Lanros, et devint après la mort de son frère sr de Kermorus. Il est l'auteur des sgrs de Cheffontaines, (nom francisé de Penfenteniou), et aussi l'auteur de la branche de Kervéréguin à laquelle appartient le contre-amiral actuel.

Tanguy, le troisième, est l'auteur de la branche qui est l'objet de cette notice, qui a successivement porté les noms de Kermorvan, de l'Isle, et de Poulbroch.

Puis sept filles, dont Anne fut mariée, à Alain de Kergrist, sr de Kerpréder, — Marie qui épousa Hervé le Borgne, sr de Keruzoret, — Béatrice mariée à Olivier de Kerlec'h, — Anne mariée, à Claude de Rosmar, sgr de Runegoff, — Catherine mariée à Gabriel de la Bouexière — et une autre à Olivier le Rouge de Penfenteniou, son cousin.

Tanguy de Penfenteniou, sr de Lesmestric, sénéchal de la juridiction royale de Brest et de St-Renan, épousa en 1598, Catherine de Kermorvan, héritière de ladite maison. Il en eut 5 enfants, dont l'aîné fut :

VII. René de Penfenteniou, sr de Kermorvan, marié à Perronnelle le Jar, de la maison de Pénancoët (Chef du bois) en la par. de Plouédern. Il en eut neuf enfants.

L'aîné des fils, Tanguy, IIe du nom, épousa Bonaventure de Bresal, par contrat du 7 septembre 1661, et n'eut que deux filles : 1. Suzanne-Corentine épousa François-Hyacinthe, marquis de Cheffontaines ; 2. Marie qui épousa René du Menez, sr de Lézurec.

Jacques, sr de l'Isle, continua la filiation.

VIII. Jacques de Penfenteniou, sr de l'Isle, devint après la mort de son frère Tanguy le représentant de la branche aînée des Penfenteniou de Kermorvan. Il épousa, par contrat du 6 février 1659, Marie le Gendre, fille d'écuyer Guillaume le Gendre, sr de Montigné, et de Suzanne Geoffroy, héritière de sa maison. Il mourut en mai 1669, d'où René, ou Renan :

IX. Renan de Penfenteniou, sr de l'Isle, Trévien, Keraudry, Lézuner etc., naquit en 1661 au manoir de Trévien, paroisse de Plouédern. Il se maria 1° avec Louise de Keroudault, héritière de la maison de Poulbroch, fille de défunt écuyer Louis de Keroudault, en son vivant sr de Kerbernard, et de Marie de Trédern. Ce mariage fut célébré en l'église tréviale de la Martyre, paroisse de Ploudiry, le 17 novembre 1681. 2° avec Louise le Saulx, de la maison de Toulencoët, le 15 novembre 1690.

Du 1er mariage naquirent 4 enfants dont l'aîné, François-René, mourut au service du Roi, dans ses armées, le 6 décembre 1701, sans avoir été marié, et Mathieu-René continua la filiation.

Renan de Penfenteniou de l'Isle mourut au manoir de Keraudry, en Guipavas, le 19 décembre 1737.

X. Mathieu-René de Penfenteniou de l'Isle, sr de Poulbroc'h, naquit au manoir de Trévien, le 14 mars 1688. Il épousa à Rennes, le 19 août 1737, en l'église de St-Aubin, Marie-Hélène de Lorgerot, fille de défunt écuyer François Louis, sr de Beaumont, et de Jeanne Bécard du Pont ; d'où trois fils morts en bas âge, et un quatrième, François-Louis, qui à continué la filiation, et une fille, Marie-Véronique mariée trois fois : 1o le 30 août 1746, avec Félix-François-Louis-Marie Gouin de Chapiseaux, conseiller du Roi et commre de la marine au dépt de Brest, fils de défunt François René, capitaine des vaisseaux du Roi, et major de la marine au même dépt, et de Anne Charlotte de Toutenoutre ; il mourut sans postérité, le 14 juin 1756, à son manoir de Penanrun ; 2o avec François-Louis d'Aché, comte de Serquigny, capitaine des vaisseaux du roi, fils de Guillaume d'Aché, cte de Serquigny, chef d'escadre des armées navales de Sa Majesté, et de Marguerite de Keroudault ; lequel mourut sans postérité le 1er janvier 1761, à Brest ; 3o en l'église tréviale de la Martyre, le 6 décembre 1763, avec Jean-François-Paul-Henri de la Cour, vicomte de Balleroy, qui fut chef d'escadre le 20 août 1784, et mourut sans postérité à St-Lambert de la Poterie, près Angers, le 13 mars 1801.

Madame de Balleroy était morte à Poulbroch, le 16 juin 1796.

XI. François-Louis de Penfenteniou, de Poulbroch, épousa le 6 août 1764, à Landerneau, Marie-Michelle-Nicole Cabon, fille de noble maître André Cabon, sr de Keraliàs, avocat au parlement, et de Marie-Gabrielle Baril de Montval. Il mourut à Dol, le 27 août 1779, et sa femme à Landerneau, le 6 octobre 1795, d'où :

XII. 1. Marguerite, née le 6 mars 1767, épousa, le 3 décembre 1804, Jean-Marie de Lesguern de Kervéatoux, et mourut sans postérité, le 4 novembre 1805.

2. Marie-Gabrielle-Clette, née le 12 mars 1768, à Poulbroch, mariée le 21 octobre 1795, à Landerneau, à François-Claude, marquis du Poulpry ; morte sans postérité en 1849, à son manoir de Rosarfeunteun, psse de St-Divy.

3. Marie-Jeanne Michelle, née le 14 août 1769, à Poulbroch, fut religieuse de la Visitation, et mourut au couvent de Paray-le-Monial.

4. *Véronique-Jeanne*, née le 24 février 1771, à Poulbroch, épousa à la Martyre, le 29 octobre 1806, Pierre-Marie de Saisy de Kerampuil, dont elle a eu 4 enfants.

5. Clet-Marie, né à Poulbroch, le 29 avril 1772, fut religieux trappiste. Il mourut à Lausanne, en Suisse, le 4 juin 1795. Avec lui s'éteignit la branche des Penfenteniou de Poulbroch dans sa descendance masculine.

6. Marie-Françoise, née le 15 septembre 1773, à Poulbroch, fut religieuse Ursuline d'abord, à St-Pol-de-Léon, puis à Lamballe où elle mourut.

XIV.

DE PARCEVAUX.

Ambroisine-Marie de Parcevaux.
(*Voir page 67.*)

Généalogie de l'ancienne famille de Parcevaux de Mézarnou, portant :
d'argent à trois chevrons d'azur.

Devise : S'il plaist à Dieu !

1091. — Messire Pierre-André de Parcevaux, comme seigneur époux de dame Sibille de Trogoff, fille de messire Alexandre de Trogoff, bachelier de Bretagne, et de dame

Élie du Chastel, partage avec le sire du Pont les biens avenus de la succession de feue dame Perrine de Tournemine, leur ayeule maternelle, le 4ᵉ jour après la fête de msʳ Sᵗ-Jean-Baptiste 1091.

1145. — Messire Olivier de Parcevaux, *miles*, fit une fondation à l'abbaye du Rellec pour prier Dieu pour défunts Pierre-André de Parcevaux et dame Sibille de Trogoff, ses père et mère, que Dieu absolve. Faite en ladite abbaye après y avoir ouï la messe en présence du sire de Trogoff et du sire de Tournemine, parents et amis dudit fondateur, qui ont signé avec lui et apposé chacun leur scel à cette fondation, pour main fournie, le 2ᵉ jour de l'an 1145.

(Original sur vélin où l'on voyait encore lesdits sceaux lors de la présentation de ce titre au cabinet du Sᵗ-Esprit.)

1173. — Noble homs Jéhan de Parcevaux, *miles*, ratifie la fondation faite par monsieur Olivier, son père, à l'abbaye du Rellec, et l'augmente de ses bienfaits pour prier Dieu pour défunte dame Marie-Anna de Kerouzéré, sa mère, en présence dudit Olivier, son père, et de monsieur Pierre de Kerouzéré, son oncle, qui, à sa prière, ont signé avec lui et apposé chacun leur scel, le 5ᵉ jour de l'an 1173.

(Acte produit audit cabinet, l'original sur vélin.)

1185. — Le sire Jéhan de Parcevaux, chevalier, tant pour lui que fondé de pouvoirs de mons. Olivier, son seigneur et père, a assisté et s'est assenti à l'assise du comte Geffroy, tenue en 1185, qui règle et ordonne la manière dont les nobles de Bretagne devront à l'avenir partager les successions de leurs parents.

(Cet extrait est tiré d'une copie exacte de M. Chérin, généalogiste du Roy et de ses ordres.)

1205. — Messire Jehan de Parcevaux, chevalier.

1250. — Le sire Pierre de Parcevaux, chevalier, l'un des gentilshommes de Bretagne qui accompagnèrent le sire de Châteaubriant, était capitaine de cent hommes d'armes au voyage d'Outremer ou de Terre-Sainte où se trouvèrent le Roi saint Louis, et Pierre Mauclerc, duc de Bretagne. A la bataille de la Massoure, le 8 février 1250, ils furent tous faits prisonniers par les Sarrazins.

(Extrait par Delvincourt sur un titre authentique déposé au cabinet du St-Esprit.)

1297. — Monsieur Pierre de Parcevaux « qui fils de monsieur Jéhan de Parcevaux était », se trouve ainsi rappelé par madame sa veuve, dans un compte du domaine de Lesneven, rendu au conseil du Duc de Bretagne, le 5e jour après la fête de la Trinité de l'an 1297.

(Cet extrait fut tiré sur un collationné de la Chambre des comptes dudit duc de Bretagne.)

1381. — Jéhan de Parcevaux ratifia le traité de Guérande au mois d'avril de l'an 1381, dans la ville de Saint-Brieuc.

La filiation suivie n'a été établie que depuis Tanguy, sans doute son fils (1).

I. Tanguy de Parcevaux, seigneur de Mézarnou, paroisse de Plounéventer, évêché de Léon, épousa en l'an 1392, Adeline de Kerlouan, fille d'Alain de Kerlouan et de Péronnelle de Coëtivy, d'où :

II. Alain de Parcevaux, s^{gr} de Mézarnou, secrétaire du duc de Bretagne Jean V, l'an 1430 ; il fut capitaine de Lesneven, et s'obligea de garder la place au Duc par acte du 14 novembre 1430. Il fut père de François de Parcevaux qui suit :

III. François de Parcevaux, s^{gr} de Mézarnou, épousa Jeanne de Prathir, d'où :

IV. Maurice de Parcevaux, s^{gr} de Mézarnou, sénéchal de Léon, en l'an 1469, épousa le 12 août 1472, Tiphaine de Campir, fille d'écuyer Olivier, et de Margilie de Kerléo, ledit s^r de Campir était de l'ancienne maison de Kerosal.

---

(1) Toute cette partie de la généalogie, antérieure à la filiation régulièrement établie, nous a été communiquée par la famille de Parcevaux et dressée par elle d'après les anciens titres qu'elle possède.

Ledit s^r Maurice de Parcevaux mourut le 7 avril 1485, et eut pour fils Yves qui suit.

V. Yves de Parcevaux, s^{gr} de Mézarnou, épousa, l'an 1507, Jeanne de Kerven, en Ploudaniel, et mourut au mois de mars 1519, laissant pour enfants, Maurice, François, Jean et Prigent de Parcevaux, et une fille nommée Louise. Il avait épousé en premières noces, Marie de Kergranec. De ce mariage vint Jeanne de Parcevaux qui épousa Jean Barbier s^r de Kerjan, le 1er octobre 1512, fils de Yves Barbier, s^{gr} de Lestorhan et de Lisle, et de Marguerite de Kersulguen de la Boixière.

François de Parcevaux, second fils d'Yves et de Jeanne de Kerven, fut chanoine, official et grand vicaire de Léon, en 1557. Il fit d'importantes fondations, et fut inhumé dans la cathédrale de St-Pol.

Jean de Parcevaux fut vicaire général de Léon, chanoine de Léon et de Cornouaille, conseiller au présidial de Quimper.

Prigent de Parcevaux, lieutenant de Léon, et depuis procureur à la cour, fit la branche des seigneurs de Keraméar que nous reprendrons après la branche aînée, et dont la filiation se continue jusqu'à nos jours.

VI. Maurice de Parcevaux, s^{gr} de Mézarnou, fils aîné d'Yves et de Jeanne de Kerven, sénéchal de Léon, épousa Jeanne de Prathir, héritière dudit lieu ; ils laissèrent pour enfants : Yves, Maurice, et Jean de Parcevaux, lequel mourut sans hoirs.

VII. Yves de Parcevaux, s^{gr} de Prathir, homme de grande littérature, reçut le doctorat à Bologne (Italie), en 1551. Il remplit ensuite les fonctions de conseiller au présidial de Quimper-Corentin ; puis, par lettres du Roi du 14 septembre 1556, il fut pourvu d'un office de conseiller au Parlement de Bretagne, dans lequel il fut reçu le 10 février 1557 (1).

---

(1) Sous le nom d'Yves Percevaulx. Nous devons cet article à M. Saulnier.

Il épousa, le 20 mars 1554, Jeanne de Bouteville, seconde fille de noble et puissant Yves de Bouteville, baron du Faouët, et de Renée de Carné, fille aînée de Marc, sire de Carné, et de Gillette de Rohan. Yves de Parcevaux mourut trois à quatre ans après cette grande alliance, et ses deux filles, Renée et Marie, moururent au berceau.

Jeanne de Bouteville épousa en secondes noces, au mois de février 1559, en l'âge de 19 ans, haut et puissant Claude de Goulaine.

VII. Maurice de Parcevaux, second fils de Maurice et de Jeanne de Prathir, succédant à son frère Yves, fut sᵍʳ de Prathir, et épousa Françoise de Carné, seconde fille de Hyérosme, sᵍʳ de Carné, et d'Adelice de Kerloaguen, d'où :

VIII. Hervé de Parcevaux, fils aîné, sᵍʳ de Mézarnou, de la Paluë, de Kerascoët, etc., épousa en premières noces, N... du Parc de Locmaria ; ce mariage fut sans postérité. En deuxièmes noces, en 1591, il épousa Renée de Coëtlogon, veuve de Lancelot le Chevoir, sᵍʳ de Coadélan, dont elle avait une seule fille qui fut enlevée au château de Mézarnou, par le célèbre brigand Guy Éder de la Fontenelle, alors qu'elle n'avait que neuf ans, et plus tard il l'épousa (1).

IX. Alain de Parcevaux, sᵍʳ de Mézarnou, la Paluë, Kerascoët, etc., chevalier de l'Ordre du Roi, fils d'Hervé et de Renée de Coëtlogon, épousa Susanne de Guémadeuc, fille de hᵗ et pᵗ Thomas de Guémadeuc, chevalier de l'Ordre du Roi, et de Jacquemine de Beaumanoir ; elle était veuve de François de Kersauson.

Alain de Parcevaux vit du Liscoët, digne émule de la Fontenelle, enlever par une infâme trahison toutes les richesses que contenait son opulent manoir de Mézarnou. Le merveilleux inventaire de ce mobilier peut seul donner une juste idée de

---

(1) Les détails de cet enlèvement n'ont jamais été donnés ; ils seraient d'un extrême intérêt. Il est inconcevable que cette enfant soit restée au pouvoir de la Fontenelle.

ce qu'étaient nos grandes demeures seigneuriales à cette époque : il est la pièce la plus curieuse en ce genre.

Alain de Parcevaux et Susanne de Guémadeuc n'éurent qu'une fille, Françoise de Parcevaux, l'une des plus riches héritières de Bretagne. Elle épousa, par décret de mariage du 13 avril 1627, haut et p^t messire René Barbier, marquis de Kerjean, fils de René, chevalier de l'Ordre, et de Françoise de Quélen, âgé alors de 14 ans, et Françoise de douze ans. En elle finit la branche aînée.

Elle fut dame d'honneur de la Reine, mère du Roi, par brevet du 1er septembre 1653 (1).

La branche des Parcevaux de Keraméar et de Tronjoly se reprend au degré VI.

VI. Prigent de Parcevaux, fils d'Yves et de Jeanne de Kerven, épousa en 1535, Françoise de Keraméar, héritière dudit lieu (en Kerlouan), d'où :

VII. Alain de Parcevaux, s^{gr} de Keraméar, épousa en 1560, Catherine de Kersauson, fille de Guillaume, et de Claudine de Cornouaille, d'où :

VIII. Vincent de Parcevaux, s^{gr} de Keraméar, épousa Marie le Moyne de Ranvlouch (par. de Plougoulm) d'où :

IX. Louis de Parcevaux, s^{gr} de Keraméar, épousa Claude de Billes, de la province de Normandie, d'où :

X. Robert de Parcevaux qui épousa, en 1692, Marie-Magdeleine de Kergoët, veuve de M. de Kerézélec, fille de Charles de Kergoët, s^{gr} de Tronjoly (par. de Cléder), et de Marie-Magdeleine de Crouzé.

Il prit part à la prise de Rio de Janeiro avec Duguay-

(1) Lettre par laquelle le Roi recommande à M. le Maréchal Duc de la Meilleraye, son Lieutenant général en Bretagne, d'appuyer les intérêts de la Marquise de Kerjan, Dame d'honneur de la Reine-mère, en date du 10 juillet 1556. Extrait de l'État général des officiers domestiques de la Reine, mère du Roi, commençant le 1er janvier et finissant le dernier décembre 1658. — (Archives du château de Lesquiffiou.)

Trouin, et périt sur le *Magnanime*, le 22 janvier 1712, en revenant en France.

Il eut trois fils : 1. Robert de Parcevaux qui épousa Dreuse Guyot de Sainville, et n'eut pas d'enfants, Jean, qui mourut sans hoirs, et Claude ci-après :

XI. Claude-Marie de Parcevaux, chevalier des ordres du Roi, chef d'escadre, le 16 septembre 1764, avait épousé en 1738, Marguerite de Kergoët, héritière de Tronjoly, fille de Louis de Kergoët, sgr de Tronjoly, et de Gabrielle de Gouyon de la Palue.

De ce mariage sont provenus Ambroise de Parcevaux, et deux filles : Anne-Marie, mariée le 16 mars 1673, à Armand de Cillart de Suville qui fut chef d'escadre, et est mort en 1801, et Marie-Josèphe de Parcevaux, mariée au comte le Bègue de Germiny, également chef d'escadre.

Claude de Parcevaux mourut à Brest, le 14 février 1775, après avoir fait trente campagnes sur mer, et plus de cinquante ans de service (1).

XII. Ambroise-Toussaint-Marie de Parcevaux, né à Saint-Pol, le 21 décembre 1747, fut lieutenant de vaisseau, chevalier de Saint-Louis, et épousa en décembre 1774, Dreuse-Jacquette de Bullion de Montlouet, fille de Rémy-Claude de Bullion, comte de Montlouet, chef d'escadre, et de Corentine de Bussy. En 1792, il fit partie, au régiment d'Hector, de la 2e expédition de Quibéron, et eut le bonheur d'échapper au massacre des royalistes. Sa femme fut longtemps emprisonnée pendant la Terreur, au château du Taureau, peu après la naissance de son quatrième fils, Ambroise.

Il mourut à Tronjoly, le 7 mars 1826.

XIII. Les 4 fils forment les 4 branches actuelles :

1. Armand qui épousa Emmanuelle de Lesguen, d'où Ambroise marié le 29 janvier 1856, à Caroline de Kerguiziau

---

(1) Jusqu'à la Révolution la famille de Parcevaux compte quatorze de ses membres officiers de marine.

34

de Kervasdoué (1), desquels sont nés, Yves, non marié, et Françoise de Parcevaux, qui a épousé, le 18 novembre 1879, Jean-François-Henry de Sonis, fils de l'immortel général de division de Sonis.

2. Louis-Claude de Parcevaux, marié le 5 octobre 1812, à Marie-Louise de Goësbriant, fille de messire Christophe-Marie, comte de Goësbriant, et de Pauline-Renée-Marie de la Boëssière de Lannuic. Il mourut à Tronjoly, le 28 avril 1858, d'où :

XIV. A. *Ambroisine-Marie* de Parcevaux, née à Saint-Urbain, le 7 septembre 1813, mariée à Cléder, le 15 janvier 1839, à François-Marie-Louis de Saisy de Kerampuil, et morte au château de Tronjoly, le 5 décembre 1852.

B. Anastasie-Dreuse-Marie, mariée à Michel-François Jouan de Kervénoaël, fils de Jacques Jouan de Kervénoaël, et de Marie-Josèphe de Chefdubois.

C. Pauline, religieuse du Saint-Esprit.

D. Louis-François-Marie, né le 21 septembre 1821, marié le 6 juin 1855, à Louise de Cortyl de Witsove.

Gentilhomme de forte trempe et d'ardent dévouement aux grandes causes, il mourut à son château de Tronjoly, le 13 août 1895, laissant trois filles.

E. Charles-Marie-Raphaël de Parcevaux, inspecteur général des haras, né le 2 octobre 1829, épousa le 24 juillet 1860, à Saint-Martin de Morlaix, Noémi-Marie-Joséphine de Pompery, fille de Charles-Hyacinthe de Pompery, et de Marie-Anne-Marthe de Saisy. Il mourut au château de Keruscar, le 29 septembre 1891, laissant un fils et deux filles.

Charles-Marie-Joseph de Parcevaux, né le 20 mai 1867, marié à Versailles, le 9 février 1893, à Marie-Florence-Gabrielle le Cordiers de Bigars de la Londe, d'où : Noémi-Marie-Henriette de Parcevaux, née le 17 janvier 1894, à Versailles, et Hélène-Marie-Louise-Édith, née le 15 août 1895, à Keruscar.

---

(1) Fille du chevalier de Kerguiziau de Kervasdoué et de Mlle de la Jaille.

Jeanne-Marie-Marthe, née le 13 mai 1862, mariée le 9 octobre 1888, à Georges, vicomte de Castellan, et Édith, née le 12 octobre 1865, mariée le 14 mai 1889 à Alain de Tréverret.

F. Paul, né le 15 avril 1831, mort aux zouaves pontificaux le 14 octobre 1860, à Osimo, des suites de la blessure mortelle reçue à Castelfidardo, le 18 septembre, pour la défense du Saint-Siège.

G. Marie, née le 28 décembre 1825, mariée le 9 décembre 1856, à Léonce le Bègue de Germiny, comte du St-Empire, mort capitaine de vaisseau, le 6 avril 1883, d'où 2 fils et une fille (1).

_ H. Pierre-Marie-Charles de Parcevaux, né en 1836, épousa le 24 mai 1864, Noémi-Célestine-Marie Jaillard de la Marronnière, fille du Mis de la Marronnière et d'Aglaé-Césarine-Joséphine de Genevières, morte le 3 janvier 1891, à Saint-Urbain, d'où :

1. Paul-Joseph-Marie-Adolphe de Parcevaux, né en 1865, lieutt au 2e d'infanterie, a épousé à Tours, le 12 avril 1893, Adeline-Amélie-Élisabeth-Henriette-Marie-Louise Baillond de Masclary, d'où :

Jean de Parcevaux, né en juillet 1896.

2. Louis, né en 1866, officier d'infanterie.

3. Maurice, né en 1873.

4. Adrienne, née en 1869, religieuse auxiliatrice.

5. Yvonne, née en 1871.

6. Marguerite, née en 1876.

7. Élisabeth, née en 1878.

I. Marc de Parcevaux, dernier fils de Louis-Claude et de Marie-Louise de Goësbriant, né en 1834, mort le 15 novembre 1852, sans alliance.

---

(1) 1. Léonce le Bègue de Germiny, comte du St-Empire, né le 26 juin 1858, marié le 22 mai 1890, à Laurence Dumaine de la Josserie.

2. Marc le Bègue de Germiny, comte du St-Empire, né le 4 janvier 1860, marié à Jeanne Cornot de Cussy.

3. Anna, comtesse du St-Empire, religieuse auxiliatrice.

3. Charles-Hortense-Marie de Parcevaux, troisième fils d'Ambroise-Toussaint et de Mlle de Bullion de Montlouët, né à Brest, le 8 septembre 1786, épousa le 12 septembre 1813, Marie-Louise-Armande Gillart de Keranflech, fille de François et de Pélagie Urvoy de Portzamparc, d'où trois fils, Auguste, Charles, et Eugène, et six filles parmi lesquelles plusieurs religieuses du Sacré-Cœur.

XIV. Auguste-René-Marie-Emmanuel de Parcevaux, né à Tronjoly, en Cléder, le 30 mai 1818, épousa le 17 septembre 1859, Marie-Françoise-Valérie Prévost de Sansac de Traversay, fille de Jules-Alexandre Prévost de Sansac, comte de Traversay, officier de marine, et de Louise-Héloïse-Malvina le Vassor de Bonneterre, d'où :

XV. Hervé de Parcevaux, marié le 9 novembre 1886, au château de Brescanvel, à Marie-Dominique-Adrienne de Poulpiquet, mourut le 4 février 1888, sans enfants.

Jehan de Parcevaux, marié à Dolorès le Fer de la Motte, fille de Henry le Fer de la Motte, officier de la Légion d'honneur, et de Julia-Léa Wilson ; d'où trois enfants :

Emma, née le 18 janvier 1892.

Julia, née le 26 novembre 1893.

Joseph, né le 23 mars 1896.

Charles de Parcevaux, second fils, né au dit Tronjoly, le 5 février 1822, épousa en mai 1858, Mary de la Barre de Nanteuil, d'où un fils, Henry, et une fille, et mourut le 6 mars 1871.

4. Ambroise, quatrième fils d'Ambroise-Toussaint de Parcevaux, et de Mlle de Bullion de Montlouët, épousa Angèle de Kerléan, fille de Charles-Joseph-Marie de Kerléan et de Marie-Jeanne-Louise-Marie de Lesmaës.

D'où deux fils et sept filles, qui n'ont pas été mariées.

Inventaire du manoir de Mézarnou, pillé en 1594 par Yves du Liscoët sᵍʳ du Bois de la Roche, près Guingamp. Catholique de naissance il avait apostasié pour épouser Philippe de Maridor, dame d'honneur de la duchesse de Bar, sœur d'Henri IV. L'un de ses plus odieux actes de brigandage fut le pillage de Mézarnou dont il s'empara par une infâme trahison.

Extrait du réquisitoire de noble et puissant messire Hervé de Parcevaux, sᵍʳ de Mézarnou, la Pallue, Pascoët, Tihaudy, contre noble et puissante Philippe de Maridor, dame douairière du Liscoët, tant en son nom que comme curatrice de noble et puissant Benjamin du Liscoët, son fils, le 1ᵉʳ jour de mars 1603.

. Ce que le dit sᵍʳ de Mézarnou a perdu et luy esté prins et volé lors de sa prinse :

Six vingt coupes et tasses d'argent doré, faites en chapeau de cardinal, autre partye à l'antique façon, les autres façon de Paris, partyes couvertes et non couvertes jusqu'au nombre de quatre-vingt-six coupes, et le reste tasses d'argent. — Plus deux coupes d'or massif. — Item, une éguiére d'or massif, qui avait environ une coudée de hauteur. — Plus deux chaisnes d'or pesantes 800 écus chacune et plus. — Item les liz de testes d'or et d'argent, pierres précieuses, bagues et joyaux, qui appartenaient tant à ses défuntes mère et compaigne que à son épouse d'a-présent.

Une éguière ayant environ demi-coudée de hauteur, faite à écailles d'or massif laquelle était couverte. — Quatorze autres éguières d'argent doré. — Six douzaines de vaisselle d'argent pour servir la cuisine, six autres douzaines pour servir le dessert. — Six saunières d'argent doré, et autres six saunières d'argent non doré. — Deux flacons d'argent avec leurs chaisnes aussi d'argent. — Quatre douzaines d'assiettes aussi d'argent. — Demie-douzaine de brasières d'argent. — Une douzaine de grands chandeliers d'argent. — Une douzaine d'écuelles d'argent. — Deux douzaines de cuillères d'argent. — Six vinaigriers d'argent pour servir vinaigre sur la table.

Quatre grands bassins pour servir à laver, qui estoient si pezans que c'estoit le faix d'un homme sur ses bras, chacun desdits bassins. — Six autres bassins d'argent pour même sujet, de moindre pesanteur que les précédens.

Deux calices avec leurs platènes d'or massif. — Plus une croix où la représentation en figure estoit de nostre sauveur et rédempteur Jésus-Christ, laquelle croix et dite figure estoient d'or massif. — Six petits orceux à mettre vin et eau pour servir à la messe, avec les autres ornements, comme chapes, chasubles, tuniques et estolles jusqu'au nombre de demie douzaine de chacune sorte, partye desquelles chapes, chasubles, tuniques et estolles estoient de drap d'or et d'argent, les autres de battures figures où estoient en broderie de fil d'or et d'argent tant la figure de nostre sauveur et rédempteur Jésus-Christ que escussons auxquels étaient les armoiries et alliances de messire Hervé de Parcevaux et de ses précédens, avec quatre grands chandeliers d'argent, et autres ornements de lingerie servant ordinairement aux chapelles des maisons dudit demandeur.

Plus, tous les habits tant dudit sieur demandeur que à défuntes demoiselles sa mère et compaigne que épouse d'à-présens, valans dix mil écus et plus.

Plus les garnitures de lits à faire chambres, tant audit manoir de Mézarnoul que la Pallue et Pascouët ; en chacune desquelles chambres il y avait deux lits de tours de ciel, couvertures, courtines et contenance tant de velours que de soie avec les franches-crestes de fil d'or et d'argent de plusieurs et diverses couleurs, paramentés et enrichies de vers et dictons, avec les écussons et armoiries, tant du sieur demandeur que de ses prédécesseurs, rapportés et tirés à point d'aiguille en fil d'or et d'argent et de diverses couleurs de fil de soie, avec leurs tapis autrement déshabillères de même étoffe. — Plus, les garnitures de tours de lits complets pour dix chambres, partye desquels étoient faites à point d'éguilles en fil de soye de diverses couleurs, et autres partyes de fil de laine et de serge de Caen avec leurs franches-crestes. — Plus de la tapisserie pour garnir et tapisser tant les salles que chambres desdites maisons de Mézarnoul, Pascouët et la Pallue, tirée à personnaiges représentants diverses histoires avec plusieurs vers et dictons.

Trente douzaines de linceuils de fine toile, contenant chacun linceuil cinq laizes, chacune laize contenant deux aulnes de longueur.

Une douzaine de linceulx de raiseul, contenant chacun linceuil cinq aulnes et pareille laize de longueur. — Dix douzaines de linceulx de réparation, contenant chacun linceuil quatre aulnes.

Une douzaine et demie de souilles d'orilliers ouvraigés et six douzaines de souilles d'orilliers de fine toile non ouvraigés. — Six vingt couettes de plumes de duvet; avec leurs traversières et deux orilliers et traversin à chacune couette.

Deux cens quarante couvertures de lits, tant de fines cathelonnes que drap de Londres.

Trente douzaines de nappes de fine toile de lin, contenant chacune nappe quatre aulnes et demie, et soixante douzaines de serviettes de mesme toile, avec quatre douzaines de nappes de fil de réparation pour servir à la cuisine, et quatre douzaines de serviettes de mesme toile.

Plus quarante douzaines de plats d'étaing, vingt douzaines d'assiettes, six douzaines d'écuelles à oreilles, deux douzaines de grandes saucières, une douzaine de pots à anses appelés cocquemarts, quatre douzaines de pots contenant les uns environ deux potz et les autres trois potées, quatre douzaines d'autres pots, deux douzaines de pintes, une douzaine et demie de flacons, et vingt pots pour servir à la chambre, le tout d'étaing.

Trois douzaines de grands chandelliers de cuivre servant aux chambres; une autre douzaine de chandeliers d'estain avec une douzaine et demie d'autres chandeliers moyens aussi de cuivre.

Plus une douzaine de saunières de cuivre en grands personnages et fayances pour mettre aux cheminées tant des salles que chambres desdites maisons pour servir de parade en icelles.

Quatre douzaines tant chaudières, poilles, grands bassins que chaudrons, avec demie-douzaine de marmites, le tout d'airain.

Item une douzaine et demie de marmites et potz avec une douzaine de poilles à queue et demie douzaine de brasières, le tout de fer.

Plus une douzaine et demie d'autres brasières, tant de letton que de fer, avec les ustansilles de cuisines tant dudit manoir de Mézarnoul, Pascouët que de la Pallue, comme trépieds, broches, landiers, pesles, fourchette que cramaillère et autres ustansilles de fer servant auxdites cuisines.

Cinq tonneaux de vin de Gascoigne et deux de vin d'Anjou, six ou sept tonneaux de froment, dix ou douze de seigle. quinze d'avoine, et environ quatre tonneaux tant d'orge que bled noir, avec trois ou quatre cens chapons et soixante et quinze coqs et poules d'Inde.

Huit bœufs et sept pourceaux gras sous le sel en ses charniers.

Demie-douzaine de grands bœufs pour engraisser, avec dix-huit vaches à lait et quinze ou seize taureaux que génisses.

Item, vingt-huit grands chevaux, tous de service, hors quatre poulains de deux et trois ans, qui estoient au foin et à l'avoine aux écuries dudit demandeur, avec leurs harnois et équipages, dont le moindre, fors desdits poulains, valait deux cens écus ; avec, six chevaux hongres servant à la charrue, huit cavales avec leurs poulains de lait, et deux grands chevaux appelés étallons.

Plus, demie douzaine de pantz de rez servans à la chasse pour prendre loups et sangliers. contenant chacun d'eux six et sept vingt pas, avec une demie douzaine de charettes ferrées.

Item, quinze paires d'armes toutes complettes, quarante arquebuzes de Milan à mèches, vingt autres arquebuses de chasse à rouet, vingt mousquets engravés et dorés, quinze pistollets et deux douzaines d'épées et coutelas.

Quatre-vingt-cinq livres de pouldre à canon de Rennes, et deux cens livres de pouldre de Flandres.

Trois pièces de fonte verte montées, deux douzaines de verges avec leurs bouettes ; une douzaine et demie de fauconneaux de fonte verte, avec deux cens balles de fer pour lesdites pièces de fonte verte.

Plus, les livres et études, tant de son ayeul président en la cour, que de trois de ses oncles qui avoient esté en leur vivant gens de justice et de robe longue.

Item, trois horloges sonnantes, l'une au portail, l'autre à la chapelle, et la dernière au manoir de Mézarnoul.

Deux douzaines de chaises garnies de cuir et douzaines de petits tabourets couverts et garnis de laine.

Trois grands bahuts façon de Flandres, à pièces de rapports et dix-huit coffres tant bahuts que autres grands et petits, les uns de même façon de Flandres et les autres façon de Rouen.

Quels biens et meubles cy dessus spécifiés et raportez d'article en autre, sans comprendre la rançon, ledit sieur demandeur estime valoir la somme de soixante et dix mille écus, sans comprendre une infinité d'autres meubles et richesses qui estoient au manoir de Mézarnoul, lequel lors dudit ravaige estoit notoirement censé et réputé abonder autant que nul autre manoir de Bretaigne en toutes sortes de richesses et précieux meubles, et desquels il est impossible au demandeur de faire mention et article par menu, et néanmoins le vérifiera cy après.

Ces faits vrays et notoires au cartier et iceux connus et vérifiez à suffire, conclud ledit demandeur à ce que ladite défendeure soit condamnée à payer ladite somme de soixante et dix mille écus au désir et suivant l'édit du Roy pour lesdites causes, ensemble le ressaisir desdites lettres et papiers obligations et enseignements, si mieux ladite défendeure n'aime restituer au demandeur toutes et chacunes les espèces de meubles mentionnés et raportés d'article en autre au présent libelle non détériorées, ou leur juste valleur et mises, dommaiges et intérêts tant soufferts que à souffrir en cas d'insuffisance contraire.

Fait le premier jour de mars mil six cent trois.

(L'original de cette pièce est aux archives départementale du Finistère.)

XV.

LE MÉTAYER DE KERDANIEL.

Marie-Fidèle le Métayer de Kerdaniel.

(Voir page 71.)

D'argent au pin de sinople chargé de pommes d'or.

Pierre, Ier du nom, le Météer ou le Métayer, écuyer de Jean I, vicomte de Rohan, vers 1380.

I. Jacques le Métaër, chevalier, s^r du Gourmelin, par. de Planguénoual, évêché de Saint-Brieuc, pensionnaire du duc Jean V, épousa Anne de Langourla.

Son frère, Bertrand le Métaër, chevalier, accompagna en France en 1421, Richard de Bretagne, comte d'Étampes.

II. Les enfants de Jacques le Métaër et d'Anne de Langourla furent :

1. Pierre II le Métaër, s^r de Gourmelin, capitaine d'une compagnie de francs archers au service du duc Arthur III, chef de la branche des le Métaër de Gourmelin, dont les le Métaër de Lorgerie et de la Ravilais sont descendus.

2. Alain le Métayer, s^r de Saint-Tudy, par. de Plessala, évêché de Saint-Brieuc, homme d'armes dans la compagnie du sire de Gavre, en 1426, épousa Marguerite le Borgne, demoiselle d'honneur de la duchesse Françoise d'Amboise.

3. Antoine le Métayer, épousa N... le Mintier des Granges, près Moncontour.

4. Eonnet le Métayer, argentier du duc Pierre II, en 1451, 52, 53, 54, et 55, homme d'armes dans la compagnie du sire de la Hunaudaye.

5. Julienne le Métayer.

III. Le fils d'Alain le Métayer et de Marguerite le Borgne fut :

Guillaume le Métayer, s^r de Saint-Tudy, qui épousa :

1° Julienne l'Abbé, de la paroisse de Corseul, évêché de Saint-Malo.

2° Jacquette Berthier, héritière de Launay-Caro, la Ville-courant et de la Villeguénac, par. de Mohon, près la Trinité-Porhoët, évêché de Saint-Malo.

Du 1er mariage :

1. François, s^r de Saint-Tudy, premier homme d'armes de la compagnie de Jean de Bretagne duc d'Étampes, gouverneur de Bretagne, épousa Marguerite de la Marche, fille de Raoul, s^r de Caslou et de Maux, près Pacé.

2. Pierre, s^r de Contréon, homme d'armes dans la compagnie du duc d'Étampes, épousa N. de la Motte des Fontaines.

3. Gillette, pensionnaire de la duchesse Anne.

4. Marguerite épousa 1° Raoul de la Marche, et 2° Jean du Quengo, s^r de Pengréal.

Du second mariage avec Jacquette Berthier :

1. Robert, s^r de la Villeguénac, mort sans hoirs, en 1515 ou 1517.

2. Guillaume, s^r de la Villeguénac, mort en 1528, épousa Catherine Macéol, fille du s^r d'Hémil.

3. René, prêtre, promoteur de l'officialité de Saint-Malo, né en 1499, mort en 1541.

4. Éonnet, s^r de Launay-Caro, en Mohon, épousa Eustache de la Bouëxière.

5. Jean, épousa Jeanne Pissonnet, fille de Guillaume, s^r de Bellefonds, dont les enfants suivront au 4e degré.

6. Jean, s^r du Bascq, épousa 1° Jeanne Roussel de Kerisdou, et 2° Jeanne Briend, de la Trinité-Porhoët.

7. Guillaume épousa Gillette Roussel de la Bagotais, dont l'arrière-petite-fille, Julienne le Métayer, épousa en 1610 ou 1616, Jérôme de Rohan, s^gr du Pouldu. Julienne était fille de Grégoire, s^r de Kerbalot, et de Marie Nicolas.

8. Hélène.

9. Jacquette.

IV. Les enfants de Jean le Métayer et de Jeanne Pissonnet de Bellefonds, furent :

1. René le Métayer qui épousa en premières noces Françoise Henry, d'Auray, et en secondes, Marie de Kerguiris, de laquelle les enfants qui suivent au degré V.

2. Barthélemy le Métayer, s^r du Bois-aux-Moines, qui épousa Françoise-Marie de Broérec, de Vannes.

3. François le Métayer, né en 1541, qui épousa N. Guillo de Kermelin, de Vannes.

4. Olive.

5. Marguerite.

6. Jean le Métayer.

V. Les enfants de René le Métayer et de Marie de Kerguiris furent :

1. Yves le Métayer, s^r de Kerrio et de Saint-Laurent, près Vannes, mort en 1615, sans hoirs.

2. Guillaume le Métayer épousa Anne l'Abbé, et leurs enfants suivront au degré VI.

3. Barthélemy le Métayer épousa Jacquette le Mézec.

4. Françoise le Métayer épousa Jacques Colombel, s^r de Kerlagat et de Kerloys.

VI. Les enfants de Guillaume le Métayer et d'Anne l'Abbé furent :

1. Yves le Métayer, s^r de Kerrio et de St-Laurent, avocat en la cour, et sénéchal de Bazvalan, né en 1618, marié d'abord à Jeanne le Gall, de Vannes, veuve de François Chévicart, sans enfants d'Yves le Métayer, puis à Gabrielle de la Haye, d'où les enfants qui suivent au degré VII.

2. Guillaume.

3. Jean.

4. Jeanne.

VII. Les enfants d'Yves le Métayer, s^r de Kerrio, et de Gabrielle de la Haye, furent :

1. Jacques-Joseph le Métayer, s^r de Kerrio, baptisé à St-Pierre de Vannes en 1659, épousa, en 1685, en la chapelle de N.-D. de la Fosse de Goarec, Françoise-Anne de Sarran de Soulens, dame de la Villeneuve, en Plélauff, dont les enfants suivront au degré suivant. Elle était fille unique de Jean-François, capitaine gouverneur des ville et château de Pontivy et de Rohan, maître et grand veneur des eaux, bois et forêts des duché de Rohan et comté de Porhoët, et de Marie-Louise Guiller, dame de la Villeneuve, en Plélauff.

Anne de Sarran mourut en 1727, et fut inhumée en l'église St-Gilles de Goarec.

2. Jean-Hyacinthe le Métayer.

3. Jeanne-Françoise le Métayer, épousa Barthélemy Touzé, s^r de Penvern, conseiller au présidial de Vannes, et sénéchal de Carhaix.

VIII. Les enfants de Jacques-Joseph et d'Anne de Sarran furent :

1. Joseph-Gabriel le Métayer, s^r de Kerrio, la Villeneuve, Kerdaniel, Kermérien, Crénart, St-Laurent, baptisé à St-Gilles de Goarec en 1688. Il épousa en 1715, à Rennes, Jeanne-Françoise-Renée de Brécheu, fille de François, conseiller doyen au Parlement de Bretagne, et de Marie-Françoise de Kergorlay.

2. François-Laurent, s^r de Coëtdiquel en Bubry, évêché de Vannes, épousa en Lignol, Anne de Keroualan.

3. Pierre-Louis, prêtre, recteur de Plélauff.

4. Anne-Françoise, épousa Gilles de Poulmic, s^r de Grandisle.

IX. Les enfants de Joseph-Gabriel, s^r de Kerrio, la Villeneuve, Kerdaniel, Kermerien, Crénart, St-Laurent, etc., et de Jeanne-Françoise-Renée de Brécheu furent :

1. François-Louis le Métayer, s^r de Kerdaniel, la Villeneuve, Crénart, Kerauter, etc., né à Rennes (par. de St-Jean), en 1718, officier d'artillerie de marine, retiré du service en 1747, épousa en 1744, en la collégiale de Notre-Dame de Rostrenen, Louise-Jeanne du Leslay de Chefbocage, baptisée à Mezle-Carhaix, le 2 février 1715, née la veille, fille d'écuyer Ollivier du Leslay (1), et de dame Louise-Olive de la Touche-Chatton ; elle mourut et fut inhumée en l'église de N.-D. de Rostrenen, en 1759. — Elle était sœur de Perronne-Marguerite du Leslay, femme de Charles-Hercule de Keranflech, s^r de Launay et de Treusvern.

2. Jean-Baptiste le Métayer, chevalier de Kerdaniel, capitaine au régiment de Rennes, infanterie.

3. Nathalie morte sans alliance.

X. Les enfants de François-Louis le Métayer, s^r de Kerdaniel, et de Louise-Jeanne du Leslay furent :

---

(1) Un des condamnés à mort, en 1720, pour participation à l'association pour la défense des libertés bretonnes, mais par contumace.

1º Pierre-Louis-Yves, sʳ de Kerdaniel, baptisé à Quilbignon, près Brest, en 1746, épousa en 1770, en la collégiale de Rostrenen, Adélaïde de la Villeloays, fille de Jean-Marie, sʳ de Nessé, Kergourio, Bellechère, etc., et de Reine Baron du Taya.

2º Joseph-Marie, baptisé à Sᵗ-Gilles de Goarec en 1750, mort à Vannes en 1767.

XI. Les enfants de Pierre-Louis-Yves le Métayer, sʳ de Kerdaniel, et d'Adélaïde de la Villeloays furent :

1. Charles-Joseph-Marie le Métayer, nommé en 1773, dans la chapelle de l'hôtel Blossac à Rennes, par le duc et la duchesse de Fitz-James, fut officier de marine, et mourut à Brest d'une blessure reçue en duel.

2. *Marie-Fidèle-Reine le Métayer*, née en 1777, épousa à Plélauff, le 12 novembre 1805, Joseph-Joachim de Saisy de Kerampuil, mort à Kercourtois, en Plouguer-Carhaix, le 12 novembre 1837, d'où postérité.

3. Joseph-Emmanuel-François, comte de Kerdaniel, capitaine du génie, marié à Mˡˡᵉ Daën de Kerménéven, a eu deux fils qui n'ayant pas laissé de postérité masculine ont été les derniers de leur nom : Joseph, marié à Mˡˡᵉ Marestier, mort à Rennes, sans enfants, vers 1885 ; Charles, mort chef de bataillon ; deux filles, mesdames de Planterose, et de la Villaucomte.

4. Pauline le Métayer, mariée à Jean-François Bahezre de Lanlay.

5. Françoise, mariée à M. du Plessis-Quinquis.

6. Trois autres filles, dont l'une mariée à M. le Jar du Clesmeur (1).

---

(1) Nous tenons cette filiation tout entière de M. le comte de Keranflech-Kernezne.

XVI.

DE RISON.

Silvie de Rison.
(*Voir page 76.*)

Écartelé au premier et quatrième d'azur au lion d'argent armé et lampassé de gueules ; au second et troisième : de gueules à quatre faces d'argent (1).

I. Écuyer Jean Caignieu de Rison épouse (contrat de mariage du 7 août 1550), damoiselle Catherine du Goudin. — Au pied du dit contrat une grosse originale de sentence rendue en la juridiction d'Armagnac, le 28 février 1551, portant l'insinuation de la donation faite par le susdit contrat dans laquelle le dit Jean Caignieu de Rison et la dite Catherine du Goudin sont qualifiés de nobles. D'où sept enfants : — Jean, François et David — Andrine, Antoinette, Catherine et Saubisch (sic). Ils habitaient la ville de Lectoure.

II. Écuyer François de Caignieu de Rison épousa le 24 novembre 1594, Diane de Préchac, d'où 4 enfants : David, Josué, Janne et Catherine.

David épousa Catherine de la Gruelle, fille de noble Phélippes de la Gruelle et de damoiselle Antoinette de Lisle, en leur vivant s^{grs} de St-Mézard, d'où :

Paul de Rison, qui épousa (contrat du 24 juillet 1661), damoiselle Sévère de Roussanes, fille de noble Gratien de Roussanes, écuyer, s^r de Monat, et de feue damoiselle Cécile de Vacques, d'où : Benjamin de Rison, lieutenant de cavalerie dans le régiment de Grignan, compagnie de Montégut, le 8 janvier 1691.

---

(1) Nous devons l'arrêt de maintenue de Rison, du 21 août 1770, à M. le comte de Keranflech-Kernezne, allié de cette famille. Toute cette notice lui est due, avec tous les états de service de ses derniers membres.

III. Josué de Rison, capitaine de cavalerie dans le régiment de la Suze, en 1657, fils de François et de Diane de Préchac, épousa par contrat de mariage du 21 septembre 1623, où il est qualifié de noble et écuyer, Marguerite de Macquary. Ils habitaient Nérac. Ils firent leur testament le 5 février 1670, où l'on voit qu'ils avaient quatre enfants : Joseph qui suit, Gédéon, Jacques et Susanne.

IV. Joseph de Rison, leur fils aîné, fut par ce testament institué leur héritier général et universel ; il épousa à Carhaix (contrat du 7 juin 1680) demoiselle Silvie Vachet, dame du Pré, fille de noble homme Claude Vachet, syndic de la communauté de Carhaix, et de défunte demoiselle Alix Chierdel, d'où :

V. 1. Malo-Joseph.

2. François-Anne, né à Carhaix, le 6 septembre 1689, lieutenant-colonel du régiment d'Angoumois, en 1753, commandant des ville et citadelle de Verdun, chevalier de Saint-Louis.

3. Claude-Charles de Rison, écuyer, chevalier de l'ordre royal et militaire de Saint-Louis, major de la citadelle de Verdun, renonça le 18 juillet 1764 à la succession de François-Anne de Rison, écuyer, commandant des ville et citadelle de Verdun, son frère. Il épousa Marie-Madeleine-Claude d'Espiart, d'où les enfants qui suivent au degré suivant.

4. *Silvie de Rison* épousa, le 12 octobre 1711, messire Charles-René de Saisy de Kerampuil, fils de Guillaume, sgr de Kerampuil, et de Jacquette le Lart du Roz (1), et elle lui apporta le manoir de Kersaint-Éloy, en Glomel, par contrat de mariage.

(1) Archives de Glomel.
12 octobre 1711. Mariage de messire Charles-René de Kempuil seigneur de Saysis, fils puisné de feu messire Guillaume de Kerenpuil, chevalier seigneur dudit lieu, et de feue dame Jacquette le Lart, et damoiselle Silvie de Rison, fille d'écuyer Joseph de Rison, et de dame Sylvie Vachet, les deux de la ville de Carhaix,

VI. François-Claude de Rison, écuyer, né à St-Laurent de Liernois (Nivernais) en 1737, fils de Claude-Charles, ancien chevalier-garde du Roi de Pologne, et de l'ordre royal et militaire de Saint-Louis, major de la citadelle de Verdun, et de Madeleine-Claude d'Espiart, sous-lieutenant au régiment de Metz (corps royal d'artillerie) en 1750, chevalier de Saint-Louis en 1772, lieutenant-colonel du régiment de Metz, en 1788, maréchal de camp, commandant supérieur de l'artillerie de l'armée de Condé, en 1797, général-major en 1801, mort subitement à Munich, le 29 février 1807, en faisant la partie de cartes du roi de Bavière. Il avait épousé à Carhaix, le 4 octobre 1769, Marie-Françoise-Josèphe de Kernezne, fille de Joseph-Marie de Kernezne, sr du Plessix (en Laz), et de Françoise-Ursule de Coroller, d'où :

VII. 1. Maurice-François-Alexandre-Marie de Rison, chevalier de Saint-Louis, capitaine en premier au corps royal de l'artillerie, régiment de Metz, plus tard capitaine d'artillerie à l'armée de Condé, né au manoir du Plessis, en Laz, le 2 juillet 1772 (1), mort sans alliance.

2. François-Charles-Joseph de Rison, chevalier de Saint-Louis, officier de la Légion d'honneur, colonel-commandant le 1er régiment d'infanterie de ligne, en 1823, mort sans hoirs, à Guingamp, avait été marié le 20 mars 1827, à Marie-Josèphe-Constance Desprez de Gézincourt.

---

demeurants à présent au dit manoir de Kersaint-Eloy, mariés dans la chapelle du manoir de Kersaint-Eloy, suivant le pouvoir donné par missire Philippe de Kernégués, grand vicaire de Monseigneur de Quimper, et docteur de Sorbonne, en date du Xe octobre 1711. — Signé : Charles-René de Kenpuil de Saysis — Silvie de Rison — .le Rison — Silvie Vachet — Marie-Josèphe du Bois — Marie-Josèphe de Rison — du Leslay de Kerenguével — Olivier-René du Leslay — Fr. F. Primat Pbre. — Renée-Gillonne du Bois, — Gilles Symon, recteur de Glomel, et chanoine de Quimper.

(1) (Archives de Laz.) Baptisé ce même jour, il a pour parrain Alexandre d'Espiard, sgr de Colongé, lieutenant-colonel, directeur de l'artillerie à Metz, oncle paternel; et pour marraine, dame Marie-Françoise-Ursule de Coroller, dame de Kernezne, ayeule maternelle.

XVII.

DE ROSPIEC.

Marie-Anne-Marthe de Rospiec.
(*Voir page 82.*)

D'azur à la croix d'or, cantonnée de quatre merlettes de même.

I. Jean de Rospiec, vivant en 1444, épousa Alix de la Forest, d'où :

II. Jan de Rospiec, s^r de Kerambourg.

Sa sœur, Guillemette de Rospiec, partagée en l'an 1501, épousa Yvon du Botdéru.

III. Christophle de Rospiec, s^r de Kerambourg, épousa Marie le Douliec, d'où Jan qui suit, et François, s^r de Trévien, qui épousa Marie de Saludem, d'où Jean de Rospiec, s^r de Trévien, qui épousa en mars 1642, Marie du Disquay. La suite de cette branche manque.

IV. Jan de Rospiec, s^r de Kerambourg, épousa Marguerite de la Tour, d'où :

V. 1. Alain de Rospiec, qui continue la branche aînée dont la suite fait ici défaut.

2. François de Rospiec, écuyer, s^r de Kerhuon, épousa en l'église de Lannilis, le 4 février 1617, Anne Pinart, fille de noble Pierre Pinart, s^r de Keruscar, et d'Isabeau de Keraldanet.

Ce mariage eut lieu en présence de noble et puissant Claude de Kerouartz, s^{gr} dudit lieu, François de Kerouartz, et autres nobles personnes.

De ce mariage : Guillaume qui suit, Claude, et François, s^r de Brandelouez, en Brélès, et de Kerhuon, qui épousa Marie de Kernezne, fille de Louis de Kernezne, sʳ du Gartz, et de Marguerite de Kergrist.

VI. Guillaume de Rospiec, sᵍʳ de Keruscar, mourut âgé de 64 ans à Keruscar, le 15ᵉ de septembre 1681. Il avait épousé 1. Marguerite du Dourdu, morte en 1653, 2. en l'église de Lannéanou, le 5 février 1654, Isabelle le Rouge, d'où : du premier mariage, Alain de Rospiec qui suit,

Et Jan de Rospiec, marié à Françoise du Parc.

VII. Alain de Rospiec, sᵍʳ de Keruscar, épouse 1. en 1667, Isabeau le Rouge, fille de messire François le Rouge et de dame Jeanne du Parc, sᵍʳ et dame de Guerdavid; 2. Françoise le Rouge, de la maison de Kermeur.

Du premier mariage :

VIII. François de Rospiec, sᵍʳ des Roches, héritier principal et noble, épousa par contrat du 19 janvier 1702, dame Julienne-Thérèse de Coëtlogon, veuve de messire Vincent de Lagadec, sᵍʳ de Mézédern, fille de messire François de Coëtlogon, et de dame Catherine Fouquet, sᵍʳ et dame de Kerruel. De ce mariage trois filles, non mariées, qui héritèrent successivement de Keruscar.

1. Catherine-Élisabeth de Rospiec.

2. Françoise-Julienne de Rospiec.

3. Marie-Thérèse de Rospiec.

IX. Michel de Rospiec, né vers 1689, du second mariage d'Alain avec Françoise le Rouge, mourut au manoir du Runiou, en Laz, le 3 septembre 1767, dont les registres paroissiaux contiennent l'acte d'inhumation, le 5 septembre, où il est dit âgé de 78 ans (1).

Il avait épousé Marie-Jeanne le Guillou, fille et héritière de défunt noble homme Michel le Guillou, sʳ du Runiou, et

---

(1) Peut-être eût-il pour frère, Gabriel de Rospiec, qui fut recteur de Laz, de 1724 à 1735, ce qui expliquerait son mariage dans cette région.

de son second et dernier mariage avec Claude-Luce de Penmarc'h (1), d'où :

Corentin de Rospiec, qui suit, et Martin de Rospiec qui plus tard légua son bien à sa nièce et filleule, Marie-Anne-Marthe de Rospiec.

X. Corentin de Rospiec, s^r du Runiou, épousa à Laz, le 24 janvier 1763, demoiselle Jacquette le Lièvre de Kerlan, fille d'écuyer Jacques-Marie, et de feue dame Jeanne-Marie Gourès (2).

Il mourut en 1767, et cette même année naquit sa fille, restée seule héritière.

XI. *Marie-Anne-Marthe de Rospiec*, née le 7 août, baptisée en l'église de Laz, le 8 août 1767, dite sur l'acte, sa fille posthume. Elle devint l'héritière de Keruscar et du Runiou, ainsi que de Kerlan, en Scaër, et elle vint habiter Keruscar après son mariage qui eut lieu à Carhaix (3), le 22 février 1791, avec Emmanuel-Joseph-Marie, chevalier de Saisy. L'acte de ce mariage venant d'être retrouvé par nous, aux archives de la mairie de Carhaix, nous le donnons ici :

---

(1) Celle-ci fille d'écuyer Jean de Penmarc'h, baillif des juridictions de la Roche et de Laz, enterré dans la chapelle du Rosaire de l'église de Laz, le 18 septembre 1699, et de demoiselle Claude le Hauff.

(2) Registres paroissiaux de Laz.

« L'an 1763, le 24 janvier, après les fiançailles duement faites et les trois bannyes dans cette église cy-devant relatées, pareils bans dans l'église paroissiale de Scaër suivant le certificat du s^r Graet, curé de Scaër, en datte du 23 du présent. Lesquelles bannyes ont été faites les 1er, 6 et 9 de ce mois. Après avoir interrogé le s^r écuyer Corentin de Rospiec, fils d'autre écuyer Michel de Rospiec et de feue dame Marie le Guillou, et demoiselle Jacquette le Lieuvre de Kerlan, fille d'écuyer Jacques-Marie et de feue dame Jeanne-Marie Gourès — l'un de cette paroisse, l'autre de celle de Scaër, — après avoir reçu leur mutuel consentement donné par paroles de présent, les ay solennellement conjoints en mariage en présence et du consentement de Messieurs de Rospiec, Kerlan, Kernezne, et autres soussignants les dits jour et an. A été ensuite célébrée la s^{te} messe en laquelle leur a été donnée la bénédiction nuptiale.

Marie-Jacquette le Lièvre — C. de Rospiec — de Blot — de Mascle — Françoise Gourès — M. de Rospiec — le Lièvre de Kerlan — Gourès de Mascle — Coroller de Kernezne — Claude de Penmarc'h — A. M. de Mascle — Jeanne le Lièvre — de Kernezne — le Chevalier de Kernezne, plusieurs autres.

J. E. Galloy, recteur.

(3) Parce qu'elle résidait alors au couvent des Hospitalières de cette ville.

Le vingt-deux février mil sept cent quatre vingt onze, après une bannie faite et annoncée comme première et dernière dans les temps et lieux prescrits sans opposition ni connaissance d'empêchement, comme il conste par les certificats de messieurs Julien, curé de Glomel, Jacob, recteur de Laz, et l'Haridon, recteur de Scaër, les vicaires généraux du Finistère ayant dispensé des deux autres bannies comme il paroit par l'acte de dispense du onze de ce mois, signé Cossoul, vic. gén., duement controlé et insinué au greffe des insinuations ecclésiastiques, signé Calloch ; après fiançailles faites en face d'église le même jour, par permission des vic. gén. du Finistère ; signé Cossoul, vic. gén.

Je soussigné vicaire de Glomel, ai publiquement interrogé dans cette église paroissiale monsieur Emmanuel-Joseph-Marie de Saisi, fils puisné de monsieur Jean-Baptiste de Saisi et de dame Pauline de Penguern, de la paroisse de Glomel, et Marie-Anne-Marthe de Rospiec, fille mineure de feu monsieur Corentin de Rospiec, et de dame Marie-Jacquette le Lièvre, originaire de la paroisse de Laz, domiciliée de fait et de droit sur celle de Scaër, résidante sur cette ville décrétée de justice par le juge de paix du canton de Châteauneuf, suivant l'extrait en date du 12 de ce mois, signé Pierre Dorval, juge de paix, et ayant pris leur mutuel consentement par parole de présent, les ai solemnellement conjoints en mariage en présence et du consentement de monsieur Corentin le Lièvre, grand-père et tuteur de la nouvelle mariée, et de dame Marie-Jacquette le Lièvre, sa mère, et eu présence de messieurs Charles de Saisi de Kerampuil et Pierre-Marie de Saisi, qui avec les contractants signent, j'ai ensuite célébré la s^{te} messe, et leur ai donné la bénédiction nuptiale suivant la forme et les cérémonies prescrites par notre mère la sainte Église.

— Rospiec de Saisy — Emmanuel-Joseph-Marie de Saisi — le Lièvre de Kerlan — Jean-Baptiste de Saisy — Jean-

Charles-Marie de Saisy — Saisi de Kerampuil — Euzenou de Saisy — de Kersalaün — Saisi Kerampuil — Saisi de Kerampuil — J. Julien, prêtre, curé de Glomel (1) — Blanchard, recteur de Carhaix (2).

XVIII.

D'ANDIGNÉ.

Agathe-Louise-Rosalie d'Andigné.
(Voir page 88.)

D'argent, à trois aiglettes au vol abaissé de gueules, becquées et membrées d'azur.

Devise : *Aquila non capit muscas.*

Avant de commencer la filiation authentique, nommons les degrés prouvés par des chartes citées dans le Trésor généalogique de D. Villevieille, I, 398 ; il est difficile de les relier avec les preuves à Geoffroy I d'Andigné.

Sorin d'Andigné épouse vers 980, Héloïse de Blois, fille d'Eudes IIIe, comte de Blois, et de Berthe, fille de Conrad, roi d'Arles, sœur de Lothaire, roi de France, d'où :

Renaud d'Andigné IIe du nom, marié à Agnès de Mons, fille de Beaudoin VI et de Richilde, comtesse de Mons, en Hainaut, d'où :

Thomas d'Andigné, marié à Hildegarde de Beaugency, fille du comte de Beaugency, d'où :

---

(1) L'abbé Julien (Jean), vicaire de Glomel, prisonnier sur les pontons de Rochefort, en 1794, mourut à Saintes, à sa sortie des pontons, le 19 février 1795, à l'âge de 53 ans. L'abbé Tresvaux (Tome II, p. 144 et 145, *Persécution religieuse en Bretagne*) en fait le plus bel éloge, et dit que sa charité pour ses compagnons d'infortune fut admirable.

(2) Le recteur de Carhaix, Blanchard, devint prêtre constitutionnel, et joua un triste rôle pendant la Révolution.

Claude d'Andigné, marié à Héloïse-Codechilde de Craon, fille de Robert de Craon et de Hersinde de la Suze (1).

Pour ce qui est des croisades, Jean d'Andigné figure aux salles des croisades du musée de Versailles. Il est nommé dans la garantie de Juhel de Mayenne (1191) et avait pour armes :

D'argent, à trois aiglettes au vol abaissé de gueules, becquées et membrées d'azur.

Une quittance datée de Damiette, au mois de novembre 1249, porte que Guillaume d'Andigné, chevalier, emprunta 45 l. tournois sous la garantie d'Alphonse, comte de Poitiers, frère de saint Louis, pour subvenir aux frais de son voyage en Terre-Sainte, à la suite de ce prince.

Nous ne commencerons la filiation qu'aux degrés non interrompus, ayant toutes leurs preuves authentiques (2).

I. Foulques d'Andigné épousa, en 1180, Susanne de Beaumont, fille de Guillaume de Beaumont-le-Vicomte, et de Jacqueline de Châteaubriant, d'où :

II. Mathieu d'Andigné qui épousa en 1220, Yvonne de Laval, lesquels figurent en 1230 dans un partage entre eux en présence des témoins Jean de Laval, de la première race de la maison de Laval, et Aliénor le Bigot, père et mère d'Yvonne de Laval, d'où :

III. Bouffart d'Andigné, sgr d'Angrie, épousa Honorée-Madeleine de Vendôme, fille de Jean, comte de Vendôme, et d'Eglantine-Pétronille de Laval, d'où :

(1) Ces 4 degrés, reliés à Foulques d'Andigné, figurent dans les cahiers généalogiques de Louis-Jules-François d'Andigné, évêque de Nantes. Nous les donnons pour ce que valent les filiations si lointaines. Nous pensons qu'ils ne sont pas inventés, mais qu'il y a des lacunes entre Claude et Foulques.

(2) Les degrés, à partir de Foulques d'Andigné, ont été inscrits dans l'arrêt de la réformation des d'Andigné de la Chasse : ils concernent aussi bien toutes les autres branches.

IV. Geoffroy d'Andigné, marié en 1280 à Marie de Rieux, fille de Jean de Rieux, gouverneur de Rennes, et de Guillemette de Chabot. En 1284, il fit donation d'une rente à l'église de Saint-Maurice d'Angers. D'où :

V. Geoffroy d'Andigné, IIᵉ du nom, marié en premières noces, en 1307, à Eremburge d'Angrie, fille de Thomas d'Angrie, chevalier, sgr du dit lieu, et en deuxièmes noces, à Orfraise de Landivy, fille de Guillaume de Landivy, chevalier, sgr du dit lieu au Bas-Maine, et de Jeanne Sauvage, d'où (premier mariage) :

VI. Geoffroy d'Andigné, IIIᵉ du nom, chevalier, sgr d'Andigné et d'Angrie, épousa en 1335, Barbe de la Porte, fille de Beaudoin de la Porte, baron de Vézins, et de Marie de Lusignan, d'où :

VII. Olivier d'Andigné, écuyer, sgr du Bois de la Court, épousa Jeanne du Bois de la Court, qui après sa mort prit une seconde alliance avec Louis de Juigné. Olivier d'Andigné vivait encore en 1392. D'où :

VIII. Jean Iᵉʳ d'Andigné, écuyer; sgr du Bois de la Court, épousa, vers 1380, Aliette de la Motte des Aulnays, d'où :

IX. Guillaume d'Andigné, chevalier, sgr du Bois de la Court, épousa vers 1410, Isabeau de la Faucille, fille de Guyon de la Faucille, écuyer sgr du dit lieu, et sœur de messire Mathelin de la Faucille, chevalier, d'où :

X. Jean d'Andigné, IIᵉ du nom, écuyer, sgr du Bois de la Court, marié le 11 mars 1453, à Bonne de la Roë, fille de messire Jacques de la Roë, chevalier, sgr de Vaux et de la Fontaine-couverte, et de Jeanne de Thorigné. Il vivait encore en 1484. D'où :

XI. Jean d'Andigné, IIIᵉ du nom, écuyer, sgr du Bois de la Court, épousa le 7 février 1480, Béatrix de Vangeau, fille aînée de Jean de Vangeau, écuyer, seigneur de Vangeau, de la Pouqueraïe dans la paroisse de Chazé, et de Thomine de Jonchères, d'où trois fils (1) :

XII. Guillaume d'Andigné, puisné, écuyer, sgr de la Pouqueraye, de la Condinaye et de la Roterie, épousa avant le 8 août 1525, Antoinette de Cancoët, fille de Jean de Cancoët et de Jeanne Eder. D'où 4 fils (2) :

XIII. René d'Andigné, sgr de Segré, puis de Mayneuf, du chef de sa femme Jeanne Véron, fille de François Véron, écuyer, sgr de Mayneuf, fut l'auteur de la branche d'Andigné de Mayneuf (3), d'où :

XIV. Lancelot d'Andigné, sgr de Mayneuf, chevalier de l'ordre du Roi, gouverneur de Comper, mentionné en l'histoire, (année 1595), épousa le 31 janvier 1607, Françoise d'Andigné, dame et héritière de l'Isle-Briant, fille d'Isaac d'Andigné, écuyer, sgr de l'Isle-Briant, descendante au Ve degré de Simon d'Andigné et de Renée Briant, dame de l'Isle-Briant, deuxième fils de Guillaume d'Andigné et d'Isabeau de la Faucille, d'où :

XV. René II d'Andigné, sgr de Mayneuf, et de l'Isle-Briant, né en 1610, épousa le 19 octobre 1642, Françoise de Marbœuf, fille de François de Marbœuf, écuyer, sgr de Champoiseau, et de Jeanne Le Blanc. Elle fut inhumée aux Augustins d'Angers. D'où :

XVI. Louis Ier d'Andigné, sgr de Mayneuf et de l'Isle-Briant, né le 5 octobre 1652, épousa à St-Martin de Vil-

---

(1) Le fils aînè, Jean d'Andigné, IVe du nom, sgr du Bois de la Court et de Vangeau, marié le 8 avril 1502, à Louise de Montallais, continue la filiation de la branche de Ste-Gemmes, d'Andigné, de la Blanchaye, etc.
Joachim, troisième fils, forme la branche de Champjust.

(2) Le quatrième fils de Guillaume et d'Antoinette de Cancoët fut marié avec Bertranne de la Chasse, et devint la tige de la branche d'Andigné de la Chasse, en Bretagne.

(3) Il ne faut pas confondre la seigneurie de Mayneuf, située probablement en Anjou, avec celles du même nom situées dans l'Ille-et-Vilaine, et dont M. l'abbé Guillotin de Corson a donné toute la liste des possesseurs successifs.
(Revue de Bretagne et Vendée, 5e livraison. — Mai 1896.)

langlose, (arrondissement de Château-Gonthier, Mayenne), le 2 juillet 1680, Renée-Charlotte de Fontenelle, fille de René de Fontenelle, chevalier, sgr de Souvigné, et de Madeleine de la Grandière, qui lui apporta la terre et le château des Aillers en Chambellay, près le Lion d'Angers. Madeleine de la Grandière avait épousé, le 19 février 1651, René de Fontenelle, fils de René et de Philippe Jouët. Elle était fille de Charles de la Grandière, sgr dudit lieu, baron de Houlebec capitaine au régiment de Laval, et de Jeanne d'Orvaux. D'où :

XVII. Louis II d'Andigné, sgr de Mayneuf et de l'Isle-Briant, né le 22 septembre 1681, page du Roi en 1702, épousa le 19 juillet 1710, Marie-Anne d'Andigné, fille de René III d'Andigné, sgr de Ribou, de la Blanchaye, de Ste-Gemmes, et de Renée-Marie Suyrot des Champs (1), d'où :

XVIII. Charles-Gabriel-Auguste d'Andigné, chevalier, sgr de Mayneuf, l'Isle-Briant, les Aillers etc., né le 21 septembre 1715, reçu page du Roi en la grande Écurie, le 18 février 1734, mort en 1768, avait épousé en deuxièmes noces (contrat du 22 avril 1748), Elisabeth-Jeanne Poulain de Bouju, d'où cinq fils :

Charles-François, Vte d'Andigné chevalier de Saint-Louis, marié en 1778, à Rosalie d'Andigné de la Barre, sans postérité.

(1) Le frère aîné de Marie-Anne d'Andigné était Charles-François d'Andigné de Ribou, qui épousa par contrat du 23 mai 1726, Elisabeth-Charlotte Pentin de Belle-Isle, d'où :

Guy-René-Charles-François d'Andigné, comte de Ste-Gemmes d'Andigné, marié à Louise-Joséphine de Robien, d'où, entre autres :

Paul-Marie-Céleste, Mis d'Andigné, marié en 1785 à Victoire-Marie de Contades, fille du maréchal de Contades, mort sans enfants.

Et Louis-Auguste-Fortuné, général comte d'Andigné, pair de France, marié le 9 avril 1818, à Onéida de Forest de Blacons, fille du marquis de Blacons, et d'Eugénie de Maulde, d'où :

Henri-Marie-Léon, général marquis d'Andigné, comte de Ste-Gemmes, baron de Segré, ancien pair de France, sénateur, décédé au château de Monet, le 7 avril 1895 ; marié à Marie-Antoinette-Guillaumette-Noémi de Barbentane.

Et Amédée, comte d'Andigné, marié à Alexandrine-Blanche-Charlotte-Ernestine de Croix, mort le 15 décembre 1889, à son château du Grip, près Durtal.

Charles d'Andigné, mort à Beyrouth, le 26 décembre 1801.

Charles-Jean d'Andigné, né le 16 février 1750, à Angers, appelé d'Andigné de Villeguier, page de la grande écurie du Roi, chevalier de St-Louis le 23 mars 1791, épousa le 28 janvier 1783, Geneviève Pays du Vau (famille de St-Domingue), fille de François-Charles, Président au Présidial d'Angers, et d'Anne-Françoise Le Chat, sans postérité.

Louis-Jules-François d'Andigné, vicaire général de Châlons, abbé de Noyers, préconisé au siège de Nantes, le 1er octobre 1817, mais ne reçut que deux ans plus tard la consécration épiscopale, à Paris, le 17 octobre 1819.

Évêque de Nantes de cette époque au 2 février 1822, date de sa mort.

Louis-Gabriel-Auguste qui suit :

XIX. Louis-Gabriel-Auguste, comte d'Andigné de Mayneuf, né le 12 avril 1763, au château de l'Isle-Briant, conseiller au Parlement de Bretagne en 1788, emprisonné au Bouffay pendant la Révolution, échappa aux massacres de Carrier, fut premier président à la Cour royale d'Angers, député de 1815 à 1823, chevalier de la Légion d'honneur en 1824, se démit de ses fonctions en 1830, et mourut à son château des Aillers, en Chambellay, le 17 mai 1839, eut deux filles de son troisième mariage avec Marie-Armande de Robien, morte le 30 avril 1808, fille de Louis-René-Cyr, vicomte de Robien, et de Victoire-Aimée le Gonidec de Traissan (1).

Agathe-Louise-Rosalie qui suit,

Et Sophie-Charlotte-Pauline, née à Angers le 23 octobre 1807, décédée à Rennes le 14 juin 1859 ; mariée à Angers, le 16 février 1829, à Frédéric-Charles-Joseph-Marie de Quemper,

(1) De son 4e mariage avec Mlle du Parc de Barville sont nés plusieurs enfants : Rosalie, comtesse de St-Luc, Marie, vicomtesse d'Andigné, et un fils, Emmanuel, comte d'Andigné de Mayneuf mort sans postérité à son château de l'Isle-Briant, en juin 1871, marié à Camille de Montagu, fille d'Attale, comte de Montagu, et de Charlotte-Éléonore de Tourdonnet-Joussineau, et petite-fille d'Anne-Paule-Dominique de Noailles, marquise de Montagu.

comte de Lanascol, chef d'escadron aux cuirassiers de la
Reine, chevalier des Ordres royaux et militaires de St-Louis,
de la Légion d'honneur et de St-Ferdinand d'Espagne, fils de
Jacques-Yves-Joseph-Marie de Quemper, comte de Lanascol,
marquis du Guerrand, etc., et de Marie-Marquette-Françoise-
Julie de la Boëssière-Lannuic, né à Mayence le 2 juillet 1792 ;
officier de la grande armée (campagnes de 1812 et 1813),
mort à Rennes le 20 avril 1837.

XX. *Agathe-Louise-Rosalie d'Andigné*, née à Angers, le 5 no-
vembre 1805, mariée le 26 juin 1826, à Emmanuel-Joseph-
Marie, comte de Saisy de Kerampuil, fils d'Emmanuel et de
Marie-Anne-Marthe de Rospiec. Elle mourut au château de
Kersaint-Eloy, le 29 juin 1839.

XIX.

DU PLESSIS-MAURON DE GRENÉDAN (1).

Marie-Élisabeth du Plessis de Grenédan.
(*Voir page 95.*)

*D'argent à la bande de gueules, chargée de trois macles d'or, accostée
en chef d'un lion de gueules, armé et lampassé et couronné d'or.*

Guillaume Ier sire du Plessis, chevalier banneret, lequel
vivait en 1190, et portait bannière à la bataille de Bouvines,
en 1214, d'où :

Ubald, sire du Plessis, envoyé en ambassade vers
Philippe-Auguste, en 1220, fut père de

Geoffroy, sire du Plessis, qui suivit le roi saint Louis
dans sa première croisade, d'où :

(1) Cette généalogie est l'abrégé de celle faite, imprimée et signée le 1er juin 1843,
par le comte Hippolyte du Plessis de Grenédan, qui la certifie conforme aux titres,
mémoires de famille, généalogie, notes et documents généalogiques de la maison
du Plessis-Mauron de Grenédan.
Cette famille a eu un membre admis aux honneurs de la cour, en 1787.
Elle figure à la salle des Croisades de Versailles.

Guillaume II, sire du Plessis, nommé dans l'hist. de Bretagne, sous la date de 1280, comme l'un des seigneurs qui acceptèrent le changement du bail en rachat, fut père de

I. Jehan I, sire du Plessis, qui épousa en 1335, Raoullette de Montfort, fille de Raoul, sire de Montfort et de Gaël, et d'Aliénor d'Ancenis. Capitaine du château de Mauron, il fut tué dans un combat devant son château le 4 août 1352.

Son frère Geoffroy fut abbé de Paimpont.

Denys du Plessis, son second frère, fut l'un des quatorze seigneurs bretons que le roi de France fit arrêter en 1343, et auxquels il fit subir, à Paris, un supplice ignominieux et cruel parce qu'ils s'étaient attachés au comte de Montfort.

II. Jehan du Plessis-Mauron, IIe du nom, fils aîné de Jehan I et de Raoullette de Montfort, se trouva au siège de Brest en 1373, dans la compagnie de Thibault de la Rivière, comme écuyer, et depuis fut l'un des 17 chevaliers de l'association de la noblesse faite à Rennes le 25 avril 1379, qui traitèrent pour la conservation de la ville de Rennes. Il épousa Jehanne de Saint-Gilles, d'où :

III. Jehan du Plessis-Mauron, IIIe du nom, chevalier, suivit le Duc en France, en 1418, se trouva aux montres pour le recouvrement de la personne du Duc, le 18 mai et le 22 juin 1420. Il est compris dans la réformation de 1426, par. de Mauron. Il épousa Bertranne de Bostang, fille de Jehan, sgr de Bostang, et de Raoullette de Plumaugat, d'où :

IV. Olivier du Plessis-Mauron, surnommé le Prodigue, chevalier, capitaine de cent hommes d'armes, périt glorieusement à Saint-Aubin-du-Cormier (28 juillet 1488), Pierre du Plessis, abbé de Paimpont, mort l'an 1501, et leur frère Mathurin du Plessis-Mauron qui devint alors l'aîné de sa maison. Il avait épousé, en 1494, Jeanne Josse, fille de Gilles, sgr de la Pommerais et de la Boullaye, et d'Annette de la Morinais, petite-fille de Jean Josse et de Jeanne d'Illifaut, et il mourut en août 1511, père de :

V. François du Plessis-Mauron, Ier du nom, qui épousa
en 1res noces Marie de la Bouyère de Trongoff, fille de Jean,
seigneur de la Bouyère et de Trongoff, et de Marie de
Trécesson, dame du Plessis-au-Rebours et de la Concise ; et
en secondes noces, Françoise le Rouge, fille de François,
s^{gr} d'Ancremel et de Méjusseaume. Il mourut en 1540.

De son 1er mariage naquit entre autres :

VI. François du Plessis-Mauron qu'on appellera IIIe du
nom parce qu'il devint chef de nom et armes de la maison du
Plessis-Mauron, par la mort de François II et de Charles, ses
neveux, fils de son frère aîné, Pierre du Plessis-Mauron,
fut marié en 1556 à Françoise de Mesléart, dame de la Touche,
en Lanrelas, riche héritière. Il n'en eut pas d'enfants, et
épousa en 1576, Claude de Becdelièvre, dame de la Moltais,
en Gévezé. Il acquit la vicomté de Grenédan, par contrat
d'échange avec René de Garnédan, chevalier de l'ordre du
Roi, le 27 octobre 1580, fut conseiller au parlement de
Bretagne (12 avril 1570), et fut père de

VII. Sébastien du Plessis-Mauron, vicomte de Grenédan,
baron de Hédé, etc., fils aîné de François, IIIe du nom, et
de Claude de Becdelièvre, fut conseiller au parlement de
Bretagne, le 9 janvier 1604, et épousa le 27 juillet 1606,
Jeanne Morel, fille unique d'André Morel, s^{gr} des Bretonnières,
et d'Andrée Nouvel, d'où :

VIII. René du Plessis-Mauron, Ier du nom, chevalier,
vicomte de Grenédan, fut conseiller au Parlement. Il obtint
des lettres du roi Louis XIV, en 1653, qui portent que
ladite terre de Grenédan avait été érigée en vicomté dès l'an
1577 ; que ledit René et son père ayant augmenté cette terre,
S. M. réunissait les fiefs, terres et seigneuries d'Illifaut, en
droit de haute, moyenne et basse justice, à ladite vicomté de
Grenédan. Ces lettres enregistrées le 30 décembre 1653.

Il épousa Marie Josset, fille et principale héritière de

N. Jossèt et de Perrine le Fer, s⁹ʳ et dame de Mutilien et de la Rivière. Le contrat est du 20 avril 1630, et eut d'elle

IX.. Jean-Baptiste du Plessis-Mauron, vicomte de Grenédan, conseiller au parlement de Bretagne et président aux requêtes, épousa le 17 octobre 1667, Hélène Magon, d'où :

X. René du Plessis-Mauron, IIᵉ du nom, vicomte de Grenédan après la mort de son frère aîné, Jean-Baptiste, mort sans alliance. Il fut conseiller, puis président aux enquêtes du parlement de Bretagne (1695 et 1698). Il épousa le 10 février 1695, Élisabeth Huchet de la Bédoyère, fille de Charles, comte de la Bédoyère, procureur général du parlement de Bretagne, et d'Éléonore du Puy-Murinais (1), d'où :

XI. Charles-Marie du Plessis-Mauron, chevalier, marquis de Grenédan par lettres d'érection des seigneuries de Grenédan, La Riaie, et Bodegat, en marquisat (1747), épousa à Nantes, en février 1722, Elisabeth de Montaudouin, fille de René de Montaudouin et de Marie Bertrand, laquelle mourut le 22 avril · 1784, et fut inhumée en l'église de Sᵗ-Sauveur de Rennes, d'où :

XII. Charles-Augustin-François du Plessis-Mauron, chevalier, seigneur châtelain de la Riaie, de Bodegat, etc., comte de Lestalia, marquis de Grenédan, épousa le 1ᵉʳ décembre 1762, dans la chapelle du palais de Versailles, Louise-Gabrielle de Maillé, seconde fille de Donatien, comte de Maillé, marquis de Carman, et de Marie-Élisabeth d'Angle-bermer, comtesse de Lagny, auparavant veuve de Jean-Louis d'Alsace d'Hennin-Liétard, comte d'Hennin, marquis de Saint-Phal. Le contrat de mariage fut signé par le roi Louis XV, par la Reine et par la famille royale. Elle mourut

---

(1) Elle était sœur de Marie-Anne du Puy-Murinais, qui fut mariée à la même époque à Henri de Maillé, marquis de Carman, aïeul de Mesdames du Plessis de Grenédan et de Sorans.

le 9 juin 1767, et fut inhumée à St-Sauveur de Rennes. Le Mis du Plessis de Grenédan épousa en secondes noces, le 18 septembre 1769, Gillette-Françoise-Marie-Céleste de Carné-Trécesson, fille de Gilles-Jacques-Pierre, comte de Carné-Trécesson, et de Perrine-Marie-Catherine de Coëtlogon, d'où deux fils morts sans postérité, et une fille, Marie-Anne-Perrine-Caroline, mariée le 16 septembre 1800, à Marie-Ange du Breil de Pontbriand, son cousin germain.

Charles-Augustin-François, Mis du Plessis de Grenédan, mourut le 28 mars 1781, et fut inhumé dans son enfeu, à St-Sauveur de Rennes.

XIII. François-Fortuné du Plessis-Mauron, fils aîné de Charles-Augustin, marquis de Grenédan, et de Louise-Gabrielle de Maillé, né le 31 décembre 1765, émigra, fit la campagne des Princes, en 1792 ; fit partie de l'expédition de Quibéron ; fut nommé lieut^t-colonel de la 8e légion des gardes-nationales du Morbihan, le 14 juin 1816 ; chevalier de Saint-Louis, le 9 février 1817 ; député du Morbihan, de 1824 à 1828 ; mourut le 21 mai 1835. Il avait épousé en mai 1787, Anne-Marie-Louise du Plessis de Grenédan, sa cousine, fille de Pierre-Marie du Plessis de Grenédan, et de Marie-Pauline de Trédern du Dresnec, d'où huit enfants. L'aîné fut :

XIV. Fortuné-Jean-Baptiste du Plessis-Mauron, marquis de Grenédan, dont la postérité forme la branche aînée de sa maison, aujourd'hui représentée par Jules-Philippe, marquis du Plessis de Grenédan, marié le 26 décembre 1853 à Julie-Marie-Ernestine de la Haye de Plouër,

Et Jean-Baptiste-Gaston, comte du Plessis de Grenédan, né le 5 mars 1793, a fait la campagne de 1815 dans le Morbihan, et celle de 1823 en Catalogne ; il épousa le 8 août 1827, Émilie-Jeanne de Couasnon, fille d'Alexis-Léonard de Couasnon, et de Susanne-Pauline Minault de la Hailaudière, d'où onze enfants, dont dix morts sans alliance.

38

Gaston-François, l'aîné, né le 10 décembre 1828, volontaire de l'armée pontificale, tué à Castelfidardo, le 18 septembre 1860.

Des onze enfants, la dernière est restée seule héritière :

XV. Marie-Élisabeth, née le 15 mars 1848, morte à Rennes, le 9 avril 1884, mariée le 7 juin 1870 à Paul-Marie-Césaire-Constantin, comte de Saisy, fils d'Emmanuel-Joseph-Marie comte de Saisy, et d'Agathe-Louise-Rosalie d'Andigné, chevalier de l'Ordre de Pie IX ; chef de bataillon aux zouaves pontificaux où il a servi de 1860 jusqu'en octobre 1870 ; colonel des mobilisés de Guingamp, pendant la guerre de 1870 et 1871, chevalier de la Légion d'honneur ; conseiller général du Finistère ; député du Finistère, du 4 octobre 1885 jusqu'à octobre 1889, mort à Rennes, le 26 avril 1894.

Par leur aïeule maternelle, Louise-Gabrielle de Maillé, les enfants de Paul, comte de Saisy, et de Marie du Plessis de Grenédan, descendent de Sébastien, marquis de Plœuc et du Tymeur, et de Marie de Rieux, ainsi qu'il suit :

1. Donatien de Maillé, Mis de Carman, comte de Maillé et de Seixploë, baron de la Forest, tué en duel, le 29 mars 1652, par Claude, marquis du Chastel, mourut le vendredi-saint de l'an 1652 d'une blessure reçue huit jours auparavant, dans un combat singulier contre Claude, marquis du Chastel et de la Garnache, avait épousé, en 1644, Mauricette-Renée de Plœuc, fille et seule héritière de Sébastien, marquis de Plœuc et du Tymeur, et de Marie de Rieux (1), d'où :

(1) Marie de Rieux, mariée le 8 janvier 1617, dans la chapelle du château de Brest, à Sébastien de Plœuc, Mis du Tymeur, fille de René de Rieux, marquis de Sourdéac, et de Susanne de Saint-Melaine.

Par elle les ascendances ducales et royales sont faciles à établir, et font remonter à saint Louis l'ascendance des Rieux.

2. Henri de Maillé, marquis de Carman, épousa Marie-Anne du Puy de Murinais, et mourut au château de Seixploë, (dit de Maillé) en Basse-Bretagne, le 4 décembre 1728, d'où :

3. Donatien de Maillé, marquis de Carman, mourut le 22 octobre 1747 ; il avait épousé le 29 octobre 1706, Marie Binet de Marcognet, veuve de Julien de Saligné, marquis de la Chaise, et fille de Nicolas Binet, sgr de Marcognet, gouverneur de la Rochelle ; d'où :

4. Donatien de Maillé, marquis de Carman, né en 1708, marié à Marie-Élisabeth d'Anglebermer, d'où :

5. Louise-Gabrielle de Maillé, mariée le 1er décembre 1762, dans la chapelle du Palais de Versailles, avec Charles-Augustin-François du Plessis-Mauron, marquis de Grenédan, et morte le 9 juin 1767, d'où : etc. (Voir la suite aux pages précédentes.)

ERRATA.

Page	10,	ligne 2	— Océtroions lisez :	Octroions.	
—	20	— 2	— 1413	—	1423.
—	»	— 28	— Kerlison	—	de Kerlison.
—	22	— 17	— Corret	—	Correc.
—	»	— 18	— 1471	—	1461.
—	24 Aux armoiries	— 1841	—	1441.	
—	51,	ligne 16	— du Roz	—	au Roz.
—	»	— 37	— Heslauf	—	Perrault.
—	64	— 32	— Kerampuil, ajoutez : décédé au château de
—	71	— 30	— d'avec les lisez : des. [Kerampuil.
—	73	— 6	— Iffendie	—	Iffendic.
—	90	— 18	— Caqueray	—	Bengy.
—	95	— 8	— 1879	—	le 1er avril 1874.
—	»	— 37	— Tressan	—	Traissan.
—	239	— 15	— 1650	—	1659.
—	»	— 32	— 1650	—	1659.
—	251	— 9	— 1. Yves... —	VII 1. Yves...

(Reculer d'un chiffre tous les degrés suivants de la même généalogie.)

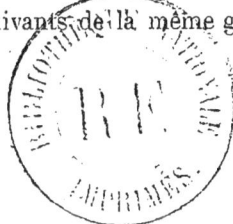

TABLE DES MATIÈRES

GÉNÉALOGIE DE LA MAISON DE SAISY DE KERAMPUIL.

TABLE.

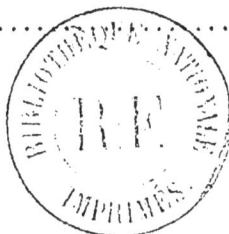

www.ingramcontent.com/pod-product-compliance
Lightning Source LLC
Chambersburg PA
CBHW071345280326
41927CB00039B/1782